Comment éviter
de se fâcher avec la Terre entière
en devenant parent

Béatrice Kammerer
Amandine Johais

Comment éviter de se fâcher avec la Terre entière en devenant parent

La parentalité en 9 questions qui divisent

Belin

Retrouvez nos ouvrages sur le site des éditions Belin
www.editions-belin.com

Tenez-vous informés de nos parutions en vous abonnant
à la lettre semestrielle et gratuite des « Fous de sciences » :
fousdesciences@editions-belin.fr

Illustration de couverture : iStock / NLShop

170 bis, boulevard du Montparnasse, 75680 Paris cedex 14
ISBN 978-2-7011-9765-4

À l'heure de clore ce travail, ma reconnaissance va d'abord à celles et ceux qui ont contribué aux *Vendredis Intellos* : leurs interventions ont été un des meilleurs terreaux de ce livre. Je salue ensuite les gens et gentes de Twitter et Facebook qui sont une illustration édifiante du potentiel créatif de la procrastination. Merci à tous les chercheur.e.s, praticien.ne.s et expert.e.s du quotidien de ces salons virtuels pour avoir répondu à mes questions, corrigé mes contresens, pour m'avoir nourrie de bibliographie et ouvert mes horizons. Je dédie enfin ce livre à Martin, mon compagnon de vingt ans, pour sa confiance sereine qui sied si bien à mon bouillonnement ; à Noé, Anouck, Orphée, Liam et Féodor, qui ont accepté sans maugréer de laisser des légions de livres envahir leur maison, leurs vacances et kidnapper leur mère ; et à ma grand-mère Joséphine, qui m'a appris qu'à 90 ans, il n'était pas trop tard pour apprendre à lire, et de qui j'aurais eu encore tellement de choses à apprendre.

B. K.

Peu de temps après être devenue mère, je saisissais l'opportunité offerte par les *Vendredis Intellos* de questionner les préceptes éducatifs traditionnels tout en échangeant sur la multitude de façons d'être parent. Contribuer à la rédaction d'un ouvrage dans la même lignée a été un aboutissement autant qu'un challenge. Je remercie particulièrement mes enfants, source inépuisable de questionnements mais aussi de confiance, et mon mari pour son soutien et son assurance tranquille tout au long de ce projet.

A. J.

INTRODUCTION

Urgent : Recherche désespérément mode d'emploi pour être un bon parent

À l'heure où nous écrivons ces lignes, les catalogues en ligne des librairies recensent près de 3 000 ouvrages dont le titre contient le mot « parent ». Environ 40 sont parus dans les trois derniers mois, preuve que ces publications sont non seulement très nombreuses mais aussi qu'elles se renouvellent très vite. Selon un sondage réalisé par Ipsos, « Qu'est-ce qu'être parent en 2011 ? »[1], 75 % des parents pensent qu'il est plus difficile qu'autrefois d'élever des enfants. C'est dire s'ils manquent de confiance en leurs propres talents et sont en quête de réponses. Les parents que nous côtoyons sont souvent avides de lectures sur la parentalité, une activité considérée comme nécessaire pour être un « bon » parent. Nous vivons, semble-t-il, dans une société où être parent ne va pas (plus ?) de soi, où la mission de parent se décline en connaissances et compétences, au point qu'on en vienne à parler d'un « métier » dont on se demande s'il est encore réellement à la portée de tous.

À ce stade, vous vous demandez sûrement pourquoi l'envie nous a pris d'écrire ENCORE un livre sur la parentalité. Tout simplement parce que nous voulons faire la lumière sur les conseils qui existent déjà et non en donner de nouveaux.

Pour commencer, faisons un petit retour en arrière. Voici résumé le casse-tête que les pouvoirs publics tentent de résoudre depuis près de 150 ans : **comment permettre aux parents de changer leur comportement face aux nouvelles découvertes scientifiques en matière d'éducation (issues de la psychologie, de la sociologie, de l'économie, des neurosciences...) sans trop entamer leur libre arbitre ?**

Du désir de former les parents...

La solution trouvée au milieu du XIXe siècle, ainsi que l'analyse le sociologue Luc Boltanski[2], était la suivante : il fallait éduquer les parents, en particulier ceux des catégories populaires (qui n'avaient pas accès aux avancées scientifiques ou l'habitude de se tenir au courant) ; cela permettrait de promouvoir les nouvelles connaissances et, surtout, de lutter contre la mortalité infantile révélée de manière fracassante par l'analyse statistique, jeune science au succès grandissant dans l'opinion publique tout au long du XIXe siècle*.

* Boltanski attribue le succès de cette approche nouvelle au fait qu'elle mettait en lumière des « taux » de mortalité au lieu de s'en tenir comme autrefois à des cas particuliers : « C'est l'existence pour chaque région, pour chaque année, d'un taux de mortalité infantile qui constitue la mortalité infantile comme objet autonome d'inquiétude et d'étude et qui en fait un « fléau social déterminé et isolable » ».

Pour propager ces nouveaux savoirs, considérés comme rationnels, on commença par mettre en doute ce qui était jusqu'alors tenu pour légitime. On discrédita notamment les savoirs qui se transmettaient de mère en fille, en mettant à profit le début de l'enseignement secondaire pour les filles en 1880*. Pendant une cinquantaine d'années, collaborèrent à cette tâche, envisagée comme « civilisatrice », le médecin et l'instituteur : l'école obligatoire facilitait la diffusion de savoirs médicaux, permettant parfois même à certains médecins de venir y enseigner dans une intervention essentiellement destinée aux catégories populaires**. Cette volonté éducative s'étendit ensuite peu à peu de l'école à l'ensemble de la société : dès le début du XXe siècle, avec la parution d'ouvrages médicaux à destination des femmes (rédigés par des enseignantes avec la caution d'un médecin ou directement par des médecins) et plus généralement à partir de 1950[3], via la parution de brochures rédigées par le corps médical à la demande des services de Sécurité sociale. Enfin, commencèrent à la fin des années 1960 la rédaction de « livres de puériculture », tels que nous en connaissons encore, souvent rédigés par de simples mères de famille (néanmoins préfacés ou validés par des représentants du corps médical)***.

* Résultant de la Loi Camille Sée du 21 décembre 1880 sur l'enseignement secondaire des jeunes filles.

** Boltanski cite le Pr Marfan et son *Traité de l'allaitement* (1902) « Les femmes de la campagne et celles des peuplades sauvages, à l'instar des femmes des animaux, allaitent leurs petits en ne s'inspirant d'aucune règle et en suivant seulement leur instinct... Cependant l'allaitement maternel lui aussi a besoin d'une direction. Car à l'heure présente, dans les conditions de vie que crée une civilisation avancée, il ne suffit pas qu'une femme veuille et puisse nourrir son enfant pour qu'elle réussisse... »

*** Vous aurez sans doute reconnu la référence aux best-sellers de Laurence Pernoud, *J'attends un enfant* (1956) et *J'élève mon enfant* (1965), réactualisés chaque année, même depuis la mort de l'autrice (2009).

Depuis les années 1990, la demande d'informations en matière de puériculture et d'éducation s'est encore accrue, et les supports se sont diversifiés grâce aux nouvelles technologies de l'information. L'objectif semble néanmoins parfois le même qu'au XIXe siècle : transmettre les « bons » messages et sensibiliser aux « bonnes » pratiques, c'est-à-dire ceux et celles qui correspondent *au temps T* aux recommandations médicales et éducatives en vigueur. Mais guère plus qu'au XIXe siècle, cette action ne prend le temps de donner suffisamment d'informations impartiales permettant d'éclairer le choix des parents, ni de leur laisser l'espace pour se demander : « Est-ce vraiment cela que je veux pour mon enfant, pour ma famille, pour moi-même ? »*

Dans les années 2000, c'est le modèle managérial qui s'est imposé dans la définition des relations parents-enfants (la famille est envisagée comme une microentreprise à faire fonctionner, avec son écologie propre, sa gestion de ressources matérielles et humaines, ses objectifs à atteindre, etc.), et avec lui la mise en avant de valeurs telles que l'évaluation, la compétition et l'individualisation. Ce modèle a accru le désir « d'efficacité » des actions éducatives tout en minimisant le rôle de la société (notamment comme génératrice d'inégalités, de précarité sociale et culturelle) et en faisant peser l'essentiel de la responsabilité sur le dos des parents.

Aujourd'hui, les pouvoirs publics, considérant que former les parents et mettre en œuvre des moyens pour remédier aux écueils rencontrés ne suffisent plus, décident d'anticiper et de dépister le plus tôt possible les « situations à risque ». À ce titre, la loi du 5 mars 2007 réformant la protection de l'enfance préconise la mise en place d'activités organisées de

* En 1998, le pôle Communication pour la santé de l'université d'Harvard s'est intéressé à la question de l'influence des médias sur l'éducation parentale : http://parenthood.library.wisc.edu/.

sensibilisation, d'information, d'apprentissage, d'aide psychologique et sociale et d'évaluation. Pour la sociologue Charlotte Debest, les futurs parents « se voient aujourd'hui particulièrement encadrés et contrôlés dans leurs pratiques et sont appelés à faire preuve du savoir-être et du savoir-faire que la société attend des parents et de ceux qui veulent le devenir »[4].

Vous souvenez-vous du rapport Inserm de 2005, traitant du dépistage, de la prise en charge et de la prévention du « Trouble des conduites chez l'enfant et l'adolescent »[5] ? Celui-ci proposait de repérer chez les tout-petits des comportements considérés comme annonciateurs d'une délinquance future (signes d'opposition, de provocation, « absence de remords », etc.). Ce rapport désignait les parents comme principaux responsables : un accouchement prématuré, déclenché ou ayant comporté des complications, un faible poids de naissance, des « troubles émotionnels » (stress, dépression, appréhension) chez la mère, une séparation des parents, tous ces facteurs pouvaient être considérés comme à l'origine de futurs problèmes comportementaux chez l'enfant, et donc à ce titre suspects. Qui, dans ces conditions, aurait pu se prévaloir de n'avoir pas mis au monde un enfant « à risque de développer un trouble des conduites » ? Le ciblage des familles économiquement défavorisées était également patent, ce qui, outre l'évidente stigmatisation, renforçait encore le préjugé que l'aisance financière met à l'abri de la maltraitance, des problèmes psychologiques ou des difficultés éducatives.

… À l'audace de leur faire confiance

Bien heureusement, depuis 150 ans, de nombreux auteurs se sont fait les avocats des parents : pour défendre l'existence d'un « instinct parental » qui pousserait naturellement les adultes à protéger les plus jeunes et à subvenir à leurs besoins, pour vanter les mérites d'une parentalité vue davantage comme un chemin à parcourir que comme un but à atteindre, ou pour dénoncer l'inefficacité et les risques d'une action sociale qui fragiliserait la confiance en eux des jeunes parents. Voici quelques-unes de ces paroles qui pourront mettre du baume au cœur à ceux qui s'engagent sur le chemin de la parentalité et leur permettre d'avancer avec confiance.

Au début du xxe siècle, Janusz Korczak, pédiatre et écrivain polonais mais aussi l'une des figures de la pédagogie de l'enfant les plus réputées de l'époque, ayant inspiré en 1989 la rédaction de la Convention internationale des Droits de l'Enfant (CIDE)[6], plaidait pour un soin à l'enfant basé sur l'intelligence du cœur – plutôt que sur celle des livres – afin de trouver la « bonne » solution, celle censée fonctionner pour un enfant donné, dans une famille donnée à un moment donné[7].

Plus près de nous, Geneviève Delaisi de Parseval et Suzanne Lallemand[3], autrices d'un des seuls livres grand public d'histoire de la puériculture au xxe siècle, montrent l'effet délétère et insécurisant pour les parents de l'inconstance des prescriptions en matière de puériculture. Non sans humour, elles rapportent qu'entre 1921 et 1979, l'âge d'acquisition prescrit pour la continence (appelée aussi « propreté ») a varié de quelques semaines à 36 mois, tandis qu'entre 1887 et 1978, l'âge idéal du sevrage s'étale de 3 mois à 18 mois. Pour ces autrices, ces variations aussi importantes qu'improbables symbolisent la barrière qui existe entre parents et spécialistes, ces derniers renâclant souvent à partager leurs connaissances et donc à considérer les parents comme étant en capacité de faire leurs propres choix pour leur enfant.

Au début des années 2000, Alison Gopnik[8], professeure de psychologie cognitive et de philosophie à l'Université de

Berkeley, met en garde contre les dangers des conclusions hâtives que nombre de médias ou institutions tirent trop souvent des études comportementales dans le domaine de l'éducation. En traitant comme de futurs délinquants ceux que les études désignent comme étant « à risque de présenter des troubles comportementaux », ces conclusions nient le libre arbitre de ces enfants (et de leurs parents !) et les condamnent à devenir comme tels.

Encore plus récemment, André Stern, auteur et penseur de l'éducation, rendu célèbre pour son témoignage sur l'instruction hors de l'école, invite les parents à devenir pour leurs enfants des « semeurs d'enthousiasme »[9] : « Il existe une méthode infaillible pour se mettre à l'abri des faux pas et de ses propres peurs : ne jamais partir de soi, toujours partir de l'enfant. Faisons donc table rase de ce que nous croyions. Partons de l'enfant, laissons nous emporter par cette enivrante observation, admirons le génie de la nature, le génie de l'enfant, qui en est l'un des fruits les plus directs. »

Mais alors, comment aider les parents à vivre sereinement leur parentalité ?

Il ne suffit pas de dire aux parents : « Ayez confiance en vous ! » pour que ceux-ci gagnent la sérénité éternelle ! Ce serait trop simple. Et trop hypocrite aussi : qu'on le veuille ou non, il est impossible d'échapper aux connaissances en matière d'éducation. Elles sont si diverses et si nombreuses que peu de personnes réussissent à s'entendre à leur sujet. Bien souvent, le grand-père contredit la pédiatre, qui contredit la voisine, qui contredit le psychologue, qui contredit le meilleur ami… laissant les parents dans un amer désarroi. Saoulés d'injonctions paradoxales, certains en viennent à dire : « Je ne veux pas lire sur la parentalité, je veux faire comme je le sens ! » C'est un projet respectable, mais peut-être un peu vain si l'on considère l'omniprésence des théories éducatives : elles ne vivent plus simplement dans la bouche du médecin ou de l'enseignant mais ont envahi les magazines, les livres, la télévision, les publicités… bref, l'ensemble de la société.

Nos partis pris dans cet ouvrage sont donc les suivants :

– **S'adresser à tous.** Compte tenu de la diversité des configurations familiales, et selon l'adage populaire « Il faut tout un village pour élever un enfant », est parent tout adulte amené, pour une durée plus ou moins longue, à occuper une fonction de soin auprès de l'enfant* (incluant donc beaux-parents, grands-parents, membres de la famille élargie, professionnels de la petite enfance, baby-sitters, etc.). En sachant que la parentalité est un chemin dont il n'est possible d'identifier ni le début ni la fin, nous vous considérerons par ailleurs, vous, lecteur, comme suffisamment intéressé par la parentalité pour être appelé « parent ».

– **Donner des ressources plutôt que des conseils.** Nous souhaitons œuvrer pour le renforcement de votre confiance en vous, non en vous répétant avec paternalisme que vous êtes naturellement compétents, ni en prétendant vous « former » mais en **vous donnant les clés pour décoder les implicites dans le discours public sur l'éducation**, afin de vous permettre de devenir acteurs de votre parentalité**. Pour vous permettre

---

* Selon la notion de « *caregiver* » définie par le psychologue et psychiatre anglais John Bowlby, devenu célèbre au milieu du XXe siècle pour sa théorie de l'attachement.

** Cette dynamique rejoint le concept anglo-saxon d'« *empowering* », qui vise l'émancipation des individus dans le respect de leur libre arbitre.

de vous y retrouver dans ce foisonnement de théories, d'approches, de partis pris éducatifs, nous vous fournirons également, à la fin de ce livre, les références exactes des ouvrages ayant débattu des questions les plus vives dans le domaine de la parentalité pour que vous puissiez retourner aux « sources ».

– **S'attaquer prioritairement aux questions « qui fâchent ».** Celles qui font les gros titres des magazines « parentalité » ; celles qui enflamment les forums de jeunes parents ; celles qu'on n'ose pas toujours aborder avec le médecin de son enfant (et parfois encore moins avec ses proches) de peur qu'il ne partage pas notre point de vue ; celles pour lesquelles il y a toujours quelqu'un pour dire : « Hum, de mon temps, on ne faisait pas comme ça ! » Au final, celles qui nous laissent les plus démunis, qui nous font le plus douter, le plus craindre de « mal faire »… En examinant les logiques sous-tendues, les bases théoriques et/ou les idéaux sociaux auxquels chaque « camp » se réfère et l'historique de chaque débat, nous tenterons de comprendre ce qui oppose les uns et les autres sur ces questions brûlantes. Ce qui nous intéresse est donc moins de départager qui a « raison » de qui a « tort » que de montrer sur quoi les différents partis pris reposent.

Dans ce livre, point de conseils, donc, que des ressources pour vous permettre de faire les choix qui VOUS semblent les meilleurs. Ce qui ne nous empêchera pas, but ultime de cet ouvrage, d'essayer de vous faire rire et sourire de ces casse-tête du quotidien, et de cette facilité qu'on a, quand on devient parent, en un haussement de sourcil, en quelques mots, à se fâcher avec la Terre entière !

Bonne lecture !

CHAPITRE 1

35 ans et toujours pas d'enfant? Attention, il sera bientôt trop tard!

Chaque adulte qui n'a pas procréé à 35 ans en a fait la douloureuse expérience. Les remarques commencent souvent dans le cercle familial où il y a toujours quelqu'un pour lancer: «Alors quand est-ce que tu nous fais des petits-enfants/neveux/nièces/cousins/cousines?»; cela continue avec les copains qui croulent les uns après les autres sous les paquets de couches et commencent à se parfumer à la régurgitation lactée: «Allez lancez-vous, les enfants c'est meeeeerveilleux!»; pour les femmes, cela se poursuit parfois au travail lorsque le recruteur tente un intrusif: «Comptez-vous tomber enceinte dans l'année?»; sans oublier le médecin qui, sous prétexte d'expliquer les variations physiologiques de la fécondité, en profite pour donner son avis: «Il va falloir songer à arrêter la pilule, l'horloge tourne! Faites des enfants avant qu'il ne soit trop tard!»

Bref, si à 35 ans, un adulte (surtout une femme) n'est pas encore parent, il est rappelé à l'ordre par la société tout entière.

Étrange, direz-vous. Bien étrange cette intrusion sociale au cœur d'une question qu'on a de cesse de présenter comme une décision personnelle, un « choix ». Depuis les années 1970, l'avènement de la contraception et la légalisation de l'IVG, couplées à l'adaptation des méthodes de management d'entreprise à l'écologie familiale, ont fait de l'arrivée d'un enfant un véritable projet : on parle de "planification familiale", on tente de "programmer", certains ressentent le besoin d'annoncer officiellement à leurs proches le début des "essais bébé" ou l'amorce des procédures visant l'obtention d'un agrément d'adoption, vécues comme premières concrétisations du fameux projet. Tout ceci semble indiquer que l'individu est considéré comme l'acteur numéro un pour mener à bien le « projet bébé ». Et pourtant…

Pourtant, de nombreux adultes témoignent d'éléments contraignants ayant influencé leur décision de devenir parents : facteurs biologiques, pressions familiales ou économiques. Tout se passe comme si on nous disait : « choisissez librement, mais ne vous éloignez pas trop des standards ! »

Depuis les années 1970, une « vraie » liberté de concevoir

Personne ne peut nier l'ampleur des évolutions en matière de droits des femmes en France au cours du XXe siècle. En quelques décennies, les femmes se sont émancipées de la tutelle de leurs époux, ont obtenu le statut de citoyennes qu'on leur déniait jusqu'alors et, enfin, ont obtenu le droit à maîtriser leur fécondité par l'accès aux moyens de contraception ainsi qu'à l'avortement.

Les principales dates des droits des femmes[1]

1920	Obtention de l'équivalence des baccalauréats masculin et féminin
1927	Droit de transmettre leur nationalité à leur enfant
1931	Droit d'accéder à la fonction de juge
1937	Autorisation d'obtenir un passeport sans l'autorisation de leur époux
1943	Autorisation d'ouvrir un compte en banque sans l'autorisation de leur époux
1944	Obtention du droit de vote – Mixité de l'ENA (École Nationale d'Administration)
1945	Autorisation de l'avortement thérapeutique
1966	Autorisation d'exercer une activité professionnelle sans l'autorisation de leur époux
1967	Autorisation de la contraception
1972	Loi sur l'égalité des salaires entre hommes et femmes
1974	Remboursement des moyens de contraception
1975	Légalisation de l'interruption volontaire de grossesse
1982	Égal accès aux emplois de la fonction publique
2001	Extension du délai légal pour l'IVG à 12 semaines de grossesse
2010	Suppression de la présomption de consentement entre époux permettant la reconnaissance du viol conjugal.

Tout cela nous donne le sentiment qu'un temps infini nous sépare de nos grands-mères, dont il est difficile d'imaginer le quotidien, les inquiétudes, les pratiques et les espoirs : la décision de concevoir un enfant était-elle discutée dans les couples ? Les aînées enseignaient-elles aux jeunes filles des méthodes artisanales de contraception ? Le conjoint partageait-il cette responsabilité ? L'abstinence sexuelle s'imposait-elle d'elle-même lorsque la famille devenait trop nombreuse ? Les femmes ayant recours à un avortement clandestin le faisaient-elles avec le soutien de leur mari ?

On peut avoir l'impression qu'il existe un « avant » et un « après » 1975 : « avant », où le contrôle des naissances aurait été quasiment nul et « après », où il serait total. Il s'agit dans les deux cas de simplifications erronées.

Les chercheurs, comme Hervé Le Bras[2], sont là pour nous le rappeler : « Toutes les populations connues utilisent et ont utilisé les moyens les plus divers pour limiter leur fécondité : avortement, contraception rudimentaire, infanticide, mariage tardif, répudiation précoce, célibat »*. Il est toutefois vrai que l'accès à ces différents moyens a été plus ou moins difficile (et risqué !) au cours des siècles selon les enjeux démographiques, les découvertes scientifiques et les normes culturelles du moment. Du fait de l'impossibilité de différencier une fausse couche naturelle d'un avortement provoqué, aucune loi n'a réprimé en France l'avortement jusqu'en 1810, où le Code pénal en a fait un crime passible de la cour d'assises. Néanmoins, ces dispositions sévères n'étaient en pratique que peu appliquées (peu de procès, une majorité d'acquittements), à tel point que les sages-femmes se risquaient souvent à faire de la publicité pour leurs compétences d'avorteuses. Les grandes saignées démographiques des guerres (la défaite de 1871, mais surtout le bilan humain de la Première Guerre mondiale) ont changé la donne et donné lieu aux premières mesures véritablement répressives[3]. Autre exemple des liens entre démographie et enjeux sociaux : on cite souvent le Niger comme le pays qui détient actuellement le record mondial de fertilité (avec plus de 7 enfants par femme en

* Pour un tour d'horizon des méthodes d'avortements traditionnels actuellement utilisées dans les pays où l'avortement n'est pas autorisé voir le document « Sharing Responsability » sur le site de l'Institut Guttmacher (guttmacher.org). Ces nombreuses méthodes, loin d'être toutes efficaces, sont aussi très souvent dangereuses.

moyenne). Contrairement à ce que l'on pourrait croire, ce n'est pas par méconnaissance des méthodes de contrôle des naissances, mais majoritairement en raison du prestige social qu'apporte un nombre élevé d'enfants.

Les découvertes en embryologie au cours des siècles ont aussi modelé les représentations sur l'avortement: depuis Aristote les savants ont souvent cherché à établir quand, dans la grossesse, avait lieu « l'animation » c'est-à-dire à quel moment le fœtus acquérait le statut d'être humain[4]. En droit français, on a statué sur cette question dès le Code Napoléon[5]: un fœtus ne devient une personne au sens juridique qu'à condition d'être né vivant et viable. Cette disposition a ensuite été réaffirmée par la transposition dans le droit français des recommandations de l'OMS de 1975-1977[6]. De ce fait, depuis 1976, l'avortement est dépénalisé, l'interruption médicale de grossesse est possible jusqu'au terme et l'interruption volontaire de grossesse est médicalement pratiquée jusqu'à la 10e semaine de grossesse (ce délai a été étendu à la 12e semaine de grossesse en 2001). Depuis 2008, la possibilité ouverte aux parents d'enfants nés sans vie de porter mention de cette naissance dans le livret de famille et de leur donner une sépulture n'a qu'une portée symbolique et ne remet pas en cause les conditions d'accession au statut de personne juridique: l'enfant né sans vie ne pourra recevoir qu'un (ou plusieurs) prénom, mais aucune filiation ne sera établie (il ne recevra en particulier pas de nom de famille)[7]. Cependant, il existe encore à l'heure actuelle des liens entre progrès de la médecine et représentation sur le statut du fœtus. En témoignent les débats bioéthiques actuels autour de la limite de viabilité.

Pour autant, il est difficile de savoir exactement quel impact l'avortement artisanal a pu avoir sur la démographie au cours des siècles[8]. Si les tentatives d'interrompre une grossesse non désirée étaient autrefois nombreuses, elles n'étaient pas toujours efficaces. Par ailleurs, le nombre élevé d'infanticides empêche toute interprétation fiable sur le sujet : étaient-ils la conséquence des avortements échoués ou le corollaire d'un nombre encore plus élevé d'avortements ?* Pendant longtemps, mettre un terme à une grossesse revenait pour une femme à choisir entre une intervention potentiellement mortelle sur une grossesse en cours (souvent difficile à détecter avant 2 ou 3 mois) et le risque d'une condamnation en justice pour infanticide (qui pouvait mener à l'échafaud). Quant aux méthodes de contraception, tant mécaniques que chimiques, si elles sont nombreuses à être rapportées quelles que soient les époques et les cultures, il n'est pas évident d'évaluer quelle proportion de la population y avait recours et avec quelle efficacité.

À titre d'exemple, les travaux des années 1990, insuffisamment connus (en France du moins), de John M. Riddle, professeur d'histoire émérite américain, spécialisé en histoire de la médecine, ont pu montrer l'efficacité notable sur des rats de nombreuses substances abortives utilisées dans la pharmacopée traditionnelle. Il s'agissait en particulier de certaines plantes de la famille des férules, d'autres de la famille des rutacées, certaines préparations à base de grenade, de baies de genévrier, et bien d'autres encore[9]. Ces travaux tempèrent les conclusions hâtives sur la capacité des femmes, de l'Antiquité jusqu'au XVIIIe siècle, à maîtriser un tant soit peu leur fécondité et semblent montrer qu'un savoir populaire conséquent se transmettait sur la question.

---

* Dans l'article « L'infanticide devant les tribunaux », Richard Lalou montre comment la jurisprudence a tempéré la sévérité du Code Napoléon pour condamner les infanticides, devant le nombre d'accusations en la matière et devant la difficulté d'apporter des preuves (à consulter sur persee.fr).

S'il semble caricatural de se représenter l'avant années 1970 comme une époque où la fécondité des femmes aurait été totalement soumise à la loi de la nature, il est aussi exagéré de considérer que la légalisation de la contraception et de l'IVG a permis aux couples d'acquérir un total contrôle sur leur fertilité. « Un enfant si je veux, quand je veux » ? La situation n'est pas aussi simple...

En premier lieu, bien que légalisée, l'IVG n'a été remboursée par la Sécurité sociale qu'en 1982. Avant cette date, les tarifs de cet acte étaient néanmoins strictement encadrés par la loi[10] : il fallait compter 445 francs pour une IVG sans anesthésie en hôpital public et jusqu'à 856 francs pour une IVG sous anesthésie générale avec hospitalisation de 48 heures, soit respectivement 145 et 281 euros actuels* – une dépense difficilement accessible aux catégories les plus populaires. En second lieu, les grossesses non planifiées ne sont jamais exclues, dans la mesure où aucun moyen de contraception actuel ne protège à 100 % d'une grossesse – même si certains s'en approchent quasiment (DIU, implant contraceptif ou méthodes de contraception définitives). L'efficacité des différentes méthodes est par ailleurs dépendante des conditions d'utilisation et nécessite parfois un apprentissage avant d'être optimale (préservatif féminin/masculin, le diaphragme/cape cervicale, méthode sympto-thermique), d'autres méthodes contraceptives nécessitent quant à elles une bonne observance (pilule, patch ou anneau contraceptif)**. Il existe également de nombreux cas où une grossesse ne pourra être repérée qu'au-delà du délai légal permettant en France de recourir à une IVG : on pense

* Selon le convertisseur de l'Insee permettant de calculer le pouvoir d'achat (insee.fr).

** Pour une information complète sur les moyens de contraception, voir le site du médecin et écrivain français Martin Winckler (martinwinckler.com).

bien sûr aux dénis de grossesse qui ont été très médiatisés ces dernières années (de l'ordre de 1 à 30 pour mille grossesses[11]), mais aussi aux (bien plus nombreuses) situations où les cycles menstruels peuvent être très irréguliers.

La contraception : aussi une affaire d'hommes !

Jusqu'au début du xxe siècle, si l'avortement était affaire de femmes, la contraception était quant à elle plutôt une affaire d'hommes[3]. En particulier, c'était d'eux dont dépendait l'efficacité du fameux « *coïtus interruptus* », ou encore eux seuls qui pouvaient exempter leur femme du terrible « devoir conjugal » (celui-là même qui a servi de justification au viol conjugal jusqu'en 1980[12], celui-là même qui – non accompli – a pu servir jusqu'en 1996 de motif à un divorce pour faute[13]). Dans le même temps, s'est construit au cours du xixe siècle « un modèle binaire qui oppose masculin et féminin selon les modalités corps sain/corps malade, capacité/incapacité »[14] induisant une pathologisation du corps féminin : « l'utérus puis les ovaires devenant intrinsèquement pathologiques, nécessitaient dès lors des soins spécifiques, ce qui a donné naissance à la gynécologie ». L'émergence de ce modèle sexiste et différentialiste*, couplé aux revendications féministes au cours du xxe siècle en faveur de la contraception, a forgé la situation que nous connaissons aujourd'hui : il n'existe quasiment aucun contraceptif masculin et la contraception est à présent largement la responsabilité effective des femmes.

Pour autant, il semble que les représentations soient actuellement en pleine évolution. Lors d'un sondage CSA en septembre 2012[15], 91 % des Français estimaient que la contraception était autant l'affaire de l'homme que de la femme, 61 % d'hommes se déclarant prêts à prendre une pilule contraceptive si elle existait, 61 % des femmes s'estimant dans ce cas prêtes à laisser la responsabilité de la contraception

* Qui a par exemple longtemps empêché de considérer la possibilité d'une infertilité masculine.

à leur partenaire. En novembre 2016, une équipe de chercheurs de l'université d'Édimbourg a annoncé les résultats très encourageants d'un protocole d'injections d'hormones à visée contraceptive chez les hommes, dont l'efficacité serait de 96 %. Pour autant, les effets indésirables de ce mode de contraception, identiques à ceux des contraceptifs hormonaux féminins, sont plus difficilement acceptables : parce que les hommes ne sont pas individuellement exposés aux risques d'une grossesse, la balance bénéfice/risque entendue à titre individuel reste défavorable dans leur cas, une double peine pour les femmes[16]. Enfin, ces dernières années ont aussi vu émerger des revendications masculines en faveur de la maîtrise de leur fécondité au travers de la question des « paternités imposées ». Ces revendications, directement corrélées aux progrès technologiques en matière de tests de paternité, ainsi qu'à l'ouverture au droit (dans des cas strictement encadrés*) pour l'enfant à la « recherche en paternité »[17], ont gagné en visibilité médiatique lors de la parution en 2013 du livre de l'avocate Mary Plard, *Paternités Imposées*[18]. Si l'objectif de cet ouvrage est de proclamer la légitimité du « droit des hommes » à maîtriser leur fécondité (comme les femmes l'ont fait dans les années 1970), plusieurs féministes** alertent sur l'image erronée de la société que ce point de vue masculiniste sous-tend : celle d'une société « post-féministe » qui pécherait par excès d'égalitarisme, au point d'en devenir discriminante pour les hommes. Une vision bien éloignée des conclusions des études sur les inégalités de genre.

* Sont par exemple déclarées irrecevables les actions de recherche en paternité dans les cas d'inceste, lorsque l'enfant est placé en vue de son adoption, ou lorsqu'un lien de filiation est déjà établi à l'égard d'un autre homme. Dans ce dernier cas, il faut d'abord contester le lien de filiation préalablement établi et en obtenir l'annulation (source : service-public.fr).

** Voir par exemple l'article « Les « paternités imposées », l'invention d'un faux problème », par le Collectif Antimasculiniste Île-de-France sur le site lmsi.net.

Si la possibilité d'interrompre (ou non) une grossesse nous rapproche d'une certaine maîtrise de la fécondité, celle de l'infécondité est loin d'être acquise. Cette réalité rend souvent bien amer, pour ces couples dits « infertiles », l'historique slogan « Un enfant si je veux, quand je veux ». Peut-on affirmer en ce début de XXIe siècle qu'on « maîtrise » sa fertilité quand 5 à 15 % des couples souffriront d'infertilité involontaire durant leur vie* ? Quand seulement environ un tiers des personnes orientées vers l'assistance médicale à la procréation (AMP) pourront finalement mener une grossesse à terme** ? Malgré cela, les journaux spécialisés aiment ironiser çà et là sur les « grossesses programmées » alors même que celles-ci ne concernent en définitive qu'une petite partie des couples, ceux pour lesquels une grossesse survient rapidement.

Mais ces difficultés de « programmation » en matière de fécondité n'entament pas la représentation dominante actuelle de l'enfant comme « projet ». Cette notion de projet omniprésente dans notre société, héritée de l'adaptation des principes de gestion de l'entreprise à la famille, met l'individu au cœur du processus : c'est lui qui décide quand le projet commence, sa réalisation dépend de lui et c'est lui qui y trouve une forme de réalisation personnelle et identitaire. Survaloriser la notion de projet est une façon de dire aux individus : vous êtes libres, mais vous serez tenus pour seuls responsables de vos choix, indépendamment des inégalités

* Cette fourchette approximative est donnée à titre d'ordre de grandeur car celle-ci dépend des définitions admises pour l'infertilité et des populations incluses pour l'enquête (personnes ayant ou non entamé un parcours d'AMP notamment). Pour mieux se rendre compte de la difficulté d'établir précisément un tel chiffre, on pourra consulter le dossier « Observatoire épidémiologique de la Fertilité en France : Un Outil de Description de la Fertilité de la Population Générale et de sa Sensibilité aux Facteurs Environnementaux » sur le site de l'Agence Nationale pour la Recherche (agence-nationale-recherche.fr).

** D'autres statistiques dans les dossiers d'information sur l'Assistance Médicale à la Procréation, sur le site de l'Inserm (inserm.fr).

sociales ou économiques. S'agissant du « projet bébé », l'individu (et le couple) se retrouve donc seul face à des questions vertigineuses : « Quand et comment accueillir un enfant ? » « Les conditions sont-elles vraiment idéales ? » Ou encore : « Moi parent, serai-je une chance pour mon enfant à naître ? ».

À ce « projet bébé » s'accole aujourd'hui de plus en plus souvent une phase de « préprojet » (qui commence à l'arrêt de la contraception et se termine au test de grossesse positif). Non seulement cette nouvelle phrase est assumée (bien des femmes l'« annoncent » officiellement autour d'elles), mais on assiste aussi à une médicalisation de celle-ci, ce qui lui donne de fait une existence à part entière : d'une façon un peu caricaturale, on pourrait dire que, de plus en plus fréquemment, le projet d'enfant commence lorsqu'un couple fait part de son désir à un médecin. Durant cette phase de « préprojet », les futures-futures mères sont invitées à cesser leur consommation de tabac et d'alcool, à faire un bilan de santé, à mettre à jour leurs vaccinations[19], à prendre des compléments vitaminiques* et même, à optimiser leur régime alimentaire en vue de la future grossesse. Ainsi, s'il n'est jamais trop tôt pour adopter une bonne hygiène de vie (qu'un enfant soit ou non en projet), il semble aussi légitime de s'interroger sur cette évolution, son efficacité réelle rapportée au caractère potentiellement anxiogène pour les futurs-futurs parents et la place symbolique que cela confère au savoir médical qui, sous prétexte de prévention extrêmement précoce, s'immisce alors jusque dans l'intimité des couples.

* En particulier, il leur est proposé une supplémentation en vitamine B9 dont les carences sont responsables de certaines malformations graves chez le fœtus, comme le spina bifida.

La vision carriériste de la femme qui devient mère à 40 ans

Puisque l'enfant est à présent un projet et qu'il est majoritairement possible de le planifier au moment jugé opportun par les couples, son arrivée après 35 ans est souvent analysée comme une volonté de la mère – et éventuellement du couple – de privilégier ses autres projets de vie.

« Les femmes font des enfants de plus en plus tard pour privilégier leur carrière », voici quel pourrait être un des titres les plus banals de la presse féminine de ces dernières années. Études démographiques à l'appui, on invite d'éminents gynécologues pour exposer en quoi cette évolution sociale mettrait quasiment en jeu la survie de l'espèce avant de pointer du doigt les principales responsables de cette apocalypse : ces femmes qui, au nom de l'égalité des sexes, se seraient coupées de leur « nature » et auraient ainsi refusé d'écouter leur instinct de femelle reproductrice (plus généralement désigné par la presse sous le terme d'« horloge biologique »).

Commençons par un petit retour sur les études démographiques en question[20]. Derrière le titre simpliste et racoleur « Les femmes font des enfants de plus en plus tard », plusieurs indicateurs sont à prendre en compte. Tout d'abord, l'âge moyen à la maternité, c'est-à-dire la moyenne des âges des femmes ayant accouché dans l'année. Il est actuellement de 30 ans : chaque année, à peu près autant de femmes de moins de 30 ans accouchent que de femmes de plus de 30 ans. Cet âge moyen est effectivement en hausse depuis les années 1970 (il était de 26,7 ans en 1979). En revanche, les magazines oublient généralement de souligner que la moyenne de 1979 était la plus basse depuis le début du XXe siècle. En 1900, le fort étalement des grossesses dans la vie reproductive des femmes portait l'âge moyen à la maternité autour de 29,3 ans, soit une valeur identique à celle du milieu des années 2000.

Deuxième indicateur, l'âge moyen de la première maternité, c'est-à-dire l'âge des femmes qui accouchent de leur premier enfant. Il est de 28 ans en 2009, alors qu'il était de 24 ans en 1977 et autour de 25 ans au début du XXe siècle, date à laquelle remontent les premières réelles statistiques compilées et validées par l'Institut national d'études démographiques (Ined). Avant cette date, les données sont éparses et non standardisées. Les travaux de Jacques Houdaille et Louis Henry sur l'âge moyen des premiers mariages en France aux XVIIIe et XIXe siècles laissent néanmoins penser qu'un âge de première maternité autour de 25-26 ans a longtemps pu être la norme[21].

Enfin, troisième indicateur intéressant, l'évolution du taux de fécondité par âge, c'est-à-dire la répartition des naissances en fonction de l'âge de la mère :

– Pour 2009, la courbe est presque parfaitement symétrique autour de 30 ans : non seulement autant d'enfants sont nés de mères âgées de moins de 30 ans que de mères âgées de plus de 30 ans mais la progression et la décrue se font de façon symétrique autour de cette valeur (les femmes ont à peu près autant d'enfants à 25 ans qu'à 35 ans ; à 20 ans et à 40 ans ; très peu en font à 45 ans comme à 15 ans).

– Pour 1979, la courbe décolle beaucoup plus rapidement après 15 ans (le taux de fécondité à 20 ans en 1979 correspond à celui à 25 ans en 2009) pour atteindre son apogée vers 25 ans ; si la décrue est plus lente, elle s'annule tout de même vers 45 ans, comme pour 2009.

– Pour 1909, la courbe ascendante ressemble à celle de 1979, en revanche la décrue est encore beaucoup plus lente puisque le taux ne s'annule vraiment complètement que vers 49 ans.

Et côté père ?

Une simple visite sur le site de l'Ined suffit à prouver que l'évolution de l'âge de la paternité est loin de susciter autant d'intérêt que l'évolution de l'âge de la maternité. Contrairement à la maternité, aucune étude sur la paternité ne prend la question de l'âge comme sujet principal. Celui-ci n'est souvent qu'anecdotiquement cité, par exemple pour illustrer la question de la santé des pères ou l'évolution du statut des enfants nés hors mariage. Pour expliquer ce désintérêt, on ne peut faire que des hypothèses : la préoccupation nataliste aurait-elle par exemple poussé les démographes à négliger la dimension sociale de la parentalité pour se centrer sur la seule fécondité ? Parmi les rares chiffres disponibles, ceux de l'Insee[24] montrent que l'évolution de l'âge moyen de la paternité a suivi globalement celui de l'âge moyen de la maternité (décrue de 1900 à la fin des années 1970 puis remontée depuis) tout en lui restant constamment supérieur de quelques années (environ 4 ans et demi au début du XXe siècle et plutôt 3 ans à la fin des années 2000). L'explication de cet écart d'âge est d'autant plus complexe qu'il s'agit d'une norme d'une grande constance sur le globe et au cours des époques[25] : une des hypothèses les plus crédibles est que les hommes et les femmes choisiraient de s'unir au moment où ils se considéreraient parvenus au pic de leur propre « désirabilité ». La « désirabilité » sur le « marché matrimonial » des femmes dépendant de l'attractivité physique (évaluable dès la puberté) ainsi que de la fécondité potentielle (plus jeunes elles sont, plus elles seront potentiellement longtemps fécondes), celle des hommes étant davantage liée au niveau social et à l'importance des ressources (plutôt acquis à un âge plus avancé). Cette hypothèse est cohérente avec la réduction de l'écart d'âge entre conjoints dans les sociétés contemporaines où le nombre d'enfant souhaité est moindre (donc nécessite une moins grande plage de fécondité maternelle) et où les femmes sont plus souvent indépendantes financièrement.

Il y a donc eu, certes, plus de grossesses entre 30 et 35 ans en 2009 qu'en 1909 mais le nombre de grossesses après 35 ans était supérieur il y a un siècle! De quoi relativiser la « modernité » du phénomène des grossesses tardives... Par ailleurs, l'augmentation du taux de divorce et la multiplication des familles recomposées ont souvent été pointées du doigt comme un facteur induisant des grossesses tardives : c'est oublier que si les divorces étaient beaucoup plus rares au début du XXe siècle, les familles recomposées étaient quant à elles bien aussi banales, en raison d'une espérance de vie plus courte et des remariages subséquents[22] (phénomène que l'on observe partout sur le globe dans les sociétés tribales)[23].

Alors comment expliquer tout le battage médiatique sur fond d'apocalypse autour de cette évolution sociétale? On ne peut que faire des hypothèses...

On évoque souvent l'inquiétude des médecins face aux complications supposément plus nombreuses des grossesses tardives. Leur multiplication serait un problème de santé publique contre lequel il faudrait mettre les femmes en garde. Les études sur l'accroissement des risques maternels et fœtaux liés à l'âge sont relativement nombreuses, mais elles sont loin de toutes aboutir aux mêmes résultats[26]! Et si les quelques augmentations constatées peuvent encourager une surveillance plus importante des grossesses tardives, il semble totalement exagéré d'y voir une raison suffisante pour décourager les femmes de tomber enceinte après 40 ans (à titre d'exemple, le risque de mort fœtale *in utero* est de l'ordre de 0,4 % vers 25 ans et s'élève à 0,8 % vers 45 ans ce qui fait conclure à une multiplication du risque par 2 après 40 ans en dépit d'un risque absolu faible). De plus, si la majorité de ces études constatent une augmentation de la probabilité de déclarer une complication, elles sont incapables de déterminer si cette augmentation est seulement liée à l'âge des patientes ou au fait qu'après 40 ans, les femmes souffrant de pathologies de la reproduction sont surreprésentées (puisque n'ayant pu concevoir avant).

Derrière la multiplication des grossesses tardives se cache également la question du développement de l'AMP, en hausse chaque année à l'échelle mondiale*. Les raisons de cette augmentation ne sont pas simples à établir : l'amélioration des techniques, leur meilleure efficacité, la plus grande diversité des types d'infertilité à pouvoir être prises en charge… Tout ceci contribue évidemment à l'accroissement de la demande, il serait donc abusif d'expliquer cette hausse par la seule augmentation du désir de grossesses tardives. Du reste, si la baisse de la fertilité des femmes à partir de 30 ans est réelle (et bien connue des médecins et démographes), considérer d'office les post-quarantenaires comme infertiles est une erreur. Sur ce point, les chiffres sont en effet moins radicaux que le discours ambiant : à 30 ans, 75 % des femmes qui souhaitent une grossesse l'obtiendront dans l'année, elles seront 50 % à 40 ans et encore 20 % à 45 ans[27]. Cette fertilité réelle et généralement minimisée conduit d'ailleurs chaque année plus de 14 000 femmes de plus de 40 ans à demander un recours à l'interruption volontaire de grossesse[28].

Il reste toutefois que l'AMP représente pour les femmes la possibilité (théorique, puisqu'en France le recours à l'AMP ne peut être pour « convenance personnelle ») de disposer d'une période plus étendue pour satisfaire leur désir de maternité et par là, de minimiser l'impact de celle-ci sur le développement

* Entre 2000 et 2002 par exemple, l'activité de l'AMP a augmenté de 25 % dans le monde (source : « Hausse de recours à la procréation médicalement assistée dans le monde », 2009, inserm.fr).

de leur carrière professionnelle, un impact réel, qui creuse le fossé des inégalités salariales entre femmes et hommes: après la naissance d'un premier enfant, 17 % des mères passent à temps partiel et 11 % changent de poste; elles sont également 7 % à démissionner et 4 % à prendre un congé parental à temps complet et ce, alors même que 91 % des pères ne déclarent aucun changement dans leur situation professionnelle[29]. En l'absence de changements sociaux rapides et efficaces pour remédier aux inégalités entre femmes et hommes, le recours à l'aide médicale à la procréation pour mener à bien des grossesses tardives pourrait bien devenir une alternative crédible pour permettre aux femmes de s'octroyer par elles-mêmes le droit à s'épanouir professionnellement sans renoncer à leur désir d'être mère*.

Faites des enfants, mais faites-le bien!

Jusqu'ici, il a été question de la sévérité du regard social porté sur les femmes qui procréent après 40 ans. En réalité, bien d'autres femmes et hommes n'ayant pas eu d'enfant dans le contexte que la société considère comme idéal sont également pointés du doigt: parents trop tôt ou trop tard, parents de famille trop nombreuse, d'enfant unique ou d'enfants ayant un grand écart d'âge, mères d'enfants de pères différents, parents dans une situation financière précaire, ou mères impliquées dans un travail très exigeant (bizarrement, on le tolérera mieux d'un père), parents porteurs d'un handicap, couples homosexuels.

---

* Fin 2014, les entreprises Apple et Facebook avaient suscité la polémique en annonçant leur volonté de subventionner la congélation des ovocytes de leurs employées.

Si faire des enfants ne requiert généralement pas de compétence particulière, les faire “bien” (selon la norme sociale du moment) est quasiment mission impossible. Et vous êtes sans doute nombreux-ses à en avoir fait la douloureuse expérience !

Plusieurs sociologues se sont intéressés à cet apparent paradoxe : comment peut-on être à ce point contraint dans notre décision de procréer à l'heure où la médecine nous permet de choisir avec une ampleur sans précédent quand et comment nous souhaitons devenir parents ? C'est ce qui les a conduits à élaborer le concept de “normes procréatives”. Nathalie Bajos et Michèle Ferrand expliquent l'apparition de cette norme et l'injonction ainsi faite aux futurs parents[30] : « Dans la mesure où il devient possible d'éviter d'être enceinte et de refuser de poursuivre une grossesse en recourant à l'IVG, il importe, plus que jamais, que les conditions les meilleures soient réunies pour avoir un enfant. C'est le respect de ces conditions, socialement définies, que nous nommons « norme procréative ». Cette norme s'est construite parallèlement à la diffusion de la contraception, en s'inscrivant dans une double évolution : la médicalisation croissante des comportements et le développement d'une conception psychologisante des besoins de l'enfant [...]. Elle définit le « bon moment de la maternité » : ni trop tôt ni trop tard, entre 25 et 35 ans [...]. La perspective planificatrice implique également la limitation du nombre d'enfants et l'espacement entre les naissances. Mais surtout, puisque [les couples ont désormais] la possibilité de choisir quand va arriver l'enfant, il faut créer les conditions les plus favorables à son accueil : un couple parental, stable affectivement, psychologiquement et matériellement, une naissance s'inscrivant dans un projet parental, et survenant au bon moment des trajectoires professionnelles des deux parents. »

Le poids de ces normes sur les décisions individuelles peut expliquer la stabilité du nombre d'avortements en France depuis les années 1980 (autour de 200 000 par an), car si le développement des méthodes contraceptives a permis de faire baisser le nombre de grossesses non prévues, ces mêmes grossesses sont quant à elles bien plus souvent interrompues (6 sur 10 aujourd'hui contre 4 sur 10 en 1975[30]). Ajoutons également que ces normes procréatives ne sont pas de simples pressions sociales diffuses, elles s'expriment parfois de façon beaucoup plus explicite[31] : à ce jour, en France, le recours à l'aide médicale à la procréation est autorisé uniquement pour les couples hétérosexuels en âge de procréer ayant une communauté de vie et en mesure de motiver leur « projet parental »[32]. Si aucune limite d'âge n'est réellement mentionnée dans la loi, la Sécurité Sociale, elle, ne rembourse aux femmes les actes d'aide médicale à la procréation que jusqu'à 43 ans[33]. Notons que les normes procréatives s'exercent aussi sur les parents candidats à l'adoption qui doivent, en règle générale, être âgés de plus de 28 ans[34].

Comme nous l'avons vu, les femmes ont donc acquis un contrôle sans précédent sur leur corps et leur fertilité. On peut néanmoins s'interroger sur l'ampleur des pressions sociales que ce nouveau choix a générées et qui pèsent sur les parents bien avant l'arrivée de l'enfant : combien de fois une femme qui a eu des enfants plus tôt/tard que la moyenne sera-t-elle sommée de s'expliquer sur son projet d'enfant, sur ses motivations, sur ses capacités à être une bonne mère ? Combien de fois une mère de famille nombreuse devra répondre à l'exclamation du badaud : « Ils sont tous à vous ? » Combien de fois une mère d'un enfant porteur de trisomie 21 se verra demander si elle « le savait » avant la naissance ? Combien de fois une mère d'enfants ayant un écart d'âge plus important que la moyenne sera présumée les avoir conçus avec des pères différents ? Combien de fois une mère d'enfant unique devra expliquer sa décision, jusqu'à parfois exposer à de parfaits inconnus les détails de ses capacités reproductrices ? Se serait-on libéré de normes sociales étouffantes pour se retrouver sous le joug d'autres normes tout aussi tenaces ?

Mais la norme procréative ne vient pas uniquement sanctionner les femmes qui sont devenues mères hors des cadres socialement admis, elle pèse aussi sur celles qui ne le sont pas devenues en dépit d'un âge et d'une situation sociale correspondant aux standards. Ainsi pourront être montrées du doigt celles qui ont eu recours à une IVG en étant en couple stable, dans une situation financière confortable ou sans enfant en très bas âge (leur décision fait trop souvent l'objet de discours culpabilisants de la part de l'entourage voire, plus grave, de la part de représentants du corps médical) ; mais aussi celles dont la situation ne relève pas d'un choix et qui souffrent par exemple d'infertilité.

Si la société française dénie assez largement l'existence d'une infertilité "sociale" (l'incapacité d'une personne célibataire, ou d'un couple homosexuel à devenir parent), l'infertilité médicale fait en revanche l'objet d'une intervention sociale marquée, exposant dans un cas comme dans l'autre les aspirants-parents à une forme de violence sociale.

Dans une société qui considère l'enfant comme un projet, c'est-à-dire l'expression de la volonté d'un couple, l'infertilité peine encore à être reconnue comme une maladie – bien que la définition de l'OMS soit claire à ce sujet*. Ainsi, beaucoup (jusque dans le corps médical !) n'hésitent pas à invoquer

---

* L'OMS définit l'infertilité (définition clinique) comme : « une maladie du système reproductif définie par l'échec à obtenir une grossesse clinique après 12 mois ou plus de rapports sexuels réguliers non protégés »[48].

l'argument psychosomatique (surtout lorsqu'aucun dysfonctionnement physiologique n'a pu être constaté, ce qui est le cas dans presque 10 % des cas de stérilité) et ainsi à culpabiliser les couples en attente d'une grossesse par un laconique « C'est dans votre tête ! » Comme si on pouvait avec pertinence opposer le corps à l'esprit. Comme si on pouvait jeter dans la catégorie fourre-tout du psychisme tout ce que la science échouerait à expliquer. On peut aisément se représenter à quel point ce genre de remarques peut se révéler toxique pour un couple en attente d'une grossesse. Le parcours d'AMP est dans bien des cas un parcours de souffrance (qu'environ 60 % des couples abandonnent après trois tentatives infructueuses[35]), où les douleurs physiques liées aux nombreux examens souvent invasifs s'ajoutent aux douleurs psychologiques liées à l'attente, aux échecs, au sentiment d'être responsable (même inconsciemment) du dysfonctionnement. Tout ceci se voit renforcé par la norme procréative omniprésente : de la multiplication des naissances dans l'entourage du couple qui ravivent la douleur de la grossesse absente aux conditions mêmes de prises en charge par l'AMP qui met les couples en position de devoir justifier leur projet parental, souvent vécu comme la nécessité pour eux de prouver qu'ils sont des parents acceptables[36].

Les souffrances des couples en parcours d'AMP sont encore assez largement déniées et minimisées, par l'entourage qui malgré ses efforts n'a qu'une représentation partielle du combat que cela représente, par le corps médical qui persiste encore souvent à penser que le trouble psychologique (dépression, anxiété...) est une cause plutôt qu'une conséquence de l'infertilité[37], mais aussi par la société tout entière qui croit entendre dans l'expression de ces souffrances la revendication d'un "droit à l'enfant" (là où ces couples réclament surtout le droit à voir leurs désirs et leurs difficultés entendus). La psychanalyste et anthropologue Geneviève Delaisi de Parseval a récemment montré, dans *Voyage au pays des infertiles,* le désarroi de ces hommes et de ces femmes confrontés à des problèmes « éthiques » qu'ils sont bien souvent seuls à pouvoir résoudre. La France ne prête aujourd'hui guère d'attention à ces questions. Comment aider un enfant conçu grâce à un don de gamètes à répondre à ses questions identitaires ? Que faire des embryons surnuméraires ? Comment accompagner les parents vers le choix procréatif qui a du sens pour eux ? Pis encore, elle semble ignorer les pratiques pourtant bien réelles du « tourisme procréatif », vers lequel les parents se tournent aujourd'hui de plus en plus fréquemment lorsque l'AMP ne leur est pas ouverte en France (comme c'est le cas pour les couples homoparentaux) ou encore lorsqu'ils sont en demande d'un double don de gamètes.

Vieillir sans enfant : et pourquoi pas ?

Des adultes qui vieillissent sans enfant, nous en connaissons probablement tous, même si on en parle peu. Il y a ceux qui n'auront pas pu en avoir, ceux qui n'auront pas rencontré au bon moment la personne avec qui partager cette envie et ceux, dont on parle encore moins, qui n'auront pas voulu en avoir. Les études à ce sujet sont peu nombreuses mais deux assez récentes, l'une publiée par l'Ined en 2014[38] et l'autre par l'Insee[39] en 2006, donnent la parole à ces « 6,3 % d'hommes et 4,3 % des femmes qui déclarent ne pas avoir d'enfant et ne pas en vouloir ». Selon les différentes études, ces chiffres ne sont pas en augmentation et le phénomène reste très minoritaire en France. Certains pays d'Europe comptent beaucoup plus d'adultes sans enfant : en 2006, l'Ined en recensait 17 %

en Grande-Bretagne et aux Pays-Bas, 20 % en Autriche et en Allemagne de l'Ouest, pour les femmes nées en 1955[39]. Selon la démographe Isabelle Robert-Bobée, ces taux ne peuvent, à eux seuls, expliquer le taux de fécondité d'un pays. On peut néanmoins noter que si la France est un des pays européens où le taux d'adulte sans enfant est le plus bas, elle est aussi un des pays au plus faible taux de contraception définitive (0,8/3,8 % des hommes/femmes en France, contre 19/8 % au Royaume Uni[40]). Sans doute faut-il y voir le poids des représentations culturelles françaises qui envisagent encore trop souvent le recours à la contraception définitive comme une forme de mutilation et non comme un choix légitime pour toute personne adulte[41].

Les raisons qui conduisent ces adultes à ne pas souhaiter d'enfants sont multiples: «Huit fois sur dix, femmes (79 %) et hommes (83 %) déclarent «être bien sans enfant». C'est donc la notion d'épanouissement personnel qui transparaît ici. (...) Les personnes volontairement sans enfant mettent en relief la tension entre deux valeurs de la société contemporaine: la liberté individuelle et la famille. D'un côté, la liberté individuelle, qui va de pair avec la figure idéalisée de l'individu entrepreneur de sa propre vie, renvoie à des notions telles que l'épanouissement personnel, l'autonomie, la mobilité professionnelle et conjugale. D'un autre côté, les valeurs associées à la famille sont à rapprocher de celles de stabilité professionnelle et conjugale, de la disponibilité pour autrui, de l'engagement filial. Les hommes et femmes les plus jeunes mettent très souvent en avant le fait d'avoir d'autres priorités. Pour les femmes, la tension persiste dans l'articulation entre les sphères personnelle, professionnelle et familiale, les obligeant souvent à prioriser une sphère sur une autre. Pour les hommes, la stabilité professionnelle prend toujours une place importante avant d'avoir des enfants. Enfin, hommes et femmes attendent le « bon » moment pour avoir un premier enfant, notamment après avoir profité d'une période « libre » d'enfants. Le fait de se considérer comme trop âgé est un argument très souvent mis en avant après 40 ans, notamment pour les femmes qui sont, plus que les hommes, confrontées à la pression « biologique » »[38].

Les adultes sans enfant ont bien conscience de faire, selon l'expression de l'étude de l'Ined, un « choix de vie à contre-courant » de la norme sociale qui pousse à fonder une famille. Ces dernières années néanmoins, on trouve de plus en plus d'articles, de livres ou encore de sites internet sur les « *no kid* » ou les « *childfree* » (ainsi qu'ils se désignent eux-mêmes). La psychologue Édith Vallée, elle-même sans enfant volontaire, contribue, depuis la parution de son premier ouvrage en 1981, à l'ouverture de la société à ce sujet. Dans son dernier ouvrage (*Pas d'enfant pour Athéna*[49]), elle constate que ce choix est encore mal considéré et ambitionne de changer le regard que la société porte sur les femmes sans enfant et de montrer qu'on peut « être une femme épanouie sans être mère ». Simone de Beauvoir, qui avait milité toute sa vie pour les droits des femmes, prônait déjà ce choix de vie : elle ne condamnait pas la maternité à partir du moment où la femme était indépendante financièrement et conservait sa liberté (en particulier, des moments de solitude) mais pour elle, il était tout de même préférable pour une femme de conserver une totale liberté (pas de mariage, pas d'enfant). C'est d'ailleurs le choix qu'elle avait fait[42].

Liberté, autonomie. Est-ce pour cela que la société accuse parfois (souvent ?) les adultes qui ne veulent pas d'enfant d'égoïsme ? Est-ce pour cela qu'ils sont sans cesse sommés de s'expliquer sur leur choix ? Face à ces postures, qui sous-tendent une forme d'opposition, voire de compétition, entre adultes avec et sans enfant, les *childfree* ripostent. Ils peuvent, à leur tour, accuser les parents d'égoïsme, ceux-ci ayant tendance à vouloir faire passer leurs enfants avant tous les autres ou encore à se replier sur eux-mêmes et leur cellule familiale. D'autres considèrent que faire un enfant, c'est aussi et avant tout pour soi-même, pour sa propre réalisation, pour la transmission de ses propres valeurs et que cela ne constitue donc pas un choix plus altruiste que de ne pas en avoir. Enfin, d'autres, tout en respectant le désir de certains d'avoir des enfants, estiment seulement ne pas le ressentir et trouvent d'autres façons de satisfaire leur besoin de transmission à la génération suivante. C'est le cas de Geneviève Borne, ambassadrice de Vision Mondiale, une association canadienne de lutte contre la pauvreté dans le monde, qui déclare: « Même si je n'ai pas porté d'enfants, je peux en porter des milliers dans mon cœur »[43].

Il est évident qu'on ne connaîtra jamais le résultat de ce « concours du moins égoïste ».

Si des considérations écologiques, démographiques ou une préoccupation autour des ressources terrestres reviennent souvent, c'est bien l'épanouissement qui arrive en tête des raisons principales de ne pas vouloir d'enfant.

Il serait donc possible d'être heureux sans enfant? En voilà une nouvelle! Pour beaucoup d'entre nous, les enfants, c'est *ça* le bonheur (et ce n'est *que* du bonheur, c'est bien connu). Depuis que le sociologue Émile Durkheim a montré en 1897 que la maternité était un facteur protecteur contre le suicide[44], l'idée est restée fortement ancrée dans les esprits. En 2005, seuls 10 % des sondés par l'Ined déclaraient être en désaccord avec la phrase « Une femme ou un homme doit avoir des enfants pour s'épanouir ». Il ne s'agit bien sûr pas de dire que la venue des enfants constitue un malheur, mais ce consensus tend à se fragiliser. On évoque aujourd'hui fréquemment « la difficulté d'être parent », que ce soit dans la presse, dans les discours politiques ou dans les livres de puériculture. On reconnaît de plus en plus les difficultés des parents, les angoisses, les échecs, les burnout même. Le roman d'Éliette Abécassis, *Un heureux événement*[45], est, à ce titre, emblématique : l'autrice explore les méandres des difficultés à devenir et être mère. Cela reste le témoignage d'un parcours personnel mais il a le mérite de donner la parole aux parents (aux mères en particulier) qui souffrent : « C'est vrai : elle a bouleversé ma vie. Et pourtant, elle n'était qu'un bébé. Elle m'a poussée dans mes retranchements, elle m'a fait dépasser toutes mes limites, elle m'a confrontée à l'absolu : de l'abandon, de la tendresse, du sacrifice. Elle m'a disloquée, et elle m'a enfantée. J'étais sa fille. J'étais sa créature, désormais. » De manière encore plus tranchée, en juin 2016, la comédienne Anémone a marqué les esprits en avouant sans détour regretter sa maternité : « Je me suis fait un enfant dans le dos », analysait-elle alors. Il semble que sa confession ait contribué en France à la levée du tabou des maternités regrettées, également étudiées depuis 2015 par la sociologue israélienne Orna Donath[46] dont les travaux ont depuis été abondamment commentés de par le monde.

Mais alors, si avoir des enfants ne rend pas *forcément* heureux et qu'on le sait, pourquoi en fait-on encore ?

Pour justifier leur choix, les parents évoquent tour à tour l'instinct, l'envie de perpétuer une lignée, l'amour des enfants, etc. Pour la philosophe Christine Overall, toutes ces raisons ne mettent pas l'enfant au centre de la décision, relèvent de critères d'ordre affectif et ne sont donc pas rationnelles. En outre, il est difficile d'en trouver une qui résiste à trois tests moraux : le respect du bien-être de la mère et de l'enfant, la prise en compte de l'autonomie des femmes, la volonté de ne pas traiter l'enfant ou la mère comme un simple moyen pour la réalisation d'une fin. Dans son essai *Why have children? The ethical debate*[47], elle en appelle à l'éthique de chacun : « Si nous n'arrivons pas à admettre qu'avoir des enfants relève d'un vrai choix, avec une portée éthique, cela revient à considérer la procréation comme une fatalité, la simple expression d'un déterminisme biologique. » Et nous invite à envisager la richesse des échanges futurs, d'égal à égal, avec notre enfant parvenu à l'âge adulte, que nous apprécierions conditionnellement pour ce qu'il est devenu plutôt qu'inconditionnellement pour ce qu'il est.

On se prend à rêver d'un monde où les choix des uns ne seraient pas perçus par les autres comme un affront ou une désapprobation de leur propre mode de vie. Un monde où la souffrance et les espoirs des uns seraient entendus et respectés, au lieu d'être déniés et minimisés car considérés comme impudiques. Un monde où chacun se sentirait libre de se raconter ou non, de se justifier ou non, et où peut-être on finirait par accepter que le « meilleur » choix reste celui qui a du sens à *ce* moment, pour *ces* parents, pour *cet* enfant, pour *cette* famille.

Si vous avez 35 ans, que vous n'avez pas d'enfants, dites-vous que d'autres sont dans votre cas. Que ni votre entourage ni le milieu médical ni la biologie ne sont à même de décider pour vous de l'urgence ni de la nécessité de procréer, pour autant que vous le souhaitiez.

En bref

- Depuis les années 1970, l'enfant est considéré comme un « projet » mis en œuvre par les parents.
- Les femmes ont eu recours à toutes les époques et partout à des techniques efficaces pour maîtriser leur fécondité.
- L'âge de la première grossesse et le nombre d'enfants par femme dépendent largement de facteurs culturels et varient donc en fonction des époques et des cultures.
- Les grossesses au-delà de 40 ans ne sont pas un phénomène nouveau, mais les premières grossesses après cet âge tendent néanmoins à s'accroître.
- Le libre choix de procréer a longtemps été conditionné par l'accès aux méthodes contraceptives et abortives. Il reste aujourd'hui entravé par les normes sociales qui déterminent quand et comment il convient de le faire.
- De plus en plus d'adultes revendiquent le droit de vieillir (et s'épanouir) sans enfant, pour des raisons personnelles, morales et/ou écologiques.

CHAPITRE 2

Accouchement physiologique : et pourquoi pas accoucher dans la jungle ?

Ça y est ! Que vous ayez trouvé (ou non) des raisons éthiquement valables pour avoir un enfant, que vous ayez (ou non) lancé en grande pompe le « Baby Project », que vous ayez 20 ans ou 40, que vous soyez encore vierge en matière de parentalité ou parent multirécidiviste : le pipi-le-plus-important-de-vos-vies a fait apparaître deux barres roses sur un bâtonnet bleu et vous vous demandez où diable élire domicile pour la ponte. Accouchement en CHU, en hôpital de taille plus modeste, dans une clinique, une maison de naissance, accouchement en plateau technique, à domicile, les possibilités ne manquent pas ! Et si cette diversité de choix est sans doute un luxe propre à notre époque, elle peut s'avérer déstabilisante pour les futurs parents, souvent sommés de faire leur choix alors que l'embryon fait tout au plus la taille d'un petit pois. Ces différentes structures, parce qu'elles sont héritières d'histoires différentes, parce qu'elles s'inscrivent dans des environnements différents, parce qu'elles font appel à des acteurs différents, sont porteuses d'une vision différente du rôle de la médecine comme soutien à l'accouchement. Tout au long du XXe siècle et en particulier à partir de 1950, a germé l'idée selon laquelle la médecine pouvait faire de l'accouchement un processus parfaitement contrôlé : date programmée pour le confort des parents et du médecin, déclenché artificiellement grâce à une connaissance précise de l'âge gestationnel par échographie, qui ne causerait aucune douleur grâce à la péridurale, rondement mené par l'injection régulière d'hormones de synthèse calibrant les contractions utérines et achevé si besoin par une extraction instrumentale. Le groupe d'humoristes britanniques Monthy Python a immortalisé de façon caricaturale cette vision en 1983 dans leur film *Le sens de la vie*. Dans la séquence intitulée « Le miracle de la naissance », deux obstétriciens font la démonstration d'une technologie médicale envahissante et absurde à un groupe de journalistes. Alors que la patiente demande : « Que dois-je faire ? », la réponse ne se fait pas attendre : « Rien ! Vous n'êtes pas qualifiée ! ». Le début des années 2000 a vu émerger des revendications différentes, porteuses d'une autre place pour la médecine : celui de potentialiser les phénomènes biologiques naturels plutôt que de les mettre sous tutelle. C'est le début des préoccupations en faveur de l'accouchement dit « physiologique », qui se définit comme un accouchement respectant autant que possible les équilibres biologiques humains et limitant au maximum l'intervention de la technologie médicale. Cette nouvelle attention a donc parallèlement semé le doute sur le bien-fondé de certaines habitudes de soin : intervenir ne pouvait-il pas parfois être pire que de ne rien faire ? Entre réflexion critique face aux nouvelles technologies médicales et valorisation des processus « naturels », ce nouveau questionnement autour de la naissance n'a pas tardé à trouver ses fanatiques, mais aussi ses nombreux détracteurs. Accoucher sans péridurale, dans la pénombre, accroupie ou à quatre pattes si on le souhaite, ne pas réprimer ses cris, pousser quand on sent que c'est le moment... hé, holà, holà, stop ! Impossible ! Nous ne sommes quand même pas des animaux ! On ne va quand même pas accoucher comme au Moyen Âge ? Et sans péridurale ? Nos grands-mères féministes se retournent déjà dans leurs tombes ! Dans les pays comme [...] (insérer ici une nation lointaine, pauvre, si possible ayant fait l'objet d'une occupation colonialiste européenne) passe encore, mais chez nous, pas question !

Dans ce deuxième chapitre, nous examinerons en particulier la plupart des réticences exprimées dans l'espace public vis-à-vis de l'accouchement sans péridurale, analgésie médicamenteuse à laquelle renoncent les personnes souhaitant vivre un accouchement physiologique, pour tenter d'en comprendre l'origine et d'en évaluer la pertinence. Nous reviendrons aussi de manière plus générale sur ces revendications en faveur de l'accouchement physiologique et interrogerons l'idée de « nature » qui y est souvent associée. Nous essaierons de comprendre enfin en quoi l'histoire du féminisme, de l'obstétrique, de la médecine, de l'art des matrones, mais aussi les mouvements sociaux et les courants de pensées peuvent éclairer la situation que nous connaissons aujourd'hui... et nous aider à choisir !

Où accoucher ? Le point sur la diversité de l'offre en France

En France, les maternités sont classées en trois « niveaux » qui correspondent à un degré d'équipement différent en fonction de l'état de santé du nouveau-né. Pas de différence significative du côté de la prise en charge maternelle : toutes les maternités doivent disposer d'une salle d'opération et de la présence continue d'un anesthésiste. Les maternités de niveau 3 disposent de l'équipement nécessaire pour accueillir les prématurés les plus jeunes et/ou les nouveau-nés dont l'état de santé nécessite une réanimation ; les maternités de type 2 sont adaptées à l'accueil de certains prématurés et/ou nouveaux-nés issus de grossesse à risques mais n'ont pas d'unité de réanimation ; enfin les maternités de niveau 1 sont adaptées à l'accueil du nouveau-né en bonne santé. Néanmoins tous les établissements (de niveau 1 et 2) sont équipés pour prendre en charge la détresse néonatale, c'est-à-dire stabiliser l'état du nouveau-né pour lui permettre d'être transféré dans un établissement où il pourra être soigné. Quel que soit le niveau de la maternité, il peut exister ou non en son sein un « pôle physiologique » où le recours à la technologie médicale est minimisé. Il arrive aussi que les maternités ouvrent leur « plateau technique » à des sages-femmes libérales : dans ce cas, la sage-femme est autorisée à prendre en charge, au sein de la structure hospitalière, l'accouchement des patientes qu'elle aura suivies depuis le début de leur grossesse. Par ailleurs depuis le 23 novembre 2015[1], neuf « maisons de naissance » ont reçu l'autorisation de débuter leur expérimentation pour une durée de 5 ans. Attenantes à une maternité, entièrement gérées par des sages-femmes, elles permettent aux femmes ayant une grossesse non pathologique d'être suivies et d'accoucher « comme à la maison ». Accoucher chez soi reste légal en France même si le nombre de sages-femmes libérales proposant cet accompagnement a beaucoup diminué depuis 2002, date à laquelle la loi Kouchner a fixé l'obligation pour elles d'être assurées pour leurs risques professionnels au même titre que les obstétriciens des maternités, une charge financière incompatible avec leurs revenus moyens.

L'accouchement physiologique, c'est antiféministe ?

Les douleurs de l'enfantement comme symbole de l'aliénation des femmes, voilà qui ne choquera pas grand monde ! Dans l'Ancien Testament, texte sacré commun aux juifs et aux chrétiens, on lit comment Adam et Ève auraient été maudits par Dieu après avoir mangé le fruit interdit de l'arbre de la connaissance. À Ève, représentante des femmes, un châtiment particulier est réservé : « Je ferai qu'enceinte, tu sois dans de grandes souffrances ; c'est péniblement que tu enfanteras des fils. Ton désir te poussera vers ton homme et lui te dominera. »*[2]

Pour cette raison, l'Église a longtemps sacralisé les douleurs de l'accouchement, vues comme punitions du péché originel. On peut aussi se demander si cette façon de voir les choses ne servait pas à rationaliser la souffrance des parturientes, à leur donner un sens, comme une façon de trouver dans la résignation le soulagement que la technique ne pouvait pas encore apporter. Cette hypothèse pourrait être cohérente avec la position du Pape Pie XII, appelé en 1956 à se prononcer sur l'acceptabilité religieuse de la – très en vogue à l'époque – technique de « l'accouchement naturel sans douleur » développée par l'obstétricien Fernand Lamaze : « Dieu ne voulait pas défendre et n'a pas défendu aux hommes de rechercher et d'utiliser toutes les richesses de la création, de faire avancer pas à pas la culture, de rendre la vie de ce monde plus supportable et plus belle, d'alléger le travail et la fatigue, la douleur, la maladie et la mort, bref, de se soumettre la terre [Genèse 1:28]. De même, en punissant Ève, Dieu n'a pas voulu défendre et

---

* Notons que cette malédiction ne figure pas dans le Coran. On peut lire le récit du bannissement du paradis à la sourate 7 verset 24, et à la sourate 20 verset 123.

n'a pas défendu aux mères d'utiliser les moyens qui rendent l'accouchement plus facile et moins douloureux.»[3]

Cependant, si pour certains la souffrance des femmes lors de l'enfantement est signe de punition divine, il est pour d'autres la simple expression de phénomènes biologiques inégalitaires. C'est la position qu'a défendue Simone de Beauvoir, philosophe et figure importante du féminisme, dans *Le deuxième sexe:* «La gestation est un travail fatiguant qui ne présente pas pour la femme un bénéfice individuel et exige au contraire de lourds sacrifices. Elle s'accompagne souvent dans les premiers mois d'un manque d'appétit et de vomissements qu'on n'observe chez aucune autre femelle domestique et qui manifestent la révolte de l'organisme contre l'espèce qui prend possession de lui [...] L'accouchement lui-même est douloureux; il est dangereux. C'est dans cette crise qu'on voit avec le plus d'évidence que le corps ne satisfait pas toujours l'espèce et l'individu ensemble.»[4]

Plus près de nous en 2010, la philosophe et féministe Élizabeth Badinter a tiré la sonnette d'alarme dans son essai *Le conflit, la femme et la mère*. Pointant du doigt la montée des préoccupations écologiques, entraînant une valorisation des processus «naturels», elle y dénonce le nouvel engouement pour le «maternage» qui plongerait les femmes dans l'«archaïsme» et stigmatiserait celles qui tentent de s'affranchir des déterminismes biologiques de la maternité (ne plus souffrir en donnant naissance, ne plus s'obliger à allaiter au sein) et serait une régression pour les droits des femmes.[5]

Enfin signalons le coup de gueule de la très médiatique gynécologue et obstétricienne Odile Buisson contre la démédicalisation de l'accouchement. Dans une interview d'avril 2013 accordée au journal *Charlie Hebdo*, elle n'hésite pas à donner dans la caricature pour s'opposer à l'ouverture des maisons de naissances: «J'ai visité une maison de naissance. Qu'est-ce que je vois sur les murs ? Des annonces pour des massages holistiques, des gris-gris, des huiles essentielles. Alors évidemment, ça ne fait pas de mal, mais bon… À chaque fois que la médecine recule, se met en retrait, les charlatans arrivent. […] Mais ça n'existe pas, l'accouchement « naturel » ! Nous, les femmes, on a besoin d'une aide pour accoucher, on n'est pas des vaches. »

Bref, si on en croit ces auteurs, accoucher sans péridurale et plus généralement chercher à minimiser le recours à la technologie médicale pour accoucher, ce n'est effectivement pas très « féministe ». À cela près que le féminisme n'est pas un bloc monolithique. Bien au contraire, il a maintes fois évolué au cours du xxe siècle : certains féminismes ont valorisé la maternité, d'autres l'ont dénoncée, d'autres encore ont revendiqué le droit des femmes de choisir. L'historienne Françoise Thébaud s'est penchée sur cette diversité et ses évolutions historiques tout au long du xxe siècle[6]. Pour elle, le féminisme du début du xxe siècle avait une image positive de la maternité et était surtout animé de l'urgence d'obtenir des droits de protection sociale pour les mères.

Après ces droits obtenus et le traumatisme de la Seconde Guerre mondiale surmonté, vient le désenchantement des années 1960 : crise du logement, difficultés des mères d'accéder au salariat, manque de crèches. Deux mouvements féministes très différents vont se développer, ainsi que le retrace Françoise Thébaud : le premier, initié par Simone de Beauvoir « dénonce la grossesse indésirée, les drames de l'avortement clandestin, l'hypocrisie sociale envers la fille mère, […] l'inégalité de fait et l'oppression dans la sphère privée. [Ces féministes] rejettent dans l'animalité et la passivité la fonction maternelle, considérée comme un handicap biologique »[6] et conduit à la création du Planning Familial en 1956* ; le second, porté par des féministes comme Antoinette

* Sous le nom de « Maternité heureuse ».

Foulque (figure historique du Mouvement de Libération des Femmes) « tente de valoriser tous les actes de la vie des femmes, souligne le sens de la maternité et réclame plus de considération pour les femmes enceintes et les mères »[6]. Pour ce second mouvement féministe, dit « différentialiste », les inégalités subies par les femmes sont dues à une insuffisante valorisation des processus biologiques liés au corps de la femme, et en premier lieu de la fonction de procréation, qu'il s'emploie alors à sacraliser*.

Une brève histoire de la protection sociale des mères

Les premières mesures de protection de la maternité commencent en 1909 avec la loi Engerand (obtention du premier congé maternité, non rémunéré, et de la garantie de retrouver son emploi à son issue). En 1913, les femmes obtiendront la possibilité contre salaire de bénéficier d'un congé postnatal de quatre semaines. Ce n'est qu'en 1928 que sera finalement votée la première grande mesure de protection sociale : la loi sur les assurances sociales, qui vise à protéger les salariés aux plus bas revenus en cas de maladie, invalidité, maternité, vieillesse, et instaure le principe que nous connaissons aujourd'hui d'une double cotisation patronale et ouvrière[7]. Les femmes salariées ont désormais droit à un congé maternité de douze semaines à mi-salaire et à la prise en charge des soins médicaux. On y voit aussi apparaître la possibilité d'un congé pour grossesse pathologique indemnisé comme un congé maladie ainsi que le versement d'une allocation jusqu'aux 9 mois de l'enfant pour les femmes qui allaitent. Il faut enfin attendre la Libération en 1945 pour que la Sécurité sociale soit véritablement généralisée, les allocations familiales gérées par une caisse d'État (et non plus seulement une caisse patronale) et que soit consolidé le réseau de protection maternelle et infantile.

* *Paroles de femmes* d'Annie Leclerc (Grasset, 1974) est emblématique de ce courant. Le sang des règles y est considéré comme sacré, les douleurs menstruelles sont érotisées. Il sera à l'origine d'une vive polémique dans les milieux féministes.

Aujourd'hui, les mouvements en faveur de l'accouchement physiologique sont à l'image de cette diversité de pensée et de la richesse de cette histoire. On y retrouve parfois des éléments issus du féminisme différentialiste : par exemple au sein de l'Association Doulas de France, qui propose un accompagnement non médical à la naissance et une actualisation de certains rituels traditionnels autour de la maternité*. Il est par ailleurs assez fréquent que les mères ayant choisi de vivre une naissance non technicisée présentent l'accouchement comme un événement initiatique, comme un dépassement de soi accompagné d'une valorisation des processus biologiques qui l'accompagnent** (intensité des contractions, processus d'expulsion, délivrance du placenta, allaitement maternel). D'une façon complémentaire, on retrouve dans les revendications en faveur de l'accouchement physiologique des éléments issus d'autres courants du féminisme : ainsi, les militantes du Collectif de Défense de l'Accouchement à Domicile (CDAAD) voient la technicisation de l'accouchement comme une manifestation de l'emprise de la médecine des hommes sur les femmes, qui les dépossède du droit à disposer de leur corps et méprise la compétence des sages-femmes***. En conclusion, force est de constater que la plupart des mouvements en faveur de l'accouchement physiologique se placent dans un registre pleinement féministe de par son objet (la défense des droits des femmes) et qui transcende assez largement les clivages des courants. Il

* Par exemple, un rituel de fin de grossesse inspiré de la culture amérindienne appelé « *Blessing Way* » où la future mère est célébrée et choyée.

** *Intimes naissances* de Juliette et Cécile Colonge (La Plage, 2008) compulse de nombreux récits de femmes qui ont accouché chez elles et est assez représentatif de cette vision.

*** Pour une relecture féministe des enjeux de la gynécologie et de l'obstétrique, on peut aussi se référer au blog de la juriste Marie-Hélène Lahaye (marieaccouchela.blog.lemonde.fr).

ne s'agit pas simplement d'agir « contre » la technique médicale mais bien davantage « pour » la bientraitance des parturientes, « pour » l'information médicale impartiale, « pour » le choix libre et éclairé.

Bienvenue au XVIII*e siècle !*

À n'en point douter, la vulgate contemporaine a répandu l'idée selon laquelle l'accouchement « autrefois » entretenait de nombreux points communs avec le supplice de la roue. Faites l'expérience ! Fermez les yeux et pensez « accoucher autrefois ». Il y a fort à parier que vous visualiserez une femme exsangue, abîmée dans des souffrances inhumaines. À ses côtés, une matrone plantureuse aux joues rouges, le front plissé d'angoisse, tenant une bassine pleine de sang et réclamant à grands cris de l'eau chaude et des linges propres tandis que les quinze enfants et le père se serrent derrière la porte, psalmodiant pour leur mère et femme d'inutiles prières face à son funeste destin.

Le but n'est pas ici de prouver que l'accouchement a toujours été une promenade de santé (ce qui serait évidemment bien vain !) mais plutôt d'examiner de plus près ces associations d'idées communes afin de distinguer ce qui relève de l'Histoire de ce qui relève du mythe. Tenter de dépasser les visions passionnelles que le thème de l'accouchement suscite immanquablement mais aussi tenter de dépasser notre vision contemporaine du « progrès » scientifique qui oublie bien souvent ce qu'il doit aux savoirs « populaires »[8]. Dans le cas de l'obstétrique, cette dichotomie entre savoirs populaires et savoirs scientifiques a été au cœur de querelles qui ont modelé la situation que nous connaissons aujourd'hui : c'est elle qui a consacré le clivage entre sages-femmes et obstétriciens, c'est-à-dire d'une certaine façon entre la médecine des femmes et celle des hommes.

Les tensions entre obstétriciens et sages-femmes ne sont un secret pour personne : elles bruissent dans les couloirs des maternités, suintent sur la scène médiatique quand elles ne s'exposent pas tout bonnement dans le discours syndical des corporations. Depuis les années 2000, celles-ci se sont montrées particulièrement visibles. En 2004, la réforme Licence Master Doctorat (LMD) de l'Université a revalorisé la formation des sages-femmes* et leur a permis de réclamer de nouvelles responsabilités : les sages-femmes ont ainsi obtenu en 2010 la possibilité de réaliser le suivi de couches à domicile pour les femmes sorties précocement de la maternité** ; en 2011, la possibilité de réaliser des consultations de contraception et de suivi gynécologique de prévention[9] ; en 2015, le lancement officiel de l'expérimentation des maisons de naissance[10] ainsi que l'admission des sages-femmes à la classification commune des actes médicaux autrefois réservée aux médecins[11] et enfin en 2016, la possibilité de pratiquer des interruptions de grossesse par voie médicamenteuse[12] ainsi que celle de vacciner les nourrissons et leur entourage[13]. Ces évolutions ont été assez mal accueillies par les obstétriciens, qui y ont vu une menace pour l'hégémonie de leur profession. En 2014***, le Syndicat National des Gynécologues Obstétriciens de France (SYNGOF) a ainsi qualifié le dispositif PRADO de « détournement de la surveillance des femmes par les sages-femmes », tandis que les maisons de naissance ont été pointées du doigt en tant que « mise en

---

* 1re année commune avec les étudiants de médecine et durée minimale des études portée à 5 ans (au lieu de 4 depuis 1985).

** Dans le cadre du dispositif PRADO de la Sécurité sociale.

*** Compte rendu du Conseil d'Administration du 13 juin 2014 du SYNGOF (syngof.fr).

place expérimentale de l'inégalité de chance dès les premières secondes de vie»[14].

Pour les futurs parents, ces tensions larvées peuvent être à l'origine de conflits de loyauté... ne serait-ce que parce qu'il faut rapidement décider qui suivra la grossesse: un-e sage-femme? Un-e gynécologue? Un-e médecin généraliste? Faut-il privilégier les affinités relationnelles? La proximité géographique? La disponibilité au téléphone pour répondre aux questions? Que sait-on des compétences respectives des un-e-s et des autres, de leur champ d'expertise? Pour comprendre ce qui fait au quotidien le métier des un-e-s et des autres, pour mieux comprendre leurs spécificités et aussi leurs clivages, un petit détour par l'Histoire s'impose...

Paru en 1988, l'ouvrage *La sage-femme ou le médecin*[15] de l'historien Jacques Gélis permet de revenir à l'origine des rapports conflictuels entre sages-femmes et médecins. Il montre en particulier comment, entre le XVIe et le XVIIIe siècle en France, l'accoucheuse traditionnelle a été peu à peu «domestiquée» et placée sous la triple tutelle de l'État, de l'Église et des médecins, pour devenir une sage-femme. Loin de l'image de la matrone sale, peu instruite et mortifère, Jacques Gélis nous rappelle le statut social prestigieux de la «femme qui aide», héritière des tours de main, dépositaire des secrets, guidée par la volonté de secourir, elle est «une autorité morale avec laquelle chacun doit compter.»

La mise sous tutelle de l'État a été amorcée pour des raisons économiques: mal et peu payées, les accoucheuses ont peu à peu souhaité se faire «pensionner», c'est-à-dire employer par des municipalités. À ce titre, elles ont été sommées à partir du XVIIe siècle de servir l'intérêt des collectivités: dénoncer les femmes qui tentent d'avorter, expertiser les demandes d'annulation de mariage pour incapacité sexuelle, les questions de virginité ou encore plus gravement lorsqu'une condamnée à mort invoquait une grossesse pour échapper à l'échafaud. De ceci a découlé une subordination des sages-femmes aux chirurgiens : en devenant pensionnées de la municipalité, elles devenaient « professionnelles » et devaient donc légalement être rattachées à une corporation (exclusivement masculines à l'époque), celle des chirurgiens donc. Les chirurgiens ont donc été chargés de recruter les sages-femmes qui souhaitaient être pensionnées et de chapeauter leur pratique quotidienne : elles étaient tenues de faire appel à eux en cas d'accouchement anormal mais la naissance restait une affaire de femmes. Le XVIIIe siècle et sa fascination pour les sciences, couplés à l'engouement nouveau des chirurgiens pour l'obstétrique et l'irritation des hommes d'Église devant la liberté des matrones a précipité le lancement d'une vaste entreprise de diabolisation et de dénigrement : « [L'accoucheuse] n'est plus suppôt du Diable, mais elle incarne l'obscurantisme […] ce qui est rédhibitoire pour les Hommes des Lumières. »[15]

Mais la partie n'est pas jouée ! Les sages-femmes ont certes remplacé (dans les villes du moins…) en large partie les matrones, mais elles entendaient bien faire valoir les compétences spécifiques de leur profession ! C'est ainsi que l'un des terrains de lutte les plus âpres entre sages-femmes et médecins devint le domaine de la formation : chaque établissement universitaire de soin, selon qu'il était administré par des sages-femmes ou des médecins, y dispensait une formation conforme à l'héritage pratique et culturel de sa profession.

Jacques Gélis nous raconte la vie quotidienne à la Maternité de l'Hôtel-Dieu de Paris, qui fait partie de ces lieux qui furent entièrement gérés par des sages-femmes et dont le prestige était incontesté. Les sages-femmes avaient pour consigne de traiter les parturientes, souvent indigentes, « avec douceur et charité ». Les femmes étaient invitées à se présenter quelques jours avant leurs couches : « lorsque la femme ressent les premières douleurs de l'enfantement, elle est transportée dans une pièce appelée le « chauffoir », et on l'installe devant le feu, sur un « petit lit » bas spécialement conçu pour les couches. Une fois délivrée, la femme était reconduite à l'aide d'une « chaise à bras » portée par des servantes dans l'une des quatre ou cinq grandes salles qui composent au XVIIIe siècle « l'office des accouchées » ». L'accouchement se déroulait en présence de quatre à cinq étudiantes sages-femmes, pratiquement toutes déjà mères et jugées moralement irréprochables*. Exemple d'établissement de soin universitaire entièrement géré par des médecins, la maternité de Göttingen en Allemagne, a été étudiée pour le rôle qu'a joué l'un de ses directeurs, Friedrich Benjamin Osiander, dans la structuration scientifique de l'obstétrique[16]. L'établissement avait également un but de formation, mais l'accueil réservé aux femmes en couches était entendu de manière assez différente. L'établissement refusait en particulier d'être assimilé à un établissement de charité ; il se voulait centre scientifique et éducatif, et considérait que les patientes y troquaient contre la gratuité du service, la mise à disposition de leur corps comme objet d'étude. Pour cette raison, les extractions par forceps étaient fréquentes et peu souvent justifiées par le déroulement de l'accouchement. Cet interventionnisme correspondait aussi à un principe sexiste considéré comme naturel à l'époque : à l'homme, l'action, la raison, la culture ; à la femme, la passivité, l'émotion, la nature. Ce principe permit en particulier d'exclure les sages-femmes de l'apprentissage du maniement

* Selon la tradition, il fallait pour aider à une naissance avoir éprouvé soi-même les douleurs de l'enfantement.

des instruments obstétricaux, et de les confiner à la réalisation d'accouchements dits « naturels ».

De nos jours en France, les établissements entièrement gérés par les sages-femmes ont entièrement disparu. C'est le décret Dienesch, en 1972, qui y a mis un terme en rendant obligatoire un bloc chirurgical attenant aux salles d'accouchement. Le partage des responsabilités entre sages-femmes et obstétriciens reste en large partie inchangé : le Code de déontologie actuel des sages-femmes[17] les reconnaît comme spécialistes de l'accouchement non-pathologique et les habilite à diagnostiquer la pathologie afin d'orienter le cas échéant les patientes vers un obstétricien. C'est ainsi qu'aujourd'hui encore, lorsqu'une femme annonce son projet d'accoucher sans péridurale, en maison de naissance, à domicile aidée par une sage-femme libérale, elle est bien souvent taxée d'inconscience, accusée de s'en remettre à la nature plutôt qu'à la culture, renvoyée à ce passé pas si lointain où les femmes mourraient en masse des suites d'un accouchement dramatique. C'est pourtant oublier un peu vite que les différences entre la société du XXIe siècle et celle du XVIIIe dépassent de loin la question des technologies obstétricales disponibles, l'élévation des niveaux de vie et d'instruction ayant grandement modifié la balance des risques.

À ce propos, faisons une petite expérience : selon vous, sur 100 accouchements au XVIIIe siècle, combien d'entre eux se révélaient mortels ? 5 % ? 10 % ? 20 % ? Et au cours de sa vie, quelle (mal)chance une femme du XVIIIe siècle avait-elle de mourir en couches ? 20 % ? 30 % ? 40 % ? Bien moins, en réalité. En 1983, une enquête de l'Ined[18] a permis d'étudier la situation en France au XVIIIe siècle*. Les résultats sont les suivants :

* L'étude porte sur la période 1700-1829 ; l'échantillon comprend 39 communes rurales tirées au hasard sur toute la France pour un total de 1 347 décès. Les

la mortalité maternelle varie de 1 à 1,3 pour 100 naissances, ce qui porte le risque global pour une femme de mourir en couches à cette époque, à environ 6 %. Il s'agit assurément d'un problème de santé publique mais peut-être pas de l'hécatombe qu'on se figure souvent*. L'ordre de grandeur de 1 % d'accouchements mortels est d'ailleurs cohérent avec ce qui se retrouve aujourd'hui en Afrique subsaharienne** où la santé des populations et les conditions d'accès aux soins sont très mauvaises. La mortalité maternelle a énormément baissé dans les pays occidentaux à partir de la fin du XIXe siècle : l'enquête de l'Ined nous rappelle qu'elle était de 0,9 % par accouchement à la fin des années 1940 et de 0,2 % à la fin des années 1970. Aujourd'hui, elle se situe autour de 0,01 % à la fin des années 2000[19].

Avant l'avènement du savoir médical moderne, la mortalité en couches était liée à quatre causes principales : un mauvais état de santé général, l'hypertension gravidique, les hémorragies et infections du post-partum. Les travaux de l'historienne Mireille Laget[20] nous aident à y voir plus clair.

Au XVIIIe siècle, la malnutrition et les carences sévères en vitamine D, les luxations congénitales de la hanche non traitées, les maladies infectieuses comme la poliomyélite ou la tuberculose causaient de très nombreuses déformations osseuses du bassin à l'origine d'accouchements longs et risqués. Soit le fœtus avait des proportions telles qu'il ne pouvait tout simplement pas franchir le bassin maternel déformé, soit il

---

données des registres des églises ont été corrigées pour inclure les cas où l'enfant est décédé sans être baptisé.

* À titre de comparaison, le risque pour une femme de mourir d'un cancer du sein dans les pays occidentaux est d'environ 1 sur 27 soit 4 % (source : Société Canadienne du Cancer, www.cancer.ca).

** Le taux maximum de mortalité dans le monde en 2015 est atteint au Sierra Leone avec 1 100 décès pour 100 000 naissances vivantes (source : « La mortalité maternelle dans le monde », ined.fr).

se présentait dans une position anormale et risquée. Pour délivrer la femme, il fallait alors procéder à des manœuvres internes permettant de faire pivoter le fœtus dans l'utérus. Connues depuis l'Antiquité*, elles n'en étaient pas moins très dangereuses si pratiquées par des novices. Les césariennes sur femmes vivantes étaient totalement inexistantes jusqu'à la fin du XVIe siècle (on y avait recours uniquement pour tenter de sauver l'enfant lorsque la mère était déjà décédée). Elle sera néanmoins expérimentée à partir du XVIIIe où la technique chirurgicale se développe : les femmes survivent à l'opération, mais 50 % d'entre elles meurent d'infections postopératoires. Il faut attendre le milieu du XIXe siècle et les découvertes de Pasteur pour que l'asepsie améliore réellement les résultats.

L'hypertension gravidique, quant à elle, est le résultat d'un dysfonctionnement du rein, spécifique à la grossesse, pouvant conduire à une crise convulsive généralisée potentiellement mortelle appelée éclampsie. L'hypertension gravidique est encore assez fréquente aujourd'hui, de même que la pré-éclampsie se manifeste encore en France dans 1 à 3 %[21] des premières grossesses (0,5 à 1,5 % des suivantes). L'éclampsie en revanche a quasiment disparu grâce au dépistage du taux de protéines dans les urines (indicateurs de la dysfonction rénale) et au suivi concomitant de la tension artérielle, permettant une prise en charge précoce. Aujourd'hui encore, les causes de la pré-éclampsie/éclampsie sont mal connues, les scientifiques évoquent principalement un problème immunologique : une réaction anormale du corps de la mère au sperme du père, qui expliquerait la baisse de l'occurrence pour les grossesses suivantes. Au XVIIIe siècle, les médecins et sages-femmes sont démunis face à ces crises

* Voir par exemple le traité de Soranos d'Éphèse sur les maladies des femmes, chapitre LXIV, disponible en ligne sur le site de l'Université Paris Descartes (biusante. parisdescartes.fr).

convulsives brutales qui surviennent au cours de l'accouchement et qu'ils attribuent à une fragilité mentale*. Ils comprennent intuitivement qu'il faut que la naissance et la délivrance aient lieu rapidement et pratiquent parfois des saignées, un des rares cas où elle a pu être utile (car réduisant mécaniquement l'hypertension).

L'hémorragie du post-partum est évidemment une des causes de décès maternel les plus redoutées et sans doute celle qui a le plus marqué les esprits. Mireille Laget pense qu'une symbolique positive de ce décès aurait longtemps pu retarder le progrès médical : « Perdre son sang est une fin noble, la plus proche de celle des hommes et des guerriers. Cette logique de la vie donnée et de la vie perdue est puissante dans les esprits, et minimise peut-être même chez les médecins la recherche matérielle des causes de rupture et d'hémorragie. » Quoi qu'il en soit, les soignants des XVIIe et XVIIIe siècles ont déjà l'intuition que la rétention de débris placentaires peut être à l'origine de ces saignements dramatiques. Les sages-femmes et chirurgiens s'emploient donc à les extraire manuellement autant que possible, même si ces interventions exposent à un risque majoré d'infections. Aujourd'hui encore en France, l'hémorragie reste la cause principale de mort maternelle, 18 % des décès lui sont attribués sur la période 2007-2009[19]. C'est sans doute l'une des complications pour lesquelles l'accès immédiat aux soins médicaux élémentaires est le plus essentiel. De nombreuses études ont montré depuis le début des années 2000 la grande efficacité de l'injection à titre préventif de certaines spécialités pharmaceutiques (hormones de synthèse telles que l'ocytocine, ou misoprostol, ou molécule alcaloïde telle que l'ergométrine) entre la fin de la naissance et le début de l'expulsion du placenta.

---

* Depuis l'Antiquité, les médecins associaient certaines maladies mentales à une dysfonction de l'utérus, c'est la raison pour laquelle étymologiquement « hystérie » est dérivé d'« utérus ».

Leur faible coût, leur simplicité d'administration (par simple injection) a conduit l'OMS à en recommander une utilisation prophylactique systématique sur la totalité du globe[22].

Reste la question des infections, fréquentes au XVIIIe, de par l'ignorance des règles d'asepsies. Mireille Laget décrit comment les sages-femmes effectuaient sans lavage de mains de nombreux touchers vaginaux pour mesurer la progression du travail et pratiquaient la dilatation manuelle du col de l'utérus ; ou encore comment les obstétriciens n'hésitaient pas à intervenir sur un accouchement juste après être sortis de la salle de dissection des cadavres*. Les infections ont été à l'origine des célèbres « fièvres puerpérales » qui ont fait des victimes jusque dans les années 1930. Déconcertante car imprévisible, et survenant même lorsque l'accouchement s'est bien passé, épidémique dans les établissements de santé de l'époque à laquelle ils doivent leur réputation de « mouroir », la fièvre puerpérale est une véritable « peste » des accouchées. Les médecins de l'époque croyaient à un problème de lactation : le lait, au lieu d'emplir les seins irait se répandre dans le corps. Cette hypothèse était conforme à leurs constatations expérimentales : les corps autopsiés des femmes étaient effectivement gorgés d'un liquide blanchâtre, parfois coagulé, présentant une forte odeur, qui n'était en réalité autre que du pus.[23] Les premiers progrès notables contre la fièvre puerpérale n'auront lieu qu'à la fin du XIXe siècle, avec les découvertes de Pasteur sur les germes et le développement des mesures d'asepsie qui ont permis de la prévenir. Il fallut attendre les premiers antibactériens et les premiers antibiotiques au début du XXe siècle pour pouvoir correctement la traiter. Aujourd'hui les infec-

* Le médecin hongrois Semmelweis démontra au XIXe siècle l'utilité du lavage des mains en faisant drastiquement baisser les taux de fièvre puerpérale après application de cette simple consigne.

tions puerpérales peuvent encore survenir, c'est la raison pour laquelle on dépiste l'éventuelle présence du streptocoque B dans la flore vaginale des femmes enceintes et qu'on suit de façon attentive la température des jeunes accouchées et l'éventuelle survenue de pertes malodorantes dans le post-partum.

Ainsi, si on considère l'état de santé actuel des femmes enceintes (en lien avec la bonne qualité de vie dans les pays occidentaux : nutrition, éducation, etc.), l'accès facile pour une grande majorité de la population aux équipements de soin de première nécessité (disponibilité des médicaments, couverture hospitalière et médicale, services d'urgence, etc.), si on mesure enfin l'efficacité des dépistages obligatoires* pendant la grossesse (recherche de protéinurie, prise de tension, échographie, etc.), on comprend alors aisément pourquoi il ne semble pas exister, pour une femme n'ayant pas une grossesse « à risques », de différence significative de mortalité/morbidité maternelle et infantile entre un accouchement programmé à l'hôpital et un accouchement programmé à domicile (c'est-à-dire en présence d'une sage-femme)[24].

Accoucher physiologiquement, est-ce vraiment sécuritaire ?

Nombreux sont ceux qui parlent d'accouchement « naturel » pour qualifier un accouchement sans péridurale, ou dans lequel l'intervention médicale est réduite au strict nécessaire. Dans

* Les recommandations de la Haute Autorité de Santé (2006) listent les examens prénataux selon leur importance (has-sante.fr). Ils sont dits « obligatoires » au sens où le premier examen prénatal conditionne le versement de la prime à la naissance (art. L533-1 du Code de la sécurité sociale) et où ils sont considérés de manière informelle par le corps médical comme le minimum à satisfaire pour ne pas mettre une grossesse en péril.

les magazines ou ouvrages dédiés à la maternité, l'expression est courante et rarement définie. On la retrouve jusque dans les plaquettes de certaines maternités qui qualifient la salle réservée aux accouchements physiologiques de « salle nature ». Mais c'est quoi d'abord la « nature » ? À partir de quand peut-on dire qu'un accouchement est « naturel » ? On parle parfois de capacité « naturelle » des femmes à accoucher mais peut-on réellement différencier l'inné, le biologique, le « naturel » du culturel ? Définir le « naturel », est une question compliquée : peut-on qualifier de « naturelle » la pomme dans laquelle on croque quand on sait que sa taille et son goût sont issus de millénaires de croisements d'origine humaine ? Peut-on refuser le même qualificatif au gasoil, pourtant presque directement issu de ce produit 100 % naturel, provenant de la lente décomposition millénaire de déchets d'origine animale, qu'est le pétrole ? Si cette comparaison vous agace, c'est peut-être parce que vous avez pris l'habitude sans vraiment y réfléchir de penser que ce qui est « naturel » est forcément « bon », alors que ce n'est pas toujours aussi simple...

Dans le domaine de la maternité, le qualificatif « naturel » s'oppose généralement à deux termes : au « culturel » d'une part, au « médical » de l'autre. Dans le premier cas, c'est la question de l'inné et de l'acquis qui est posée : qu'est-ce qui, dans nos comportements, provient de nos prédispositions biologiques, de nos « instincts », et qu'est-ce qui relève au contraire de l'apprentissage culturel et social qui commence dès nos premiers jours de vie ? Dans le second cas, il s'agit d'examiner quel regard on porte sur le progrès technologique, et quelle place on lui accorde au sein de la société humaine.

Cette dichotomie entre nature et culture, nous vient pour beaucoup de l'héritage de la pensée du philosophe Jean-Jacques Rousseau, qui dans son *Discours sur l'origine et les fondements des inégalités parmi les hommes*, a postulé un état dit « de nature » précivilisationnel, où les hommes auraient été naturellement bons et heureux. Rousseau n'a jamais affirmé que cet état de nature avait un jour existé, mais nombreux ont été ceux qui ont vu dans le mode de vie des peuples tribaux une incarnation de celui-ci. Conséquence de ceci, la ténacité du mythe raciste du « bon sauvage » très présent depuis la Renaissance et jusqu'à la décolonisation. On peut en voir une survivance aujourd'hui lorsqu'on emploie l'expression « peuples primitifs » pour qualifier les sociétés traditionnelles et tribales, ou... lorsqu'on évoque l'accouchement dans ces sociétés pour exemplifier l'accouchement « naturel ». Car aussi « barbares » (ou aussi enthousiasmants !) que puissent nous sembler les rites d'accouchements des quatre coins du monde, force est de constater que la majorité d'entre eux n'a rien de « naturel » mais qu'au contraire leur diversité, leur symbolisme, et parfois aussi leur caractère néfaste (au regard de ce que la science nous a appris) montre à quel point ils sont éminemment culturels. La psychologue Lise Bartoli a étudié les rites de l'enfantement sur les cinq continents dans *Venir au monde*[25] : elle y décrit, partout sur le globe, une diversité de traditions et de croyances qui accompagnent les mères depuis la conception jusqu'aux premières années de l'enfant. Que ce soit au travers d'interdits alimentaires, d'interdits comportementaux ou sexuels (en statuant par exemple sur la nécessaire présence ou absence du père à l'accouchement), ou au travers des rites magiques spécifiques, Lise Bartoli montre comment les hommes et les femmes de tout temps et de tous lieux ont cherché à agir, selon leur propre représentation du réel, pour sécuriser ce moment si délicat de la naissance où mort et vie se côtoient. Autant d'éléments qui nous rappellent à quel point ces hommes et femmes sont loin de la pratique « instinctive » d'autres mammifères, ce qui fait dire à l'anthropologue et sociobiologiste américaine Sarah Blaffer Hrdy que « manger son placenta semble plus courant dans les cultes californiens de retour à la nature que chez les authentiques sociétés tribales ». Dans son livre *Les instincts maternels*[26], elle s'est penchée sur la pertinence de la dichotomie nature/culture dans le cas des comportements maternels des mammifères, humains compris : pour elle, il est vain de vouloir trop nettement séparer les deux. Ainsi, elle cite pêle-mêle l'exemple de souris incapables de maintenir leur progéniture en vie en raison de la mutation d'un de leurs gènes (caractère inné) et celui du taux très élevé de femelles primates maltraitantes avec leur progéniture lorsqu'elles sont nées en captivité en raison de l'impossibilité pour elles d'avoir pu disposer d'un modèle de maternage (caractère acquis).

Bref, en considérant d'une part l'inexistence dans les sociétés humaines connues de pratiques d'accouchement non profondément marquées culturellement et d'autre part le poids équivalent des facteurs biologiques et sociaux vis-à-vis de la capacité des mères animales à être suffisamment bonnes, il semble qu'on puisse proscrire définitivement le qualificatif « naturel » s'agissant d'un accouchement humain.

Il reste donc à considérer l'idée selon laquelle « accouchement naturel » se définit par opposition à « accouchement médicalisé ». Mais que signifie réellement accoucher de façon « non-médicalisée » ? Il ne viendrait à l'idée de personne aujourd'hui de qualifier de « médicale » la pratique d'une saignée lors d'un accouchement, même si celle-ci a fait partie de l'arsenal médical pendant très longtemps. À l'opposé, on lit régulièrement qu'un accouchement réalisé sous la surveillance d'une sage-femme est « non médicalisé » ce qui peut laisser songeur si on pense à la place évidente des sages-femmes actuelles au sein du corps médical.

Outre les tensions entre médecins et sages-femmes que nous avons déjà évoquées plus haut dans ce chapitre, il est possible d'expliquer ces apparentes incohérences par la nature scientifique de la médecine. Si on admet que la médecine est (du moins en partie) une science alors il faut admettre qu'elle se construit par essais et erreurs*. C'est à ce titre que les interventions médicales autrefois plébiscitées peuvent peu à peu être soupçonnées de causer plus de préjudices qu'elles n'apportent de bénéfices et donc finalement réservées à quelques cas précis voire totalement abandonnées. Dans le fameux cas de la saignée thérapeutique, à laquelle les médecins recouraient très fréquemment entre le XVIe et le XVIIIe siècle, on se rend compte que les découvertes scientifiques ont d'une part pu peu à peu invalider la théorie sur laquelle cette pratique reposait** et d'autre part montrer que celle-ci affaiblissait inutilement les malades dans l'extrême majorité des cas. Aujourd'hui, la saignée n'est pourtant pas totalement abandonnée, elle reste utile pour des pathologies extrêmement précises : l'hémocromatose (surcharge en fer dans le sang d'origine génétique), la polyglobulie (anomalie de production des globules rouges) et la porphyrie (surproduction pathologique d'un précurseur d'une partie de l'hémoglobine). La nécessité de porter un regard scientifique sur les pratiques médicales, c'est-à-dire de les évaluer de façon statistique et indépendante de l'opinion ou des habitudes

* « L'esprit scientifique se constitue comme un ensemble d'erreurs rectifiées », Gaston Bachelard, *La formation de l'esprit scientifique* (1938, réédition Vrin, 2000).

** Il s'agit de la théorie des humeurs, datant d'Hippocrate. Selon cette théorie, les fluides corporels (sang, lymphe, bile du foie et bile de la rate) représentent les quatre éléments (respectivement : air, eau, feu, terre) et doivent être maintenus en équilibre sous peine de risquer une « saute d'humeurs » ou pire, de mettre gravement en danger la santé de l'individu.

des praticiens et de les remettre en question au besoin, a été fortement renforcée au début des années 1990 avec les approches dites d'« *evidence-based medicine* ». Cette expression qui peut se traduire par « médecine basée sur les preuves » a constitué une véritable révolution dans le domaine médical en invitant les praticiens à faire « un usage consciencieux, explicite et judicieux des connaissances scientifiques disponibles pour décider des soins à donner à leurs patients »[27], alors même que lesdits praticiens n'étaient généralement pas formés à lire et utiliser la littérature scientifique dans leur pratique quotidienne. Dans le domaine de la maternité et de l'obstétrique, ce type d'approche a permis la remise en question de nombreuses pratiques que l'habitude faisait considérer comme souhaitables. Le travail de la revue internationale Cochrane est emblématique de cette posture : cette ONG se donne pour but de regrouper, d'analyser et de diffuser auprès du plus grand nombre des données médicales scientifiquement validées. Bien souvent, ces analyses conduisent à alerter sur l'insuffisance des preuves en faveur d'une pratique plutôt qu'une autre : c'est par exemple le cas pour la prise en charge des nausées du premier trimestre[28], la nécessité d'arrêter le café durant la grossesse[29], ou encore le choix après une première césarienne de recourir à une nouvelle césarienne plutôt qu'à un accouchement par voie vaginale[30]. Dans d'autres cas, Cochrane confirme que les pratiques en cours sont souhaitables : c'est le cas pour l'efficacité des mesures diététiques et de surveillance de la glycémie chez les mères intolérantes au glucose[31], ou pour l'efficacité de l'utilisation de tampons vaginaux à la prostaglandine pour déclencher le travail[32]. Mais il arrive aussi que les résultats des analyses conduisent à alerter sur des pratiques courantes évaluées comme néfastes : c'est le cas de la pratique des lavements avant la phase d'expulsion[33], de l'interdiction de boire et/ou manger durant l'accouchement pour les femmes présentant un faible risque de complication[34], du rasage de la zone périnéale pour les femmes en travail admises à la maternité[35] ou encore de la rupture systématique de la poche des eaux[36]. En replaçant la science au cœur de la pratique médicale, l'*evidence-based medicine* a réaffirmé la légitimité de douter face à une pratique, même fortement ancrée, en même temps que la légitimité de la recherche de l'intervention médicale minimale, adaptée à chaque situation et au vécu de chaque individu. Même si cette transition épistémologique n'est aujourd'hui pas encore terminée, de nombreux médecins se reconnaissent dans cette mouvance*.

La plupart des revendications en faveur de l'accouchement physiologique s'ancrent fortement dans l'*evidence-based medicine*: pas question pour ces défenseurs de refuser l'apport de la médecine, de ses connaissances et de sa technologie, mais simplement privilégier les processus biologiques spontanés et réserver l'intervention médicale aux cas où son utilité est scientifiquement établie au regard de la situation. En poussant un peu la comparaison, on pourrait dire que les revendications en faveur de l'accouchement physiologique sont à l'obstétrique, ce que l'agriculture biologique est à l'agronomie: non pas un retour aux pratiques de l'ère préindustrielle, mais bien au contraire une technologie scientifique de pointe attentive à la complexité des équilibres biologiques. Dans ce cadre, la prise en compte de la physiologie de l'accouchement a en particulier conduit à réévaluer l'intérêt de la position allongée sur le dos** pour accoucher ou encore à alerter sur les risques hémorragiques générés par l'injection systématique d'ocytocine en cours de travail pour

* Voir par exemple la revue *Prescrire*, réputée pour son indépendance vis-à-vis des lobbys pharmaceutiques, qui met régulièrement à jour une liste de médicaments « à écarter », compte tenu de leur trop faible efficacité par rapport aux risques auxquels ils exposent les patients.

** Position dite « gynécologique » car imposée à l'ensemble des parturientes pendant des décennies au titre d'une meilleure aisance de manipulation pour l'obstétricien.

accélérer l'accouchement. L'important travail de veille scientifique de l'Alliance Francophone pour l'Accouchement Respecté (AFAR)* est représentatif de ces prises de conscience en faveur de la physiologie : sur leur site, un moteur de recherche permet à tous, médecin ou simple usager, d'accéder par mots-clés à une liste d'articles de recherche, dont la conclusion a été résumée.

Car si la médecine a connu une rupture épistémologique de taille grâce à *l'evidence-based medicine,* le statut de celui qui reçoit les soins médicaux a lui aussi fait l'objet d'une véritable révolution ces dernières décennies. Pendant très longtemps, les traités de médecine ont invariablement qualifié ceux qui recevaient les soins de « malades » (y compris les femmes enceintes dont l'accouchement se déroulait sans encombre). Ce terme, qui n'était pas réservé à l'obstétrique, a progressivement évolué au cours du XIXe siècle lorsque la médecine est devenue une pratique expérimentale : le malade disparaît alors derrière ce qui constitue le véritable objet d'étude à savoir, la maladie. Ceci induit un changement de vocabulaire : le « malade » devient un « patient ». Il se développe alors entre le patient et son médecin une relation paternaliste : le patient totalement déresponsabilisé se soumet dans une confiance aveugle à son médecin tout puissant[37]. Un ensemble de facteurs vont conduire dans le courant du XXe siècle à une évolution du modèle paternaliste : la promotion, à partir des années 1940, par les pouvoirs publics de « l'éducation à la santé » impliquant les individus dans les comportements de prévention ; le développement, à partir des années 1950, des associations de patients ; la demande croissante, à partir des années 1970, de médecines « alternatives » témoignant une volonté d'autonomie des patients dans le choix des acteurs de soins ; les crises de confiance, dans les

* www.afar.info.

années 1980-1990, liées aux différents scandales biomédicaux fortement médiatisés (affaire du sang contaminé, hormones de croissance, etc.) et enfin l'augmentation de la circulation de l'information médicale très fortement accélérée dans les années 2000 avec la démocratisation d'internet. Une évolution législative a accompagné cette évolution sociale de prise d'autonomie du patient : en 1995 la « Charte du patient hospitalisé » est rédigée[38] pour garantir des pratiques de soin respectueuses de l'individu, suivie en 2002 par la loi Kouchner[39] qui instaure le droit pour le patient à l'information concernant son état de santé et la nécessité de recueillir son consentement éclairé (c'est-à-dire informé de façon non partiale et aussi complète que possible) avant toute intervention médicale non urgente.

Ces mutations générales de l'interaction patient-médecin ont également marqué le domaine de l'obstétrique. Dans les années 1970, des médecins ont commencé à s'élever pour une meilleure prise en considération du vécu de la mère et de l'enfant. Trois d'entre eux se sont particulièrement illustrés. Le docteur Lamaze, qui a introduit et popularisé en France la technique de « l'accouchement sans douleur », et les docteurs Frédéric Leboyer et Michel Odent qui se sont attachés à sensibiliser le grand public aux violences vécues à la naissance par le bébé. En 1974, Frédéric Leboyer publie *Pour une naissance sans violence*, dans lequel il oppose le point de vue des adultes à celui du nouveau-né : sur une photographie devenue célèbre, on voit un obstétricien, tenant par les pieds un enfant tout juste sorti du ventre de sa mère au milieu des visages enjoués et sereins ; une fois la photo retournée, on voit le visage atrocement crispé d'un enfant en proie à une grande souffrance. Cette prise de conscience sera à la base d'une réflexion sur la modification du protocole d'accueil du nouveau-né, lui laissant le temps de prendre sa première inspiration, minimisant les lumières vives, veillant à ce qu'il soit immédiatement placé au contact de sa mère. De 1962 à 1985, Michel Odent expérimente à la maternité de Pithiviers l'accouchement dans l'eau, le chant prénatal, ainsi que l'accouchement en salle de naissance « comme à la maison » dans une volonté de proposer aux mères et aux bébés de renouer avec ce qui leur resterait de leur instinct de mammifère. Dès la fin des années 1970, c'est au tour des journalistes de s'emparer de la question de l'humanisation de la naissance. En 1979, la publication du pamphlet *Les bateleurs du mal joli* de la documentariste et féministe Marie José Jaubert s'attaque à l'accouchement sans douleur qu'elle considère comme un mythe relevant du charlatanisme ; en 1984, le film *Le bébé est une personne* du réalisateur Bernard Martino qui donne à voir l'importance de la vie intra-utérine est diffusé à la télévision française et remporte un très vif succès ; en 1985 c'est le *Petit manuel de guérilla à l'usage des femmes enceintes* de la journaliste Edmonde Morin qui jette un pavé dans la mare en dénonçant les violences obstétricales dont les femmes sont victimes : « 800 000 femmes accouchent chaque année. La plupart subissent à cette occasion des agressions médicales : leur vulve est coupée par un bistouri, leurs bras est attaché à une perfusion, leur corps est ceinturé par un appareil, leurs pieds sont emprisonnés dans des étriers. Or, dans 85 % des cas, ces interventions sont inutiles et même nuisibles à la mère et à l'enfant, et les femmes ne le savent pas. »[40]

Petit à petit, ces questions interpellent le grand public. Le propos relatif à l'accouchement à domicile dans les différentes éditions du best-seller de la périnatalité *J'attends un enfant* de Laurence Pernoud semble assez révélateur : l'édition de 1973 tient pour acquis que les femmes ne souhaitent pas accoucher chez elles : « Il y a de fortes chances pour que vous ne vous posiez pas la question [...] Accoucher en clinique ou maternité [est] la solution qui offre le plus d'avantages [...] Accoucher à domicile ne présente aujourd'hui plus qu'un avantage : il est d'ordre sentimental et psychologique». Dans l'édition de 1983, elle se montre moins assurée: «La question revient à l'ordre du jour à l'époque du retour à la nature [...] Accoucher dans son cadre et dans sa famille est tentant, mais ce n'est pas prudent». En 1990, la crainte de la surmédicalisation fait désormais partie des préoccupations sociales: «Depuis quelques années cependant des jeunes couples désirent que leur enfant naisse à la maison: ils souhaitent une ambiance plus chaleureuse qu'à l'hôpital où ils trouvent la médicalisation excessive et la technique envahissante [...] Si les médecins hostiles à l'accouchement à domicile, dont ils font un épouvantail au nom de la sécurité, défendaient avec la même fougue l'urgence de rendre les maternités plus accueillantes, plus chaleureuses, aucune mère ne rêverait plus d'accoucher chez elle». En 1999, la transition est actée: «On ne peut donc envisager une naissance à la maison qu'avec un médecin ou une sage-femme très expérimentés, en qui on a une confiance totale, qui n'acceptera de faire l'accouchement que si toutes les conditions d'un bon déroulement sont requises; et qui, le cas échéant, saura prendre la décision de diriger la femme vers une maternité avec laquelle le médecin ou la sage-femme aura pris contact au préalable.».

Parallèlement à ces prises de conscience et évolutions sociales, les revendications professionnelles des sages-femmes accompagnent celles des parents militants en faveur d'un accouchement plus humain, où le consentement de la mère aux interventions médicales est plus souvent recherché, où la préservation de sa sécurité affective est mieux assurée. En 1984, l'Association Nationale des Sages-femmes libérales (ANSFL) demande l'ouverture des plateaux techniques (permettant à des sages-femmes libérales d'accompagner elles-mêmes au sein d'une structure hospitalière l'accouchement de femmes qu'elles ont suivi depuis le début de leur grossesse), cette revendication a été satisfaite en 1991[41] et lentement mise en place*. Au début des années 1990, l'ANSFL s'associe aux revendications d'usagers en faveur de la création de maisons de naissance, revendications qui ont finalement abouti courant 2015 au lancement officiel de l'expérimentation**.

C'est le début des années 2000 qui voit l'émergence des premières associations d'usagers de la périnatalité. En 2003 naît le CIANE (Collectif Interassociatif Autour de la NaissancE) qui regroupe aujourd'hui plus de quarante associations de parents et d'usagers concernés par la périnatalité. Pour les membres de ce collectif, « la naissance d'un enfant n'est pas qu'un acte technique, mais un événement unique et fondateur, avant tout humain, affectif et social. La grossesse et la naissance ne sont pas des maladies, ce sont des temps forts de la vie d'une grande richesse humaine. ». Depuis sa création, le CIANE a mené de nombreuses actions : dès 2003 ils ont alerté contre l'épisiotomie systématique (incision du périnée de façon à faciliter le passage de l'enfant dans le vagin) et le défaut de consentement des mères à qui ce geste était souvent pratiqué. En 2012, ils ont mis en évidence à grande échelle le manque d'information dont souffraient les parents face aux décisions médicales qu'ils devaient prendre*** (par exemple : choisir ou non la péridurale) ou pour exprimer leur consentement de façon éclairée lors d'une intervention (pourquoi déclencher l'accouchement ? Pourquoi choisir de l'accélérer ? Pourquoi une épisiotomie ? Pourquoi un

* Le mémoire de sage-femme de Bénédicte Lafont, *Accès des sages-femmes libérales aux plateaux techniques,* disponible en ligne, montre comment la loi de 1991 n'a pas été immédiatement appliquée et applicable.

** Pour une petite histoire des maisons de naissance en France voir : Philippe Charrier, *Diversification des lieux de naissance en France : le cas des maisons de naissance* (consultable sur cairn.info).

*** Les principaux résultats de cette enquête sont consultables sur ciane.net.

forceps ?). Depuis 2012 également, le CIANE forme les élèves sages-femmes au recueil de la parole et des souhaits des parents au travers des « projets de naissance ».

En conclusion, ce qui est en jeu actuellement dans le domaine de la périnatalité est moins le niveau de médicalisation des accouchements que la capacité donnée aux parents de choisir et consentir pleinement au cours de la grossesse et de l'accouchement, c'est-à-dire d'être informés de façon suffisamment impartiale et complète sur les options qui se présentent à eux et sur les gestes médicaux qui pourraient être nécessaires. À ce titre, l'impératif d'information et de consentement éclairé ne conduit pas exclusivement à la valorisation de l'accouchement physiologique et/ou peu médicalisé : il peut aussi conduire à prendre en considération le souhait d'une femme d'accoucher par césarienne même en l'absence d'indications médicales[42] ou encore à revendiquer l'absolue nécessité de respecter la volonté d'une femme qui a choisi de ne pas donner le sein à son enfant. Notons enfin que le défaut de consentement et d'information dans le domaine de la périnatalité est actuellement une préoccupation de portée internationale : plusieurs collectifs dont Amnesty International* ont attiré l'attention ces dernières années sur l'importance des violences obstétricales « ordinaires » au cours desquelles les Droits de l'Homme semblaient non pleinement respectés**.

* Voir la vidéo de la section uruguayenne d'Amnesty International relative aux violences obstétricales (vimeo.com/33905912).

** Pour une bibliographie complète sur les violences obstétricales, on peut aussi se référer à la veille scientifique réalisée par l'Association Francophone pour l'Accouchement Respecté (AFAR), disponible en ligne (afar.info).

En bref

- Vouloir accoucher de manière physiologique n'est ni féministe, ni antiféministe. Ce qui importe est que chaque femme puisse recevoir une information complète et impartiale, lui permettant de choisir librement la solution qui lui semble la meilleure.
- Les tensions entre obstétriciens et sages-femmes remontent à plusieurs siècles. Elles sont liées à l'histoire conjuguée de ces professions. Les sages-femmes sont spécialistes des accouchements physiologiques ; les médecins, spécialistes des accouchements pathologiques.
- Avant le xxe siècle, environ 6 % des femmes mouraient en couches pour des raisons de non-accès aux soins élémentaires, avant ou pendant la grossesse. Les décès ne représentent aujourd'hui en France plus qu'un accouchement sur 10 000.
- L'humain est un animal culturel : quelles que soient les ethnies, aucune d'entre elles n'accouche réellement « naturellement ».
- Fonder la médecine sur les preuves scientifiques conduit à sélectionner les seules interventions médicales nécessaires. La recherche sur la physiologie de l'accouchement s'intéresse à la minimisation possible et sécuritaire des interventions médicales.
- Depuis la fin du xxe siècle et la démocratisation de l'information médicale, les patients ont exprimé leur volonté de prendre part aux décisions qui concernent leur santé, de revendiquer leur droit à l'information et au respect du consentement éclairé.

CHAPITRE 3

Faire ses nuits à 2 semaines, jouer seul à 6 mois, manger seul à 1 an… 2 ans c'est trop tôt pour lui prendre un appart ? La course à l'autonomie

Votre bébé tout chaud est enfin dans vos bras. Il ne ressemble pas vraiment à l'image que vous vous en étiez faite mais raison de plus : vous ne vous lassez pas de l'observer, de vous émouvoir de la minutie de son anatomie ou de vous étonner de ses traits un peu fripés. Mais attention, car les premières visites ne vont pas tarder. Certains proches se contenteront de vous féliciter ou d'adresser un regard ému au tout-petit dans vos bras (surtout s'il dort) quand d'autres entameront d'emblée l'interrogatoire. Quel parent a échappé à la fatidique question : « Ça va, il est sage ? » (à laquelle on est tenté de répondre, non sans ironie, « Il a intérêt sinon je le mets au coin direct, tu penses bien!»), immédiatement suivie par «Alors, il fait ses nuits?» (comme diraient certains parents: «Il fait ses nuits… mais pas les nôtres!»), ou bien par la cruciale question du choix d'alimentation: «Tu l'allaites?». On trouve aussi, souvent dans la bouche de nos grands-mères, la version *old school* de cette dernière: «Tu le nourris?». Si la question fait souvent sourire les parents du XXIe siècle, certains allant jusqu'à s'autoriser un trait d'humour: «Non, je le laisse mourir de faim bien sûr!», d'autres pourront se sentir vexés par une formule jugée dépréciative pour l'autre choix possible: comme si les parents donnant des biberons ne nourrissaient pas leur bébé!

Vous noterez le doux euphémisme si répandu pour évoquer les pleurs du nouveau-né (qui peuvent devenir totalement insupportables, il faut bien le dire): l'enfant est-il «sage»? S'il est indéniable que les pleurs du bébé peuvent mettre à mal la santé mentale des parents, il est encore assez difficile d'avouer publiquement: «Bien sûr qu'on l'a voulu! Mais purée, on n'en peut plus!» La culpabilité parentale commence tôt, et ce d'autant plus lorsque les parents ont déjà eu le temps d'intégrer l'image d'Épinal du nourrisson. Vous savez, celui qui gratifie sa famille d'adorables gazouillis et garde ses sourires les plus craquants pour les visiteurs, ne pleure que lorsqu'il éprouve la faim ou un inconfort facile à identifier (comme une couche pleine), gémit deux minutes pour la forme quand on le pose dans son lit avant de s'apaiser avec son doudou et dormir 20 heures sur 24. Qui n'en rêverait pas? En tout cas, si vous tâchiez de vous accommoder de la réalité, la redondance des remarques vous permettra vite de prendre la mesure de ce qui ne «va pas». Ces questions, qui peuvent d'abord sembler anodines (comme une façon banale de demander des nouvelles), puis petit à petit agaçantes (lorsqu'elles deviennent un préalable à toute conversation ou reviennent à chaque nouvelle naissance) vont se transformer au fil des semaines jusqu'à en devenir parfois très envahissantes, instigatrices et éducativement orientées: «Mais tu vas l'allaiter jusqu'à quel âge?» «Si tu veux qu'elle dorme, il faut la lâcher un peu!» «Laisse-le quelques nuits à quelqu'un, ça va le régler et il vous laissera dormir.» «T'en as pas un peu marre de lui servir de tétine?» «Tu ne crois pas qu'il faudrait changer [au choix: son alimentation, son pédiatre, l'inclinaison ou l'orientation de son lit, l'humidité de sa chambre, l'heure du coucher, la personne qui le couche...]?» «Toujours dans vos bras, il ne sera jamais autonome cet enfant!» «Arrête de la prendre dès qu'elle pleure sinon elle va s'habituer.» Car si vous l'ignoriez, il est important de savoir que l'enfant se doit d'acquérir rapidement tous les signes extérieurs d'une autonomie attendue avec ferveur par son entourage, et se conformer autant que possible tant à la norme comportementale socialement attendue qu'aux courbes de développement scientifiquement établies. Tandis que l'extrême majorité des parents œuvre au quotidien pour le bien-être d'un tout-petit dont ils ont tout à découvrir et à comprendre, il semble que leur entourage ait tout à coup acquis un Master 2 en psychologie de comptoir!

Pour des parents en manque de sommeil, dont les besoins de base ne sont pas comblés*, qui se débattent entre ce-que-mes-parents-ont-fait-et-que-je-ne-veux-surtout-pas-reproduire et ce-que-j'ai-toujours-rêvé-de-faire-pour-mes-enfants, terribles sont les injonctions à se détacher de leur bébé dès le retour de

---

* Pour le psychologue américain Abraham Maslow, le sommeil constitue l'un des besoins de base de l'être humain. Ce ne serait qu'une fois nos besoins de base satisfaits que nous serions en capacité de nourrir des besoins plus complexes, tels que la sécurité, l'estime et l'accomplissement de soi, et de prendre soin d'autrui de façon satisfaisante. De quoi laisser songeurs les parents épuisés...

la maternité, pour mieux le « préparer » à une supposée réalité de la vie. Terribles, et symptomatiques d'une société qui aurait peur pour l'avenir de la nouvelle génération (et voudrait la préparer au pire dès le berceau) au point d'en oublier jusqu'aux besoins physiologiques et affectifs du jeune enfant.

Cette vision de l'autosuffisance de l'enfant a parfois été intégrée par les nouveaux parents dès leur plus jeune âge, lorsqu'ils étaient eux-mêmes sommés de cesser leurs « caprices » ou qu'ils observaient le traitement des nourrissons autour d'eux. La répétition de ces préconisations peut aussi pousser de jeunes parents, dont l'élan les porterait à répondre sans tarder aux pleurs de leur enfant, à se défier de leurs intentions premières, face à l'insistance séparatiste qui semble si communément admise.

Dans ce chapitre, nous décortiquerons les données de la psychologie et de la physiologie de l'enfant : que savons-nous de l'immaturité du nouveau-né ? Comment qualifier la relation particulière entre l'enfant et son parent ? En quoi cet « attachement » est-il nécessaire à l'acquisition de l'autonomie progressive des jeunes individus ?

Nous tenterons ensuite de comprendre les multiples origines des idées reçues autour de l'autonomie de l'enfant, tantôt envisagée comme un objectif, tantôt comme un impératif éducatif. Nous tenterons de comprendre ce qui a permis à ces idées d'être si profondément enracinées dans la société française et de se voir transmises sur plusieurs générations. Enfin, nous nous intéresserons aux outils pédagogiques et éducatifs inventés pour hâter la marche vers l'autonomie de l'enfant, à leur valorisation par les psychologues, ainsi qu'à la façon dont parents et éducateurs s'en sont saisis. Nous tenterons de relire l'importance de cette course à l'autonomie comme caractéristique de notre temps : celui d'une société postindustrielle où la rentabilité est un impératif et le détachement affectif une nécessité.

Donneur de soin et figure d'attachement

Bien que nous considérions la mère et le père comme deux figures d'égale importance pour l'enfant, nous mentionnerons plus souvent la mère que le père : ceci tient au point de vue des théoriciens et puériculteurs que nous citerons, pour qui, à tort ou à raison, elle reste la principale donneuse de soins – mais aussi celle vers qui se tournent les regards dès que le développement de l'enfant ne correspond plus aux attendus du moment.

Les figures d'attachement (que nous définirons dans la première partie du chapitre) de l'enfant sont plurielles mais il dispose d'une figure principale : il s'agit de la personne qui consacre le plus de temps à ses soins, comblant autant ses besoins physiologiques qu'affectifs.

Le *caregiver*, traduit par donneur (ou pourvoyeur) de soins, désigne l'une des personnes qui prend soin de l'enfant à un moment donné. Si la durée de la relation est suffisamment pérenne, le *caregiver* peut alors constituer une figure d'attachement pour l'enfant.

Un bébé autonome ? Dans tes rêves (de parent) !

Placer les mots « bébé » et « autonomie » dans la même phrase : avouons que cette conjonction a quelque chose de comique. Quoi de plus antinomique qu'un bébé et un être autonome ? Et si véritablement il pouvait y avoir des bébés un tant soit peu « autonomes », serait-il encore pertinent de les appeler « bébés » ? Pourtant, l'autonomie est dans les bouches de nombreux parents, de nombreux éducateurs, dans les livres de puériculture, et jusque dans les catalogues de jouets. Mais alors, si nous ne parlons pas d'une réelle « autonomie », de quoi parlons-nous ? Un petit point de définition s'impose… *Le Petit Robert* nous apprend que dans le langage courant, l'autonomie désigne la « liberté, indépendance matérielle ou intellectuelle ». C'est précisément cette quête de « l'indépendance » qui nous semble être la préoccupation première des défenseurs de l'autonomie précoce. Pourquoi ? Peut-être parce que la dépendance du bébé est source d'inquiétude parentale, et même civilisationnelle. Songez au vertige soudain qui s'empare des jeunes parents à la vision de leur nouveau-né tout frais tellement totalement et démesurément dépendant qu'on pourrait croire que cela dure *ad vitam aeternam* ? Comment travailler, organiser le quotidien et ménager quelques divertissements avec une telle contrainte ? On comprend soudain pourquoi la question des modes de garde est aussi cruciale, autant pour permettre aux parents d'assurer la subsistance familiale que pour les laisser libres de souffler individuellement ou encore de prendre du temps en couple. Vu comme ça, qui n'aurait pas ne serait-ce qu'*un tout petit peu* hâte que son enfant s'autonomise ? Avant de le voir voler de ses propres ailes, essayons de comprendre l'état de dépendance dans lequel naît le tout-petit et par quels moyens il acquiert peu à peu la capacité à être autonome.

Il suffit de visionner la naissance d'un veau pour avoir immédiatement envie de qualifier le nouveau-né humain de « prématuré » : du haut de ses quinze minutes le petit ruminant se déplace et se nourrit seul ; on ne peut pas en dire autant de la petite boule douce et chaude, aux mouvements malhabiles et à la vision floue que l'on tient dans ses bras. Plusieurs hypothèses ont été envisagées pour expliquer la cause de cette « prématurité ». La plus communément admise est celle de l'étroitesse du bassin de la femme – nécessaire à la bipédie – qui, conjuguée à la taille importante du cerveau humain, empêcherait le bébé de se frayer un chemin hors du corps de sa mère passés neuf mois. Dans une étude de 2012 publiée dans la revue scientifique *PNAS*, des chercheurs américains[1] envisagent une autre hypothèse à cette prématurité, celle des limites métaboliques du corps de la mère :

l'accouchement se déclencherait lorsque les besoins du fœtus dépasseraient les réserves et les capacités de cette dernière.

Ainsi, même né à terme, le nouveau-né vient au monde particulièrement dépendant. Son cerveau est juste assez développé pour lui permettre d'effectuer les actions motrices nécessaires à sa survie (pleurer, téter) mais pas suffisamment pour achever seul sa maturation. Pascal Picq, paléoanthropologue au Collège de France explique : « La taille du corps et du cerveau du nouveau-né humain correspond à celle d'un grand singe de sa taille, ce qui se vérifie par les durées de gestation, autour de huit mois chez les grands singes, quelques semaines de plus pour notre espèce. […] Alors que […] si on prend comme référence la corrélation entre la durée de la gestation et la taille du cerveau adulte, la grossesse devrait durer plus de vingt mois chez la femme actuelle […]. Une telle perspective a de quoi effrayer et, évidemment, cela ne passe pas au niveau du petit bassin. »[2] En conséquence de cela, la sélection naturelle a généré une sorte de compromis : le petit humain naît prématuré mais « poursuit son développement cérébral extra utero, comme un fœtus, jusqu'à l'âge de 18 mois, où l'on retrouve une taille d'environ 75 % de la taille adulte, comme chez les grands singes nouveau-nés. » Jusqu'à cet âge, une période que l'on pourrait qualifier de « grossesse extra-utérine », l'enfant a donc particulièrement besoin d'une relation de grande proximité avec un autre être humain : le corps du parent constitue le refuge permettant au bébé un développement harmonieux de son cerveau.

Le docteur Nils Bergman, médecin spécialisé dans les soins aux prématurés en Afrique du Sud, est le co-inventeur de la « méthode kangourou » qui vise à favoriser la survie des bébés prématurés grâce à un peau-à-peau permanent avec l'un de leurs parents. Pour lui, le corps de la mère est

« l'habitat naturel » du bébé, c'est-à-dire le milieu auquel il est naturellement adapté, celui qui pourvoira spontanément à ses besoins, et finalement celui dans lequel il sera « autonome »[3]. Lorsqu'ils sont soustraits à leur habitat, c'est-à-dire majoritairement le voisinage de leur mère, les petits mammifères ont un comportement identique et préprogrammé, appelé « réponse de protestation » : ce sont les pleurs, qui, comme l'auront constaté tous ceux qui observent les bébés, s'apaisent plus facilement dès que le tout-petit est replacé contre sa mère.

Pleurer, c'est utile !

En 2001, une chercheuse américaine, Debra Zeifman, s'est attachée à expliquer les pleurs du bébé humain[4]. Elle rappelle que la communication vocale de l'enfant a évolué pour permettre de maintenir le lien mère-enfant lorsque les conditions olfactives et visuelles étaient inadéquates. Elle fait ensuite le postulat que les pratiques occidentales de soins sont de nature à encourager les pleurs : outre le nourrissage peu fréquent et le portage limité, les pleurs de faible intensité sont souvent ignorés car considérés comme « feints » au lieu d'être considérés comme un signal destiné à informer les donneurs de soins des besoins de l'enfant. Notons que l'énergie consommée par le nourrisson quand il pleure est telle qu'il est très peu probable que ceux-ci soient utilisés comme « artifices ». Elle ajoute qu'une revue des pratiques dans les sociétés non-occidentales rapporte un taux extrêmement plus bas d'enfants qui pleurent. Que faut-il en conclure ? La chercheuse regrette les préconisations persistantes de laisser pleurer les enfants pour leur « apprendre » diverses choses (dormir, patienter, s'occuper seul). Pour autant, aucun seuil de nocivité des pleurs n'a été scientifiquement déterminé à ce jour. Les recherches actuelles visent essentiellement à connaître les conséquences neurologiques d'un trop grand état de stress chez l'enfant. Reste à déterminer si ce stress toxique n'est généré que par des situations graves de maltraitance ou de défaut de soins, comme cela a pu être observé*, ou si on peut l'extrapoler aux diverses situations de détresse ressenties par l'enfant. Dans une étude australienne, dont les conclusions sont parues en mai 2016 dans le journal *Pediatrics*[23], des chercheurs ont évalué les effets de deux méthodes d'« entraînement au sommeil » sur un groupe de 43 bébés de 6 mois et plus. Il apparaît que dans les deux groupes bénéficiant desdits entraînements, le nombre de réveils nocturnes diminue progressivement, de même que le taux de cortisol (comme marqueur du stress) des bébés et des mères, tandis que les paramètres restent inchangés dans le groupe contrôle. Douze mois après l'étude, les chercheurs n'ont observé aucune différence dans les liens d'attachement parents-enfants entre les bébés des deux groupes d'entraînements et les bébés du groupe contrôle. Même si tous les chercheurs ne s'accordent pas sur les modalités de mesure du taux de cortisol, l'analyse viendrait confirmer qu'il est avant tout légitime d'encourager les parents à agir de la façon la plus confortable et en accord avec leurs convictions, sans être culpabilisés pour l'un ou l'autre de leur choix concernant le sommeil de leurs enfants.

Par ailleurs, si les pleurs de bébé sont souvent vus de façon négative, comme l'expression d'un inconfort ou d'un besoin, d'autres spécialistes de l'enfant portent sur ceux-ci un regard différent : tout en encourageant les parents à être attentifs aux besoins de leur enfant, ils considèrent les pleurs comme une réaction physiologique nécessaire à respecter. On parle par exemple fréquemment de « pleurs de décharge** » pour qualifier les pleurs non expliqués du nourrisson en fin de journée, que les parents peuvent accompagner par leur présence sans chercher à les endiguer.

* Une situation de grande détresse engendre une libération excessive de cortisol, une hormone utile à la gestion du stress mais aussi capable de détruire des neurones. Les conséquences de ces réactions ne seront souvent pas visibles immédiatement[25]. Étude de 2007 en anglais : « Acute Psychosocial Stress Reduces Cell Survival in Adult Hippocampal Neurogenesis without Altering Proliferation », Rosanne M. Thomas et al., *Journal of Neuroscience* (14/03/2007).

** Par exemple, dans *Pleurs et colères des enfants et des bébés* (Jouvence, 2015), la pédiatre américaine Aletha Solter identifie six catégories de détresse pouvant créer un besoin de pleurer, parmi lesquelles les souffrances prénatales, les besoins non satisfaits, la surcharge d'informations sensorielles, le sentiment d'impuissance, la douleur physique et les expériences effrayantes.

En allant plus loin dans la comparaison entre le degré de maturité du bébé humain et celui des autres mammifères à leur naissance, on peut trouver une autre façon d'appréhender son « immaturité ». Dans une étude de 1970[5], le biologiste allemand Bernhard Hassenstein a pu classer les petits des mammifères en trois catégories biologiques : les nidicoles, les nidifuges et les « Traglinge » (petits portés). Il conclut, en se basant sur son anatomie et ses capacités de préhension, que le petit humain fait partie des petits portés, qui ont un développement achevé sans être pour autant capables de se déplacer seuls. En tant que bébé porté, il a besoin d'être proche de sa mère en cas de danger, il a peur des inconnus et est calmé par les mouvements rythmés. Pour le jeune mammifère, être transporté signifie ne pas être abandonné, sans doute une raison pour laquelle les nourrissons portés sur le dos de leur mère en permanence pleurent peu, tandis que le silence et le calme les effraient souvent. Assurément une nouvelle moyennement bonne pour les parents d'aujourd'hui qui travaillent derrière un ordinateur.

Nous gardons à l'esprit qu'aucune pratique n'est supérieure ou plus « naturelle » qu'une autre*. Il est cependant amusant de mettre en regard une société où le bébé apprendrait la vie en participant à toutes les tâches quotidiennes de sa mère** avec nos normes occidentales de puériculture : imposer le silence absolu lorsque le bébé fait sa sieste, le protéger de la sensation des éléments naturels à l'aide de capotes de poussettes anti-vent et anti-pluie, le laver en prenant garde à ne pas lui mettre d'eau

---

* Comme évoqué au chapitre 2, elles sont en réalité toutes largement influencées par la culture.

** Comme l'illustre la psychothérapeute et autrice Jean Liedloff dans *Le concept du Continuum* (Ambre, 1975), où elle raconte son observation de la tribu sud-américaine des Yékwanas.

dans les yeux, lui fournir une chambre indépendante dès la naissance, etc.

Revenons un instant à notre définition de « l'autonomie » : s'il nous semble clair que parler d'indépendance matérielle du bébé est à la limite de l'absurde, qu'en est-il de son indépendance intellectuelle ? Bien qu'il soit dès la naissance particulièrement compétent (notamment pour s'attacher ceux qui prendront soin de lui), il ne dispose pas encore de la maturité cérébrale lui permettant ni de gérer ses émotions ni d'élaborer des schémas de causalité complexes et encore moins de générer la moindre réassurance par lui-même. C'est ce qu'explique la pédiatre française Catherine Gueguen à la lumière des dernières découvertes en neurosciences. Elle insiste en particulier sur le rôle du cortex orbito-frontal (COF), partie du cerveau située à l'avant du front, au-dessus des orbites, et qui est reliée aux centres émotionnels du cerveau. Tout au long de sa maturation, les circuits du COF vont se renforcer progressivement : « Une poussée de croissance neuronale, multipliant ces circuits, débute vers 5 ans et se poursuit jusqu'à l'âge de 7 ans. Vers l'âge de 5-6 ans, l'enfant commence donc à contrôler un peu mieux ses émotions négatives, à comprendre leurs causes et à savoir les surmonter. »[6]

Les réseaux cérébraux de l'enfant ne lui permettant pas de réagir comme un adulte, il semble peu pertinent de déduire de ses manifestations émotionnelles des interprétations négatives telles que la manipulation ou le « caprice ». En réalité, en matière d'enfance, c'est bien plutôt l'indépendance *affective* que semblent ambitionner les conseillers en tous genres. Or, si l'enfant ne peut en disposer à la naissance, comment se construit donc cet eldorado parental et sociétal, synonyme de l'autonomie attendue ?

Autrefois, on ne faisait pas tous ces chichis pour élever un enfant ! Petite archéologie des injonctions à visée autonomisante

L'éducation des enfants, c'était mieux avant ? C'était plus facile, on faisait moins de chichis disent les grands-parents ; c'était plus clair, les enfants respectaient l'autorité disent les psys. Peut-être vous-même avez-vous souri devant un des nombreux textes qui circulent régulièrement sur internet, qui commencent par « Quand j'étais petit… » et se poursuivent par une longue énumération des plaisirs enfantins et des pratiques éducatives des années 1970-1980. Que l'éducation des enfants ait été « mieux » avant, ou non, est une question vaine : elle était d'abord et surtout différente ! Le monde a changé, les parents ont changé, les enfants ont changé. Il est donc impossible de comparer de façon absolue. En revanche, qu'autrefois l'éducation des enfants ait été perçue comme « plus simple » est fort possible tant la connaissance des mécanismes de construction et des besoins essentiels de l'enfant n'a eu de cesse de progresser au cours des dernières décennies, et même des derniers siècles !

Au Moyen Âge, passé la période de la petite enfance (vers 3 ou 4 ans), l'enfant entrait directement dans la société adulte dont il ne se distinguait pas : il était considéré comme un adulte miniature. Ni véritablement négligé, ni méprisé, l'idée que l'enfance avait quelque chose de particulier était simplement inexistante. Peut-être était-ce la conséquence de l'espérance de vie de l'époque, qui créait une société particulièrement jeune. Peut-être aussi ne paraissait-il pas raisonnable de s'attacher plus que nécessaire à des vies qui seraient trop souvent écourtées : un enfant sur quatre décédait avant l'âge de 4 ans. C'est au XVIe siècle que naît une première forme de prise en compte de l'enfant. Une différenciation basée sur la curiosité pour les manières enfantines, que décrit l'historien français Philippe Ariès : « Un sentiment nouveau de l'enfance est apparu, où l'enfant devient par sa naïveté, sa gentillesse et sa drôlerie, une source d'amusement et de détente pour l'adulte, ce qu'on pourrait appeler le « mignotage ». C'est à l'origine un sentiment de femmes, de femmes chargées du soin des enfants, mères ou nourrices. […] Désormais, on n'hésite plus à admettre le plaisir qu'on prend aux manières des petits enfants, à « mignoter » avec eux. »[7] Mais qui, dès le XVIIe siècle, ne tarde pas à générer de l'agacement, comme le rapporte Ariès, citant les vers adressés par un invité dans un billet à l'attention de son hôte : « Emportez votre fils Et ne vous montrez pas nourrice, Qu'on fasse manger les petits Et leur Précepteur à l'office. »[7] Dès lors, la rupture est consommée : l'enfant n'est plus un mini-adulte et ses spécificités, aussi fascinantes qu'exaspérantes*, lui valent d'évoluer dans un monde disjoint de celui des adultes. Il devient donc mal vu, dans son intérêt psychologique et par souci moral, que l'enfant soit mêlé aux grandes personnes. On craint la manipulation des jeunes esprits : « Se familiariser souvent avec ses enfants, les faire parler sur toutes choses, les traiter en gens raisonnables et gagner par la douceur est un secret infaillible pour en faire ce que l'on veut », conseille l'abbé Goussault (1693), cité par Philippe Ariès.

Au XVIIIe siècle, les adultes sont finalement enjoints, sans plus se contenter de leur reconnaître des qualités comiques et affectueuses, de préserver l'innocence des enfants et

* P. Ariès raconte que l'on trouve déjà l'idée de l'enfant-roi : en effet, on reproche à certains parents d'idolâtrer leurs enfants et de leur laisser faire tout ce qu'ils veulent, sans poser de limite à leur comportement.

d'armer leur faiblesse. La préservation de leur santé et le soin accordé à l'éducation des jeunes enfants prennent une place importante : on n'oserait plus comme au siècle précédent se consoler de la perte d'un enfant par l'espoir d'en faire un autre. À la même époque, la naissance de la notion d'intimité, accompagnée d'un intérêt porté à la vie privée, donne lieu à une nouvelle organisation de la maison : création d'espaces entièrement dédiés aux lits (le mot « chambre » apparaît), qui ne sont plus à la vue des visiteurs, et sont aussi dotés d'un berceau pour les tout-petits*.

Le XVIIIe siècle est aussi l'époque d'un véritable boom de la mise en nourrice, se répandant dans toutes les couches de la population, surtout urbaine. Celle-ci est le signe d'une préoccupation parentale majeure : offrir à l'enfant une vie au « bon air » de la campagne aux côtés d'une nourrice, plutôt que les miasmes de la ville. C'est aussi un moyen pour les femmes de travailler plus facilement aux côtés de leurs maris commerçants ou artisans. Enfin, la mise en nourrice représente une façon d'imiter la pratique de la bourgeoisie et de la noblesse, où les femmes n'allaitent pas pour pouvoir répondre aux exigences de représentation de leur rang, qui les obligent à être particulièrement attentives à la préservation de leur beauté – et notamment celle de leur poitrine. Ainsi, à Paris, en 1780, selon les chiffres du lieutenant de police Lenoir repris par l'historienne Marie-France Morel[8], on compterait seulement 1 000 enfants allaités par leur mère pour 21 000 naissances : tous les autres sont placés en nourrice. C'est une véritable hécatombe : 25 % à 40 % des nourrissons parisiens placés meurent, contre 18 à

* Celui-ci est d'autant plus préconisé que l'on espère ainsi limiter le nombre d'infanticides masqués par des étouffements plus ou moins accidentels dans le lit familial.

20 % de ceux allaités par leurs mères*. Mais cette mortalité est encore considérée comme aléatoire et inhérente à la fragilité connue des nouveau-nés. Il faut attendre la fin du XIXe siècle pour que la pratique de la mise en nourrice recule, en raison du développement de l'allaitement au biberon, dont l'usage a été rendu plus sûr par les progrès de l'hygiène et de l'asepsie. On compte alors 63 % d'enfants nourris au biberon, qui est jugé moins meurtrier, en dépit de préparations lactées particulièrement difficiles à digérer et mal adaptées aux besoins des nourrissons.

Comme nous l'avions vu en introduction, l'hygiénisme** du XIXe siècle devient aussi le prétexte à l'apparition des « puériculteurs » : on note alors une prise de pouvoir du corps médical, qui commence à édicter nombre de règles, allant des horaires des repas des tout-petits*** à une régulation stricte des soins qui doivent leur être donnés. À présent que la mise en nourrice a diminué, l'allaitement par la mère redevient le cheval de bataille des ouvrages de puériculture. On en trouve la trace, fort moralisatrice, dès 1887 : « Le premier devoir d'une mère saine de corps, d'esprit et de cœur, est de nourrir son enfant », nous dit l'Abbé Morère dans *L'éducation de l'enfant au XIXe siècle* (nourrir est ici entendu comme allaiter au sein). Il existerait donc une (et une seule !) bonne façon de prodiguer des soins à l'enfant pour le maintenir en bonne santé.

---

* En cause, la difficulté du voyage précoce vers la campagne, le manque d'hygiène dans les maisons campagnardes misérables, le manque de lait quand la nourrice est enceinte ou s'occupe de plusieurs enfants.

** Règles de préservation de l'hygiène et de prévention de la santé publique issues de théories politiques et sociales.

*** En se basant sur la difficile digestion du lait animal encore peu adapté, on préconise alors d'espacer les repas des nouveau-nés toutes les 3 heures même si l'enfant crie, en ignorant que le lait maternel, pour sa part, se digère beaucoup plus vite.

À l'aube du xxe siècle, un autre courant de pensée apparaît, qui aura une influence considérable sur la perception de l'enfant et l'analyse bénéfique ou préjudiciable de la façon de l'éduquer : la psychanalyse. Sigmund Freud, neurologue autrichien, père de cette approche, a construit au début des années 1900 sa théorie de la sexualité infantile en essayant de comprendre l'origine, dans l'enfance, des troubles psychiatriques de ses patients. Il a élaboré le premier le concept de « traumatisme », entré aujourd'hui dans le langage courant pour désigner les chocs émotionnels ou défaillances subis par l'enfant qui impacteraient son développement puis son comportement à l'âge adulte. Freud estime que le développement de l'enfant passe par plusieurs phases : le stade oral (entre 0 et 18 mois) où l'enfant trouve son plaisir par sa bouche (tétée et suçotement) ; le stade anal (de 18 mois à 3 ans) où l'enfant apprend à parler, à marcher et à contrôler ses sphincters : son plaisir résiderait dans la rétention ou le relâchement des selles ; le stade phallique (entre 3 et 6 ans) où les organes génitaux de l'enfant sont sa principale zone érogène et où il est supposé vivre le conflit œdipien. Vient ensuite la période de latence, de 6 ans à la puberté, où l'enfant oublierait les stades précédents de son développement et ne ressentirait plus de pulsions : parce qu'il aurait intériorisé certaines valeurs et interdits, il serait libre de se tourner vers la sphère extra-familiale, ses pairs et les apprentissages sociaux. Enfin, l'adolescence, ou phase génitale, inaugure la puberté avec le passage d'une sexualité autoérotique à une sexualité hétéroérotique : un fort désir de rentrer en contact intime avec l'individu de l'autre sexe*. Freud considère

* Précisons ici que pour Freud, l'homosexualité était une variante du choix d'objet sexuel, dont il reconnaissait l'existence sans émettre de jugement de valeur à ce propos.

que les troubles psychiatriques des adultes résultent d'un blocage, appelé « fixation », ayant eu lieu dans l'enfance à l'une de ces phases.

Un vocabulaire offert à toutes les interprétations…

Le choix du vocabulaire fait par Freud peut *a minima* poser question, quand il ne laisse pas ses contemporains psychologues dubitatifs. Essayons de retrouver la signification initiale de quelques-uns des termes les plus employés, à bon ou mauvais escient :

– « Libido » : le terme n'a pas le sens actuel de simple désir sexuel. Pour Freud, la libido désigne l'énergie qui guide l'individu et habite tous ses désirs et ses pulsions de vie.

– « Pulsion sexuelle » : elle doit être entendue comme l'énergie qui pousse l'individu à obtenir satisfaction. Les pulsions ont pour fonction de communiquer les besoins du corps au psychisme. Une fois encore, pour Freud, le sexuel est différent du génital.

– « Toute-puissance » : elle désigne l'impression d'omnipotence qu'est supposé ressentir le tout jeune enfant. Par exemple, la croyance qu'en pleurant, il fait apparaître par lui-même le sein ou le biberon.

– « Pervers polymorphe » : le terme illustre la volonté du jeune enfant de mettre en œuvre tout ce qu'il lui est possible pour obtenir satisfaction par lui-même.

On peut s'affliger de la mauvaise compréhension de ces termes, mais on peut aussi légitimement se demander pour quelle raison le célèbre psychanalyste a fait de tels choix : faut-il y voir le moyen de rompre plus fortement avec les travaux de ses prédécesseurs ? Ou encore la volonté, par l'emploi d'un vocabulaire métaphorique, de laisser certains termes à la libre interprétation de chacun ?

De nombreux puériculteurs semblent avoir fait un usage contestable des concepts psychanalytiques, soit en en faisant une lecture par trop littérale, soit en les simplifiant à tel point qu'elles en sont devenues caricaturales – lorsque leur sens n'a pas été tout bonnement détourné ! Plus de 100 ans après Freud, force est de constater l'ampleur de la diffusion de sa théorie dans le domaine de l'éducation. Dans ce laps de temps, la psychanalyse s'est profondément enracinée et a modelé le travail des éducateurs au point que sa vision de l'enfant imprègne aujourd'hui la plupart des discours sur l'enfance et occupe la scène médiatique. L'imprégnation est telle que la filiation des idées est souvent perdue de vue. Ainsi, le manque de références sur lesquelles fonder leurs assertions est le point commun de la très grande majorité des articles de la presse parentale. À la rigueur cite-t-on quelques mots d'un « spécialiste » (psychologue, puéricultrice, pédiatre...) pour renforcer le message de l'auteur, qui n'en reste pas moins basé sur ses convictions personnelles. Prenons l'exemple abondamment débattu des discours sur l'allaitement et sur le sevrage, si cher aux puériculteurs contemporains.

Le très médiatique pédopsychiatre français Marcel Rufo estimait ainsi, dans le magazine *ELLE* du 25 avril 2005 : « Je vais encore déclencher une émeute, mais allaiter plus de six mois, quand l'enfant commence à avoir des dents, cela me pose question. Quand le sein a retrouvé sa fonction érotique, il ne se partage pas ! ». De même, Françoise Dolto, célèbre psychanalyste de la deuxième moitié du XXe siècle, également fort médiatisée, voyait dans l'allaitement prolongé un risque pour le développement de l'enfant : selon elle, il faut « castrer la langue du téton pour que l'enfant puisse parler »[9]. La crainte de la toute-puissance de l'enfant, voire de la mère, fait partie également de ces éléments très typiques de la théorie freudienne qui se retrouvent régulièrement, parfois habilement utilisés, dans les discours sur l'éducation des psychologues contemporains. Du côté de la presse psychologique destinée aux parents, le discours des journalistes semble indiquer une grande assimilation sociale de la vision psychanalytique : « [Le] contact très charnel [de l'allaitement] rappelle la fusion parfaite vécue pendant neuf mois. Certaines ont du mal à sevrer leur enfant, et jouent les prolongations pendant un an, voire plus ! Sevrer son enfant, c'est renoncer à ce sentiment de toute-puissance, accepter de déléguer. »[10] Ces discours, potentiellement d'une grande violence pour les mères ayant choisi d'allaiter, leur feront presque redouter les dix plaies d'Égypte, comme si la castration symbolique préconisée était nécessaire pour éviter de créer un être défaillant incapable d'acquérir la parole ou pervers parce que les seins redeviendraient magiquement sexuels passés 6 mois !

Or Freud lui-même ne semble pas si catégorique sur les « risques » engendrés par l'allaitement. Pour lui, le suçotement est le principal moyen employé par l'enfant pour s'autoréguler du point de vue de ses besoins et de ses désirs. Il le définit comme une activité rythmique autoérotique excluant la prise de nourriture. Il ajoute : « Le besoin de renouveler la satisfaction sexuelle se sépare plus tard du besoin de s'alimenter, chose inévitable quand les dents apparaissent et que la nourriture n'est plus seulement tétée, mais mâchée. » Faut-il conclure des propos de Freud que l'apparition des dents du bébé doit signer la fin de l'allaitement ou bien plutôt qu'à ce moment-là, les sources de satisfaction de l'enfant se diversifient ? Quand l'enfant comprend-il que le sein lui est extérieur (dès la naissance nous disent les sciences du développement* !) ? Cette

* Voir le riche ouvrage collectif *L'intelligence de l'enfant* (Sciences Humaines, 2009).

étape doit-elle être favorisée par un comportement parental ou survenir naturellement ? Peut-on imaginer qu'il s'agisse du moment du sevrage naturel ?

Mélanie Klein, psychanalyste britannique d'origine autrichienne, a poursuivi les travaux de Freud. Particulièrement renommée pour sa spécialisation dans la psychanalyse des enfants, elle donne des éléments plus précis quant au sevrage et à ses effets. Il est tout d'abord intéressant de lire qu'elle place le sein et le biberon sur le même plan*[22]. Sans avoir d'opinion arrêtée quant aux effets d'un sevrage tardif, elle estime qu'il semble exister une période optimale vers le milieu de la première année. Mais elle définit aussi le sevrage comme le moment où l'enfant cesse définitivement de téter pour boire dans une tasse. Elle ne se risque donc pas à édicter une date de fin, qui dépend selon elle des besoins spécifiques de chaque enfant, que les parents apprécieront par l'observation. Au regard des préconisations normatives et alarmistes fournies de nos jours par certains spécialistes (thérapeutes, médecins) et membres de l'entourage des parents, cette vision paraît à la fois plus réaliste (le sevrage d'un bébé ne se fait pas du jour au lendemain) et raisonnable : que serait devenue l'humanité s'il suffisait de 6 mois d'allaitement « de trop » pour fabriquer des êtres humains névrosés ?

Parallèlement au succès des théories psychanalytiques en Europe, le début du XXe siècle a vu triompher de l'autre côté de l'Atlantique un type de psychologie basée sur l'observation des comportements : le comportementalisme,

* Elle indique : « La position dépressive arrive à un point culminant au moment du sevrage. [...] À ce stade, le bébé a déjà surmonté des expériences plus primitives de perte, par exemple, quand le sein (ou le biberon) intensément désiré ne réapparaît pas immédiatement, et que le bébé sent qu'il ne va plus jamais revenir. »

ou behaviorisme. Pour ce courant, les comportements ne sont pas le résultat d'états mentaux mais uniquement d'apprentissages. Un comportement sera renforcé ou découragé suivant la réponse qu'il obtient à chaque manifestation*. Par extension, on imagine qu'une intervention éducative adéquate peut permettre de développer des comportements souhaitables chez l'enfant, ce qui fonde aussi les discours concernant les « mauvaises habitudes » à ne pas lui donner. On retrouve cette influence dans les préconisations en faveur du « dressage » à la propreté ou de l'apprentissage de l'enfant à rester seul. Dans les manuels de puériculture on peut lire dès les années 1920, des indications visant à l'acquisition extrêmement précoce de la propreté : « On constate que le nouveau-né urine presque chaque fois qu'on le déshabille […] sachant qu'il va uriner, placez-le dans la position accroupie au-dessus d'un vase de nuit, sur lequel vous lui appuierez les fesses : la miction se produira dans cette posture. Au bout de quelques jours une association puissante se créera dans l'esprit du nouveau-né […] vous l'aurez, dès les premières semaines, rendu propre.[11] ». La gestion des pleurs n'est pas plus tendre et l'idée prédominante est de ne pas prendre l'enfant dans les bras « pour le plaisir ». D'ailleurs, ses cris n'exprimeraient aucun mécontentement réel : « Habituez-vous à supporter les premiers cris du nourrisson, qui n'indiquent pas forcément la souffrance ou la faim : c'est le seul exercice respiratoire que le petit puisse se permettre »[12]. Une antique version du : « Laisse-le pleurer, ça lui fait les poumons ! » dont votre entourage vous a peut-être gratifié.

* Différentes expériences sont menées sur des animaux pour illustrer ce schéma : rats de Skinner, chien de Pavlov. C'est aussi le principe de base de l'accouchement sans douleur, présenté au chapitre 2.

La découverte des microbes, à la fin du XIXe siècle, puis celle des virus dans les années 1940, ne sont pas venues au secours de la proximité parent-enfant. En effet, malgré la prise de conscience grandissante de l'importance de l'hygiène dans le combat contre la mortalité infantile, les moyens médicamenteux permettant de lutter contre les infections étaient encore minces : la meilleure solution restait donc la prévention*. À l'hôpital, où les femmes accouchent de plus en plus, il est déconseillé autant aux mères qu'aux visiteurs de toucher et d'embrasser l'enfant. Dans les années 1950, une affichette est même placée au-dessus du berceau pour rappeler ces règles. Les contacts se veulent donc parcimonieux et ce n'est pas la mise au sein qui sera l'occasion d'un échange prolongé. En effet, si l'allaitement est toujours préconisé, il ne faut pas en abuser : 5 à 10 minutes par sein maximum, disent les manuels de l'époque. D'une part, les dimensions du sein autres que nourricière (câlin, réconfort, détente…) ne sont absolument pas prises en compte ; d'autre part, il semble exister une croyance selon laquelle le progrès scientifique mènerait au bonheur, notamment en prescrivant à tous un optimum biologique mis au jour par la recherche.

Ce n'est qu'à partir des années 1970 que l'on constate un assouplissement des conseils éducatifs, autorisant les parents à consoler l'enfant qui pleure, même en l'absence de cause identifiée. Mais le mal est fait ! Les parents et la presse grand public se sont déjà appropriés le discours psychanalytique et comportementaliste. Ressurgit donc sans cesse la préoccupation d'éloigner mère et enfant sans trop tarder, pour le supposé bien-être de l'enfant ou pour que la mère puisse « redevenir

* Les antibiotiques ne commenceront à être mis au point que dans les années 1950.

femme au plus vite» (comprendre par-là : reprendre une activité sexuelle !). C'est le cas dans cet article en ligne, publié sur le site d'informations Parents Infosbébés, supposé démêler le vrai du faux concernant la pratique du cododo* : « Les pro-cododo soutiennent que ça permet un développement plus harmonieux de l'enfant et que ça peut avoir des bénéfices à long terme. Mais il n'en est rien ! Pour bien se développer affectivement, le bébé a besoin d'un contact charnel avec ses parents dans la journée. La nuit, il n'a pas à être au milieu de la sexualité de ses parents. Le bébé a un corps érotisé, il est envahi de sensations, et dormir contre le corps d'un adulte n'est pas anodin. » De même, dans un roman de 1985**, l'écrivain espagnol José Luis Sampedro décrit le choc culturel vécu par un vieux paysan calabrais qui constate les méthodes éducatives « modernes » employées par son fils adulte avec son petit-fils de 13 mois. Il s'offusque que livres et médecins ordonnent d'exiler l'enfant pour la nuit et tente de convaincre les parents de restaurer une proximité qu'il juge nécessaire au bien-être de l'enfant. Son fils rétorque : « [C'est pour le bien] du petit, naturellement… Je vous l'ai déjà expliqué l'autre jour, c'est pour éviter les complexes. Quelque chose de psychologique, dans la tête. Il ne leur faut pas de fixations affectives, vous comprenez ? Ils doivent se détacher, être libres… C'est compliqué, Père, mais croyez-moi, les médecins en savent plus que nous. »[13]

Or, dans ses propos sur les contacts corporels entre parents et enfants, Freud semble plutôt considérer que les caresses

---

* Le cododo ou co-sleeping est un terme qui regroupe des pratiques variables visant à assurer une proximité du bébé et des parents pendant le sommeil : le bébé peut être placé dans le lit des parents (moyennant le respect de quelques consignes de sécurité), dans une nacelle près de leur lit ou dans un lit spécial arrimé à celui des parents, permettant à chacun de conserver un couchage indépendant.

** Paru en français en 1994 aux éditions Métailié.

maternelles préparent l'épanouissement de l'enfant et sont en ce sens souhaitables : « Le but sexuel de la pulsion infantile consiste à provoquer la satisfaction par la stimulation appropriée d'une zone érogène choisie d'une manière ou d'une autre. Cette satisfaction doit avoir été éprouvée au préalable pour faire naître un besoin de la renouveler, et on peut penser que la nature a pris de sérieuses dispositions pour ne pas laisser cette expérience de la satisfaction au hasard[14]. » Finalement, ne parle-t-on pas ici des soins accordés à l'enfant et de l'importance du contact physique pour éveiller le tout-petit à son environnement, à son autonomie future aussi bien dans l'appréhension de ses limites corporelles que dans sa sensualité ?

Si les théories psychanalytiques ont évolué, depuis les schémas précurseurs de Freud jusqu'à nos jours, son usage aussi. Il semble qu'à présent, on n'utilise plus seulement la psychanalyse comme un outil permettant à l'adulte de décrypter son histoire pour résoudre une situation de souffrance actuelle, mais plutôt comme un prétexte à nombre de conseils éducatifs. Ceux-ci sont supposés prévenir le mal-être futur de l'enfant grâce à l'éviction de tout comportement potentiellement traumatisant d'une part et de tout excès d'attention qui générerait une dépendance de longue durée à ses parents d'autre part. Le psychiatre et psychanalyste français René Diatkine incarne cette tendance et paraît moins affirmé quant à la capacité de la psychanalyse à anticiper les troubles : « le fantasme d'une humanité meilleure, grâce à une éducation transformée par les découvertes psychanalytiques, ne sera jamais complètement liquidé, tant est intense l'illusion [...] que la connaissance est facteur de progrès. Il n'en reste pas moins que la plupart des psychanalystes d'enfants sont aujourd'hui convaincus tant de l'inutilité de l'information sans expérience personnelle, que de l'extrême faiblesse de leurs propres moyens d'action. »[15]. Ainsi, selon cet aveu, on ne peut pas construire de principe général ni guider quiconque sans s'appuyer sur la particularité de sa situation et nul ne dispose de baguette magique ! Et si la psychanalyse devait s'en tenir à un rôle curatif et non préventif ?

Quelques décennies après Freud, c'est notamment le pédiatre américain Fitzhugh Dodson, auteur du best-seller au titre bien mal traduit *Tout se joue avant six ans**, qui viendra réparer les dégâts auprès des parents encore traumatisés par la crainte de trop « gâter » leur enfant. Il dit aux pères : « C'est là une crainte non fondée. Il est impossible de « gâter » un bébé de moins d'un an. Jouez avec lui, serrez-le, cajolez-le, parlez-lui [...] Ces gestes font naître chez votre enfant le sentiment profond et durable d'être aimé et favorisent du même coup la formation d'un concept de soi robuste et confiant. Son sentiment du moi est trop fragile et trop nouveau pour lui permettre de faire face aux frustrations. »[16]

Toutes les idées communes relatées ici, autant par les « spécialistes » que dans la presse grand public, peuvent se résumer par la supposée nécessité d'imposer, par stades, différentes violences considérées comme nécessaires à l'enfant dans le but de le faire grandir : séparation du sein, rupture du contact parent-enfant, éloignement physique la nuit, etc. Françoise Dolto nommait ces étapes des « castrations symboligènes ». Elles véhiculent l'étrange idée que sans intervention adulte, douloureuse de surcroît, l'enfant ne grandirait jamais. Or l'enfant évolue poussé par la volonté d'imiter les personnes de son entourage qu'il a choisies comme modèles : c'est ainsi

---

* Le titre original *How to parent* aurait à la rigueur pu être traduit par « La parentalité » ou « Comment être parent ». Le choix des traducteurs illustre le contenu de l'ouvrage, centré sur les apprentissages des premières années de l'enfant, mais l'auteur n'a pas pour autant voulu dire qu'au-delà de 6 ans, tout était perdu et que l'éducation devenait vaine !

par exemple qu'il finit toujours par devenir « propre », que ses parents l'y poussent tôt ou non*.

Malgré la quantité de références psychanalytiques que l'on retrouve dans les conseils adressés aux parents, cette influence n'est peut-être pas la seule explication à la crainte actuelle de « l'enfant qui ne sera jamais autonome quand il le faudrait », de cet enfant qui ne cesserait de réclamer davantage d'attention, telle une sangsue, aspirant l'énergie vitale de ses parents. D'autres explications nous paraissent devoir être trouvées du côté de notre société de l'urgence et de l'immédiateté, où les acquisitions précoces de l'enfant (autonomie comprise) seraient autant le reflet d'une « bonne parentalité » que le facteur clé d'une future intégration harmonieuse de l'individu dans la communauté.

La recherche d'autonomie, a fortiori analysée selon des critères normatifs, ne reflèterait-elle pas en réalité la crainte d'une individualité trop prégnante et contraire aux besoins sociétaux ?

« Il faut couper le cordon ! » L'autonomie omniprésente

Vous l'aurez peut-être remarqué, tout l'environnement s'extasie devant l'enfant qui semble savoir se détacher très tôt de ses géniteurs : celui qui trouve rapidement ses marques en crèche, accepte facilement les horaires décalés des parents, les

* John Holt, pédagogue américain spécialiste des apprentissages autonomes, rappelle : « Les enfants ont un désir passionné de comprendre tout ce qu'ils peuvent du monde [...] Or, ce désir, ce besoin de comprendre le monde et d'y accomplir des choses [...] est tellement fort que nous pourrions le qualifier de physiologique. Ce besoin est tout aussi puissant que celui de nourriture, de chaleur, de réconfort, de sommeil, d'amour et de sécurité. Au fond, je pense même qu'on pourrait aller jusqu'à dire que ce besoin est plus fort que tous les autres. » (*Les apprentissages autonomes*, L'Instant Présent, 2014).

vacances prolongées chez les grands-parents, qui sait mettre ses chaussures à 2 ans et faire son petit-déjeuner tout seul à 4 ans. L'incitation au détachement parent-enfant semble avoir ancré dans l'inconscient parental la crainte de se voir taxés de parents étouffants, gardant l'enfant dans leur giron pour combler leur propre manque affectif. D'ailleurs, lorsque la séparation à l'entrée en collectivité (crèche ou école maternelle) est difficile, la sentence tombe : « Ce sont les parents qui ne veulent pas couper le cordon ! ». Ce poncif de la parentalité pousse les parents à tout faire pour éviter d'élever un enfant en le rendant dépendant. Depuis le XIXe siècle, la crainte de l'enfant tyran est aussi tapie dans l'ombre. Pour y remédier, une attitude est préconisée : « frustrons-le, habituons-le à se débrouiller seul... et le plus tôt sera le mieux ! » Mais ne nous y trompons pas : tant que le parent est à l'écoute du rythme propre de développement de son enfant, l'autonomie reste un objectif tout à fait positif, une finalité de l'éducation même ! Désirer l'autonomie de son enfant, c'est aussi vouloir le préparer à l'avenir, aux ailes qu'il devra savoir déployer pour mener sa vie d'adulte. Signe de vivacité et d'intelligence, de capacité réflexive et d'esprit critique sur ce qui l'entoure, l'autonomie de l'enfant recouvre des compétences qu'on ne peut que lui souhaiter. Un enfant autonome est souvent une source de satisfaction et de fierté parentale, tant et si bien que la course à la performance n'est jamais loin : « Qu'est-ce qu'il est grand/éveillé/habile/fort pour son âge, vous devez être fièr-e ! » « Elle se mettait debout seule à 7 mois ! », « Il avait 3 semaines quand il a fait son premier sourire ! », « Ma petite-fille de 2 ans et demi peut jouer toute seule pendant des heures ! », « A 18 mois, il adore nous aider à mettre la table ! »

Imaginons aussi la fatigue cumulée des premières années sans sommeil, et sans relais réel, que vivent de nombreux parents. Une fatigue liée au mode de vie où les obligations s'enchaînent et cadencent le quotidien bien avant l'entrée à l'école, et ce d'autant plus que dans de nombreux couples, aucun des deux parents ne peut financièrement se permettre de faire une pause professionnelle prolongée après la naissance de l'enfant. Les différentes formes d'autonomie de l'enfant sont alors attendues comme le Messie et appelées des vœux des parents en plusieurs occasions de la petite enfance : « Vivement qu'il fasse ses nuits ! », « Vivement qu'elle n'ait plus de couches ! », « Vivement qu'on n'ait plus de biberons à laver ! », avant d'être accueillies dans un grand soulagement. Mais lorsque le moment tant attendu arrive, les parents comprennent souvent que chaque âge comporte son lot de contraintes, mais aussi qu'en passant tant de temps à espérer l'après, ils ont peut-être oublié de savourer les moments de bonheur simple que recèle la petite enfance. En effet, quand cesse-t-on vraiment d'être parent et de devoir apporter un soutien à nos enfants ? Nous pourrions faire l'hypothèse que si les parents sont aussi pressés de voir arriver les prémices d'indépendance affective de l'enfant, c'est aussi parce que de trop nombreuses tâches reposent sur leurs épaules, sans bénéfice du partage de la charge que peut apporter la proximité intergénérationnelle ou même une répartition équitable du temps consacré à l'enfant et à la vie domestique dans le couple. À la méfiance envers la grand-mère encouragée par les manuels de puériculture du milieu du XXe siècle, ont succédé les familles géographiquement éclatées. Dans un monde où la mobilité professionnelle est fréquente, les jeunes parents isolés de leur famille comptent majoritairement sur des tiers rémunérés pour garder leurs enfants. L'entrée en crèche ou l'emploi d'un-e assistant-e maternel-le est très souvent un passage obligé pour les parents ayant une activité professionnelle. Si cette délégation de soin apporte un regain de liberté aux parents, elle n'est pas sans nécessiter des ajustements du côté de l'enfant, qui vit parfois mal ces séparations précoces.

Face au désarroi de l'enfant, nombreux sont les psychologues et puériculteurs qui conseillent aux parents d'investir dans un objet « transitionnel » : celui-ci a pour fonction de représenter une présence rassurante, celui du parent en son absence par exemple, auprès de l'enfant. Généralement doux, le toucher et l'odeur de l'objet choisi par l'enfant (doudou, linge ou vêtement avec l'odeur du parent, objet provenant de la maison) l'aident à conserver un sentiment de contrôle, à calmer l'angoisse de la séparation ou à combler le manque de contact à un moment clé dans l'absence (endormissement par exemple). Son importance dans la société occidentale a été relevée par le psychiatre D. Winnicott : si tous les enfants occidentaux n'y ont pas recours, l'usage d'un objet transitionnel est encore plus rare dans d'autres sociétés*. Si l'on peut concevoir qu'il soit devenu nécessaire dans nos sociétés occidentales, où la séparation précoce est fréquente et banale, il est intéressant de constater que là aussi, une certaine forme de contrôle règne : le doudou qui devrait, par définition, être choisi par l'enfant et mobilisé lorsque celui-ci en a besoin, est devenu un objet à fort enjeu commercial, choisi par la famille en amont de la naissance et installé aux côtés de l'enfant dès les premiers jours. Ainsi, en s'éloignant

* « … dans la culture sénégalaise traditionnelle, le petit enfant passe son temps sur le dos de sa mère […]-l'attachement est donc « dilué », le bébé passant de bras en bras, de dos en dos. Là où le petit Européen possède une chambre à lui, ses vêtements, […] son espace, […] l'enfant africain, lui, est entouré de visages, de bras, de chansons, de toucher et dans ce contexte il trouvera le sommeil […] si l'enfant s'éloigne de sa mère, c'est d'abord pour rencontrer d'autres personnes plutôt que des objets. » Extrait de Rabain Jean-François, « Le doudou, ça n'existe pas », *Spirale*, 3/2007 (n° 43), p. 19-25.

de l'objectif d'adaptation aux besoins de chaque enfant, nous instituons une nouvelle norme dans laquelle l'enfant sans doudou, faisant désormais figure d'exception, est contemplé avec circonspection.

Et si le doudou ne suffit pas à sécuriser les moments de séparation, les « rituels » sont là pour venir au secours des parents désemparés ! Préconisés pour accompagner le moment du coucher (histoire, berceuse, câlin) ou rythmer plus globalement la journée de l'enfant (heure du repas, heure du bain), ils sont censés lui offrir des repères temporels et matériels sécurisants, nécessaires à son adaptation à la vie *ex utero*. Mais certains auteurs estiment que les rituels créent une dépendance affective vis-à-vis de l'environnement (l'endormissement fonctionne bien mais seulement dans telle pièce, avec tel objet, telle personne, telle odeur…). Alors que reste-t-il aux parents comme solution ?

On rencontre fréquemment la tétine – ou le pouce – dans le rôle de pacificateur pour l'enfant. Geneviève Delaisi de Parseval et Suzanne Lallemand retracent à ce sujet les sentiments et préconisations ambivalentes des parents et des puériculteurs, ces derniers étant particulièrement loquaces à ce sujet. En effet, si la sucette est appréciée tant par celui qui la donne, l'adulte, que par celui que la reçoit, le bébé, « son usage, réel ou redouté, a mis les auteurs dans des états allant de la transe hystérique à la tolérance agacée en passant par la colère, la menace ou le mépris[17] ». D'abord rejetée pour son redoutable manque d'hygiène, elle est ensuite accusée d'impacter la santé de l'enfant*

* « … ce petit objet devient responsable de l'aérophagie du bébé […] de sa fatigue […] de la déformation de sa mâchoire, enfin de sa mort par risque d'étouffement. » *in L'Art d'accommoder les bébés*, Odile Jacob, 2001, p. 125. On retrouve l'idée de la « mauvaise habitude » : la sollicitude des puériculteurs à l'égard des enfants serait touchante si elle ne semblait confiner à l'obsession de dressage.

avant d'être fréquemment jugée « malsaine », sans que les puériculteurs n'expliquent jamais pourquoi. Pourtant, le besoin de succion du nourrisson a progressivement été reconnu. L'usage de la sucette finit par être toléré dans des cas de figure si drastiquement détaillés que l'on en vient à se demander si les donneurs de conseils ont jamais approché un jeune enfant : en cas d'allaitement, la sucette est d'abord généralement déconseillée[24] afin de prévenir toute confusion avec le sein, elle est ensuite conseillée pour favoriser la séparation mère/enfant (ce qui vaut souvent un « tu n'es pas sa tétine ! » péremptoire aux mères allaitantes…), tout en insistant pour que les parents n'y aient recours qu'à l'endormissement ou lorsque l'enfant est anxieux ou a mal. Elle est ensuite condamnée lorsque l'enfant commence à parler, par crainte qu'elle n'entrave l'apprentissage du langage – bien que ce lien puisse paraître « logique », aucune étude ne l'a jamais prouvé. On aimerait ainsi la voir disparaître autour de 2 ans… On en veut pour preuve la façon dont elle est considérée à l'entrée à l'école (« tu n'es plus un bébé, tu n'as plus besoin de ta tétine, il va falloir la laisser à la maison ! ») tandis que le doudou y est plus facilement admis. Elle est particulièrement emblématique des paradoxes de la puériculture et de sa volonté de contrôle. Il faut dire qu'encore aujourd'hui, la sucette a mauvaise presse dans l'imaginaire collectif. On lui attribue la fonction de « bouchon à bébé », servant à faire taire l'enfant lorsque ses cris ou revendications sont indésirables. Certains pédiatres alertent sur cette vision de la tétine comme solution de facilité* : cet objet extérieur peut faire cesser les pleurs sans prendre le temps d'un contact. Ils redoutent ainsi une dérive éducative où l'on conférerait à un objet la fonction

* Voir par exemple l'article de la pédiatre Nathalie Boige, dont l'analyse est basée sur son observation en consultations : Boige Nathalie, « De l'objet transitionnel à l'addiction ? Regard d'un pédiatre », *Spirale*, 2/2002 (n° 22), p. 77-88.

rassurante qui devrait être celle de la figure d'attachement : inscrire l'usage des objets transitionnels dans la durée pourrait ainsi être considéré comme symptomatique d'une faille dans la relation parent-enfant… à l'échelle de la société ! L'hostilité du corps médical semble donc trouver sa source dans la crainte que tous ces objets « de remplacement » n'aboutissent à une certaine forme d'abandon affectif de la part des parents. On peut aussi se demander si, dans l'injonction à bannir la sucette comme à encadrer l'usage du pouce, il n'y a pas une tentative de prévenir le plaisir solitaire qu'en tirerait l'enfant, en dehors de tout contrôle par l'adulte. Pourtant, l'enfant agissant seul, n'est-ce pas là un signe de l'autonomie tant espérée ? Surtout pas ! Il ne faudrait pas non plus que cela soit laissé à sa libre appréciation : canalisons l'enfant !

Depuis la prime enfance jusqu'à un âge avancé, nombre d'articles de puériculture et de jeux proposent d'améliorer ou d'encourager l'autonomie de l'enfant. Tapez « autonomie » sur un catalogue de jouets en ligne et observez le résultat : jeux d'imitation (bricolage, cuisine, jardinage), semainier, veilleuses nocturnes, lavabo d'apprentissage, CDs de comptine, étagères, tricycle… Les boutiques ont truffé la description de leurs produits de la mention « autonomie », qui orne par ailleurs nombre de packagings : le concept fait rêver les parents et le marketing l'a bien compris !

Si l'idée de fournir à l'enfant des supports permettant d'étayer ses acquisitions est séduisante, n'oublions pas qu'il n'est pas un adulte miniature et n'en possède, dès ses plus jeunes années, ni les compétences, ni les schémas conceptuels. L'enfant a sa propre façon de se percevoir et de percevoir le monde, modelée par un rapport à son environnement libéré des contingences matérielles et entièrement tourné vers les apprentissages… à tel point que la spécialiste de la psychologie du développement Alison Gopnik[18] estime pertinent de le décrire comme « une autre espèce d'être humain ». Pourtant, en tant que parent, il est aisé de perdre de vue cette différence non de valeur, mais bien de nature. Par exemple, considérer que l'enfant pleure pour « manipuler » son donneur de soins revient à calquer sur lui les modes de pensées d'adultes. De même, l'adulte désemparé peut finir par se sentir agressé par l'enfant ou interpréter la persistance des pleurs comme autant de reproches à ses compétences parentales, ce qui conduit parfois à des situations de maltraitance. Les puériculteurs ne sont pas en reste sur le sujet et pratiquent l'« adultomorphisme » décomplexé : « plutôt que d'essayer de comprendre le bébé en l'observant, ils procèdent par amalgame et « mettent » l'enfant à leur place, lui prêtant leurs propres sentiments, comportements, activités. Ainsi, nous verrons les nourrissons avoir des préoccupations syndicales et professionnelles, une vie mondaine, etc. »[17] C'est le cas lorsqu'on estime que l'aîné est « jaloux » de l'arrivée du cadet (il est surtout déboussolé par les bouleversements matériels, les éventuelles séparations d'avec sa mère, et le soudain changement de centre d'attention), que l'enfant fait « exprès » de ne soudainement plus vouloir boire seul son biberon (là où il tente peut-être d'exprimer une angoisse, ou de témoigner d'un besoin de proximité), qu'il fait « payer » son absence à un proche en refusant de l'embrasser (quand il l'a peut-être tout simplement oublié, la capacité de mémorisation se construisant progressivement), etc. La conséquence de cela, c'est qu'avoir des attentes d'adulte concernant le comportement d'un enfant ne peut qu'amener les parents à être déçus. En plus de la fatigue initiale, ils peuvent alors ne pas se sentir « récompensés » de leurs efforts car l'enfant, qui savait mettre ses chaussures seul hier, refuse à présent de le faire. Ce type de « régression », très fréquente, en est rarement une et reflète plutôt le fait que l'apprentissage n'est pas un processus linéaire.

« Il le fait exprès ! »

Partant du constat que la majorité des enfants ont des comportements similaires à des âges donnés, la psychologue Isabelle Filliozat s'est interrogée : « Dès lors qu'un comportement semble si répandu, puis-je encore l'interpréter comme une manipulation dirigée contre moi ?[19] » Les neurosciences proposent actuellement une interprétation du comportement des enfants en lien avec la maturation de leur cerveau. L'un des objectifs est de proposer aux adultes une relecture des réactions des enfants grâce à la compréhension de leurs besoins de base et de leur perception spécifique du monde, bien différente de celle des adultes. Ainsi, entre les malentendus et les attentes parfois inadaptées à l'âge de l'enfant, les situations de crise affleurent vite ! Depuis que l'on sait que les apprentissages ne consistent pas en un cumul d'informations à faire entrer de façon continue dans le jeune cerveau, on comprend mieux que chaque nouvelle acquisition vienne questionner la précédente et que son assimilation puisse temporairement reconfigurer les modèles internes de l'enfant (il savait se moucher à 15 mois mais n'y arrive plus à 18 mois) ou encore inhiber l'apprentissage précédent*.

* Dès le début du XXe siècle, le psychologue suisse Jean Piaget mettait en lumière les « jalons de l'enfance ». Il expliquait que la prise de conscience de sa pensée ou de sa capacité nouvelle par l'enfant peut aussi générer des réactions inattendues : en effet, l'enfant rééquilibre les structures de son intelligence lorsque la résolution d'un problème n'est plus assimilable à un problème connu et par adaptation permanente à son environnement, lui-même mouvant.

La tendance des puériculteurs à considérer que tous les enfants se développent au même rythme peut aussi conduire à une erreur dans l'appréciation du développement des enfants. Il faut dire que même si les sources d'information, en particulier numériques, sont aujourd'hui plus variées que jamais, c'est bien souvent un enfant normé qui y est décrit, pris en charge par un parent type. La singularité de l'enfant se perd dans la multiplication des indicateurs qui servent à le définir (nombre de millilitres de lait bus par jour, nombre de couches mouillées, tenir assis à 6 mois, marcher vers 12 mois, tant de grammes pris par mois à reporter sur la courbe…) tandis que les parents sont avalés dans une masse indistincte où tous adopteraient le même schéma de vie et d'affect : Monsieur aurait des horaires de travail exigeants, Madame aurait envie de prendre un congé parental pour voir grandir son enfant, Monsieur attendrait avec impatience la reprise d'activité sexuelle post-accouchement, Madame aurait besoin de temps pour soigner son apparence… On sait combien l'enfant doit mesurer et peser à 7 mois de vie ou quel doit être son développement psychomoteur. Mais on ignore tout ou presque de son développement affectif et émotionnel. Encore plus importants et méconnus semblent être les grands décalages qui existent souvent entre la capacité cognitive de l'enfant à exécuter une tâche et sa capacité émotionnelle à en gérer les tenants et aboutissants. Par exemple, un enfant de 4 ou 5 ans qui sait préparer et prendre son petit-déjeuner de façon autonome pourra pourtant se sentir totalement désemparé de se retrouver seul au moment d'effectuer cette tâche, ou aura tendance à paniquer s'il renverse du lait, bien qu'il sache théoriquement comment l'éponger.

Concrètement, notre société postindustrielle semble pétrie du principe que tout, à commencer par les comportements humains, peut se mettre en équation. Entre les attentes des parents au bout du rouleau et celles sous-jacentes des normes sociales, tout se passe comme si on comptait sur un procédé magique pour résoudre le « problème » de la dépendance infantile : comme si traiter son enfant comme un être autonome dès ses premières semaines allait de fait le rendre tel. Une méthode qui relève finalement plus du conditionnement (« à force d'être traité ainsi, tu vas t'y habituer et tu sauras t'en accommoder plus tard ») que de l'étayage (« je te protège et t'accompagne le temps que tu sois capable de faire ou de gérer cela par toi-même »). Cela revient à nier la réalité du développement de l'enfant, c'est-à-dire à présupposer qu'il maîtrise, dès la naissance, cela même qu'il doit apprendre, et revient aussi à voir dans la résignation de l'enfant la seule voie d'accès au bonheur. Ainsi, à l'attachement dit de « sélection naturelle » (le lien parent-enfant ayant pour but de maximiser les chances de survie de l'enfant) aurait succédé un attachement de « sélection culturelle » : nous élèverions des masses de jeunes individus auxquels nous appliquerions force contraintes dès leur plus jeune âge, pour que ne survivent que ceux au comportement le plus adéquat à leur société de référence ! Course à l'efficacité, excès des demandes du milieu du travail, tout semble faire obstacle aux moments passés en famille, qui permettraient aux parents de prendre le temps nécessaire à un accompagnement favorisant l'observation plutôt que la sujétion : « les individus plus vulnérables et qui demandent incidemment plus de soins et d'attachement, comme les enfants ou les parents malades ou vieillissants, semblent désormais perçus comme des poids. Les jeunes adultes bien portants doivent les confier pendant qu'ils vont travailler[20] », explique la chercheuse en psychopédagogie canadienne Stéphanie Leblanc. Tout ce qui génère un haut niveau de stress, de fatigue et d'irritabilité chez les parents ne peut pas leur laisser beaucoup de temps et de ressources disponibles pour construire sereinement les relations nécessaires à un attachement sécure des plus jeunes.

Donald W. Winnicott semble disposer de la clé de compréhension de l'articulation attachement/autonomie, lorsqu'il confie: « Cette chose qu'on appelle un nourrisson n'existe pas ». Jugeant que le nourrisson et les soins maternels (ou ceux de la figure d'attachement principale) forment une unité, il ajoute: « chaque fois qu'il y a un nourrisson, on trouve des soins maternels et [...] sans soins maternels, il n'y aurait pas de nourrisson. »[21] Mais la tâche du parent n'est décidément pas simple: partant de la réponse aux besoins d'un enfant totalement dépendant à sa naissance, il doit l'accompagner jusqu'à lui permettre une autonomie à l'âge adulte (voire un peu avant). Il est essentiel d'admettre que de nombreuses étapes sont nécessaires entre ces deux états et l'on pourrait ajouter que l'éducation, et la promotion de l'autonomie enfantine en particulier, gagnerait à privilégier « l'humilité du chercheur, de l'observateur qui s'incline devant les faits au lieu d'imposer des points de vue personnels, moraux ou idéologiques, qui vont à l'encontre de l'observation de la réalité.[21] »

Or on note une certaine contradiction à vouloir hâter l'individuation (autonomie) tout en niant l'individualité (attentes comportementales normées). Souhaite-t-on voir grandir des enfants standardisés ou des enfants sécurisés, sereins, qui feront bénéficier la société de la singularité qu'ils auront réussi à développer? En ce sens, le meilleur axiome vers une autonomie fidèle à la progression de l'enfant n'est-il pas celui préconisé par la célèbre pédagogue et médecin italienne Maria Montessori: « Apprends-moi à faire seul »? Plutôt qu'une vision de l'autonomie comme compétence de l'enfant gagnée à la sueur de la pression parentale, elle pourrait plutôt se faire jour au moment opportun indiqué par l'enfant. Pour l'identifier, la confiance des parents dans le désir inné de l'enfant d'apprendre est fondamentale. Elle permet, grâce à une écoute des demandes effectives de l'enfant (en mettant au second plan nos projections parentales), d'identifier sans lui en vouloir les moments où il n'est véritablement pas prêt à se lancer puis d'entendre ses réelles demandes d'autonomie et d'y répondre sans crainte. Certaines approches éducatives considèrent en effet qu'il n'est pas nécessaire d'avoir une action interventionniste et une posture d'enseignant pour que l'enfant apprenne (au risque d'ailleurs de contrecarrer son élan). Il suffirait de lui laisser champ libre dans ses expérimentations et d'accompagner sa curiosité pour le voir appréhender le monde et faire des efforts toujours plus grands pour le comprendre : c'est ce que préconisent les partisans des apprentissages autonomes, comme John Holt dans son livre éponyme (*Les apprentissages autonomes*, L'Instant Présent, 2014).

Car le seul expert de son développement et de sa capacité à l'indépendance, c'est bien cet enfant-là, dans cette situation-là, avec ce parent-là.

En bref

- Le bébé naît particulièrement immature d'un point de vue biologique. Pour que son cerveau poursuive un développement harmonieux, il a besoin d'un contact rapproché et fréquent avec un autre être humain dont le corps constitue son habitat *ex utero*.
- Bénéficier d'une figure d'attachement permet au jeune enfant de construire sa sécurité de base : les interactions sociales et les soins réguliers d'une personne identifiée lui sont aussi vitaux que la nourriture et le sommeil.
- L'idée que l'enfant a des besoins spécifiques et distincts de ceux de l'adulte s'est construite au fil des siècles, entre évolutions sociétales et découvertes scientifiques.
- Psychanalyse et béhaviorisme sont deux courants de pensée du début du XXe siècle qui ont fortement imprégné les discours

grand public sur l'éducation. Les découvertes ultérieures en psychologie, éducation et neurosciences ont contribué à les faire évoluer et à en montrer les limites ou les mauvais usages qui en sont parfois faits.

- Si l'autonomie, ou indépendance de l'enfant, est l'une des finalités de l'éducation, son désir forcené peut aussi refléter l'épuisement éprouvé par les parents d'aujourd'hui. L'omniprésence des objets transitionnels en est aussi le symptôme.
- L'enfant n'est pas un adulte miniature : il a une perception propre de la réalité. Son développement est dépendant à la fois de processus internes (maturation du cerveau) et de processus externes (interaction avec son environnement). Il est « programmé » pour apprendre.

CHAPITRE 4

Les nouveaux pères sont-ils de meilleures mères ?

Vous avez essuyé pendant des semaines le vomi à la commissure de ses lèvres, vous avez lacé ses souliers alors qu'elle n'apercevait plus ses pieds, le « toucher haptonomique* » n'a plus de secret pour vous, vous vous êtes émerveillé de la beauté du réseau veineux du placenta encore tout chaud, vous avez accueilli sur votre torse velu votre nouveau-né de quelques heures, vous adorez le masser, l'embrasser, le chatouiller, le bercer… Ne seriez-vous pas un de ces « nouveaux pères » que l'opinion publique fustige autant qu'elle les célèbre ?

Car le « nouveau père », c'est d'abord celui qui incarne l'espoir de construire une société plus égalitaire entre femmes et hommes où chacun définirait son rôle parental librement,

* Faisant référence à l'haptonomie, une pratique thérapeutique basée sur le toucher parfois proposée en tant que « préparation à la naissance » et réputée favoriser le rôle du père.

mais aussi une société moins violente, libérée d'une autorité paternelle basée sur la crainte et les punitions. Cependant, ces « nouveaux pères » sont aussi pointés du doigt par tout un courant éducatif conservateur qui voit dans cette réinvention du rôle paternel un abandon de valeurs ancestrales vues comme universelles. Par leur attitude « maternante », les « nouveaux pères » détruiraient la (vraie) place des pères en brouillant les limites d'avec celle des mères, tout en révélant le vrai visage d'une société profondément parricide. Le polémiste réactionnaire Éric Zemmour est représentatif de ce courant. Dans son essai *Le suicide français* (Albin Michel, 2014), il attribue à peu près tous les maux de notre époque à une prétendue déchéance du père de sa « puissance ». Pour lui, « l'homme est devenu une mère comme les autres ». Mais ne nous y trompons pas, si le propos d'Éric Zemmour semble caricatural, la bouffée nostalgique qui l'accompagne se retrouve sous des formes à peine plus édulcorées dans les propos de nombreux éducateurs à bien plus large audience. Le très médiatique psychiatre Marcel Rufo exhorte par exemple régulièrement les pères à investir plus pleinement le rôle que leur assigne la théorie psychanalytique : celui de permettre à l'enfant « d'accéder au monde » en le « défusionnant » de sa mère. Un ordre des choses que viendraient bouleverser les pratiques de « maternage » des « nouveaux pères » : « [Le père] doit être le tiers séparateur. Il a un rôle à part, ce n'est pas une deuxième mère. »[39] Le célèbre pédiatre Aldo Naouri ne dit pas autre chose lorsqu'il regrette l'avènement de l'égalité des droits entre père et mère : « Pendant des milliers d'années, un équilibre [...] était établi entre le père et la mère. La mère, du fait de la gestation, avait un rapport privilégié à son enfant, mais la place du père dans le tissu familial était soutenue par la société. Cet équilibre a été supprimé par la société en faveur de la coparentalité [...]

Ce que la société a proposé au père n'est ni plus ni moins que de devenir une deuxième mère. »[40]

Aussi protéiformes que soient ces récriminations passéistes, toutes cristallisent leur colère sur une même période : les années 1970 et ses mutations culturelles et sociales. Dès lors, plusieurs questions se posent : La « nouvelle paternité » est-elle vraiment un phénomène si récent ? Existe-t-il un modèle « naturel », biologiquement déterminé de la paternité humaine ? À quoi ressemble la figure paternelle que ces mouvements conservateurs regrettent ? Peut-elle seulement prétendre à l'universalité ?

Les pères, c'est plus ce que c'était : 2 000 ans de nouveaux pères ?

Un petit tour sur l'outil d'analyse linguistique N-gram* nous apprend que l'expression « nouveau père » est née dans le courant des années 1970 avant de connaître un succès fulgurant. Par cette expression nouvelle, les pères ont pu exprimer à quel point ils ne se sentaient pas pères de la même façon que leurs pères. Quelles mutations sociales ont conduit à conceptualiser ce qui n'aurait pu rester qu'un sentiment transgénérationnel somme toute banal ?

Remonter les siècles pour examiner les différents visages de la paternité en France depuis deux millénaires, voici l'important travail qu'ont entrepris les historiens Jean Delumeau et Daniel Roche au début des années 1990[1]. Leur histoire des pères commence vers l'an zéro avec le modèle romain du *pater familias* (père de famille) qui régnait sur sa famille

---

* N-gram analyse la fréquence des mots dans les données textuelles numérisées sur Google Books (books.google.com/ngrams).

grâce à la *patria potestas* (puissance paternelle). On aurait en fait pu parler de « toute puissance » tant les prérogatives des pères étaient alors étendues : le lien biologique n'étant d'aucune importance, le père pouvait, selon son bon vouloir, faire (ou non) ses fils des enfants qu'il avait engendré, mais aussi adopter tout aussi librement ; il avait droit de vie et de mort sur ses enfants, pouvait les vendre comme esclaves, les prostituer ou les abandonner ; tous étaient soumis à sa volonté pour se marier ou s'établir, tandis que son pouvoir ne cessait qu'avec sa mort. Les deux mille ans qui suivirent s'apparentent donc peu ou prou à une lente redistribution de ces pouvoirs démesurés, abusifs et despotiques.

Dès le IVe siècle, l'influence de la chrétienté vient pour la première fois limiter la puissance paternelle. Désormais la volonté du père ne suffit plus : seuls pourront être « légitimes » les enfants « que les noces désignent », poussant ainsi les concubins au mariage et stigmatisant les enfants adultérins et incestueux. De la même façon, le père n'est plus autorisé à vendre, prostituer ou abandonner ses enfants ; qu'il les reconnaisse ou non comme siens, il doit « les aliments » à ceux qu'il a engendrés. Une nouvelle étape est franchie au XIIe siècle lorsque le droit canon catholique remplace le droit romain : la fidélité entre époux devient la base de la société et le contrôle institutionnel sur la vie privée s'accroît encore, puisque seul le mariage légitime désormais la copulation. C'en est fini de la paternité à la romaine, le « nouveau père » chrétien est une sorte de modèle réduit, à l'échelle intrafamiliale, de ce que « Dieu, le père » représente pour la communauté des chrétiens. Celui-ci est alors investi d'une nouvelle mission : dispenser l'éducation chrétienne à ses enfants.

La Renaissance amène une nouvelle figure paternelle : celle du père éducateur et du père spirituel. Devenu prépondérant, le devoir d'éducation rencontre la pensée humaniste et donne lieu à la publication de nombreux traités de pédagogie directement adressés aux pères. Dans ceux-ci, le « mauvais » père est avare, indifférent, irresponsable, laxiste ou encore, dirait-on aujourd'hui, démissionnaire ; au contraire le « bon » père s'illustre par sa maîtrise de lui-même et de ses émotions, il est doux et souriant, honnête, juste et ferme*. Pour les humanistes, le père est le meilleur des éducateurs pour son enfant** : il lui montre l'exemple à suivre et le connaît mieux que quiconque. De ce fait, est battue en brèche l'idée populaire d'origine biblique*** selon laquelle le devoir d'éducation paternelle s'exprime d'abord par le devoir de « correction »****, c'est-à-dire le devoir de punir et battre son enfant pour ne pas qu'il soit « gâté ». Bien au contraire, les humanistes recommandent au père d'être attentif à son enfant dès la naissance et non plus seulement à partir de l'âge de raison. Dans les faits, la très forte mortalité infantile, conjuguée aux mœurs pudiques de l'époque, tenait généralement les pères à l'écart des nourrissons. Distance ne signifiait pas pour autant désintérêt et inaction : c'était au père que revenait la charge de veiller à ce que, de

---

* Pour avoir une idée de ces manuels d'éducation, voir en particulier l'essai de Montaigne intitulé *De l'affection des pères aux enfants* », disponible sur Gallica (gallica.bnf.fr).

** Il faudrait plutôt en réalité ne parler que des fils plutôt que des enfants : l'éducation des filles, souvent beaucoup plus sommaire, relevait généralement des mères.

*** Le célèbre proverbe « Qui aime bien châtie bien » est tiré du *Livre de l'Ecclésiastique*, chapitre 30 verset 1, et évoqué également dans l'Épître aux Hébreux : « Car le Seigneur châtie celui qu'il aime, et il frappe de la verge tous ceux qu'il reconnaît comme ses fils » (Hébreux 12 verset 6).

**** À cette époque circulent déjà de nombreuses histoires destinées à mettre en garde les parents qui n'auraient pas assez battu ou puni leurs enfants, très semblables à certains *hoax* qu'on peut lire de nos jours (tels que « Condamné à mort, il écrit une lettre à sa mère, le contenu de la lettre vous fera bien réfléchir », sur buzzstory.info).

la conception de l'enfant à sa naissance, sa propre conduite comme celle de son épouse soient conformes aux croyances religieuses et médicales de l'époque, propres à faire naître un enfant en bonne santé[41].

Le XVIIIe siècle et ses « Lumières » ne tardent pas à induire de nouvelles mutations : souvent considérée comme l'« âge d'or » de la paternité, cette époque n'en nourrit pas moins de nombreux questionnements. Le célèbre *contrat social* de Rousseau vient ainsi interroger la microsociété qu'est la famille, et redéfinir les liens entre ses membres : la famille est alors vue comme « une institution provisoire fondée sur la protection temporaire dont l'enfant a besoin et destinée à se dissoudre au moment où parents et enfants rentrent tous également dans l'indépendance »[1]. La « puissance paternelle » ne serait donc plus illimitée dans le temps, mais prendrait fin naturellement à la majorité de l'enfant. De même, la tendresse des parents et la reconnaissance des enfants deviendraient le nouveau ciment de la famille en lieu et place du pouvoir et de l'obéissance. Le « nouveau père » des Lumières est donc plus familier, plus paisible, il fait usage de la raison et incarne le mérite*.

Durant la courte mais intense période qui s'étend du serment du Jeu de paume (en 1789) à la chute de Robespierre (en 1794), la volonté d'en finir avec les valeurs de l'Ancien Régime met à mal les pères : il faut abolir les anciennes valeurs, dont l'autorité paternelle fait éminemment partie. Cette déstabilisation, légitime au nom des idéaux révolutionnaires, n'en fragilise pas moins une société dans laquelle la paternité

* Une illustration de ce renouveau se trouve dans *L'école des pères* de Nicolas Edme Restif de La Bretonne dont le contenu aura été approuvé par le roi et la reine, preuve de son inclusion dans les représentations de l'époque (consultable sur gallica.bnf.fr).

constituait encore, pour le meilleur et pour le pire, une base solide. C'est l'avènement du Code civil napoléonien en 1804 qui restaure finalement, par la voie législative, le prestige de la fonction paternelle, dans la droite ligne de l'héritage romain dont Napoléon Bonaparte se revendique. On retrouve ainsi le père investi de nombreux pouvoirs du *pater filias* : il est de nouveau tout-puissant pour prendre les décisions concernant sa famille, il détient le droit de garde des enfants, le droit de correction, et la possibilité de répartir son patrimoine entre ses enfants comme bon lui semble. Le mariage civil, forme laïcisée du mariage religieux, consacre de nouveau le père dans son rôle sacré.

Après la révolution citoyenne, c'est la révolution industrielle du XIXe siècle qui va amener une nouvelle mutation de la paternité. Le « nouveau père » de la révolution industrielle est d'abord et surtout absent, pour des périodes plus ou moins longues, car occupé par son labeur. Avec les longues journées d'usine, les migrations temporaires pour cause de recherche d'emploi (ou en raison des mobilisations militaires), les familles se réorganisent pour faire face à cette absence : la mère devient l'élément stable de la famille. C'est le début du modèle que l'on tient de nos jours pour classique où coexistent la figure de la femme au foyer et celle de l'homme travailleur absent. Un partage des tâches en découle : à la femme le dedans, à l'homme le dehors. Du fait de cette absence paternelle, les fils renoncent à embrasser la profession des pères, qui réciproquement, délèguent à l'école gratuite et laïque, la toute nouvelle obligation d'instruction de leurs fils. Au cours du XIXe siècle s'exprimera aussi la volonté de l'État d'intervenir à l'intérieur des familles au nom du bien commun, et en particulier, en faveur de la protection de l'enfance*. Une

* Voir notre introduction.

série de lois illustrent ce transfert de la responsabilité du père à l'État: la loi du 22 mars 1841 contre le travail des enfants dans les manufactures[2], la loi du 7 décembre 1874 contre la mendicité enfantine[3], la loi Roussel du 23 décembre 1874 sur le droit de regard de l'État sur les enfants placés en nourrice[4], la loi du 25 juillet 1889 sur la déchéance de la puissance paternelle en cas de mauvais traitements[5], la loi du 21 avril 1898 contre les mauvais traitements infligés aux enfants (coups, privation de soins, abandon, don ou vente au profit de cirques)[6], et le 30 octobre 1935 le décret-loi abrogeant le droit de correction paternelle (qui incluait le droit de faire emprisonner l'enfant sur simple déclaration).

Les mutations culturelles des années 1970 ont permis l'émergence de ce que les sociologues nomment la « démocratie familiale », achevant par-là d'appliquer au sein des foyers les valeurs de la démocratie républicaine. Cette démocratie familiale implique une égalité et liberté des personnes: des pères et mères en premier lieu, mais également aussi de façon partielle et au regard de leur maturité, des enfants*. La transcription juridique de ces mutations fut importante: passage de la « puissance paternelle » à « l'autorité parentale »[7], mais aussi accession des femmes aux droits à l'IVG et à la contraception**, abaissement de la majorité de 21 à 18 ans[8] et rétablissement de la possibilité de divorcer par consentement mutuel (et non plus seulement pour « faute »)[9].

---

* En vertu de l'article 12 de la Convention Internationale des Droits de l'enfant de l'ONU de 1989 ratifiée par la France « les opinions de l'enfant étant dûment prises en considération eu égard à son âge et à son degré de maturité. » D'autres auteurs estiment qu'il faudrait aller plus loin dans l'égalité entre parents et enfants, c'est le cas d'Yves Bonnardel dans son récent ouvrage *La domination adulte* (Myriadis, 2015).

** Voir le chapitre 1.

Aujourd'hui, être père n'est ni complètement une affaire de gènes, ni complètement une affaire de volonté : on peut devenir père en adoptant un enfant né en dehors de son couple ou celui de sa ou son conjoint-e, on peut devenir père de son plein gré en reconnaissant à la naissance l'enfant de sa compagne qu'il soit ou non adultérin, tout comme il arrive qu'on devienne père « contre » sa volonté, par exemple dans le cas où une action de recherche en paternité* confirme le lien biologique entre un homme et son enfant. Depuis l'adoption en 2013 de la loi ouvrant le mariage aux couples de même sexe[10], un enfant peut également voir sa filiation reconnue avec deux pères, ce cas de figure pouvant également se rencontrer dans une certaine mesure dans le cas de l'adoption simple d'un enfant par son beau parent**.

Ainsi, on prend la mesure des nombreuses mutations que la paternité a pu connaître en deux millénaires, on constate à quel point le contexte idéologique et social a pu modeler et remodeler cette fonction. Quelle figure paternelle perdue faudrait-il dès lors pleurer et regretter ? Le père romain despotique et tout-puissant ? Le père chrétien, austère et sévère ? Le père de la Renaissance, éducateur et patient ? Le père des Lumières, irréprochable et affectueux ? Le père de la révolution industrielle, admiré mais absent ? Si les figures du père sont si changeantes, si multiples, faudrait-il alors chercher dans les déterminismes biologiques une trace d'un éventuel comportement paternel universel ?

Il faut bien reconnaître que les idées populaires sur ce qu'est « naturellement » un père sont légion ! Ces idées communes,

* En pratique, une telle recherche ne peut aboutir que si le juge du tribunal de grande instance l'autorise et à condition que l'enfant n'ait aucune filiation établie avec un autre homme.

** L'adoption simple permet à l'enfant d'adjoindre à sa filiation initiale la filiation de l'adoptant et en particulier, de pouvoir hériter de ce dernier.

nous les connaissons tous: il n'existerait pas dans la nature «d'instinct» paternel (contrairement à l'instinct maternel auquel tous s'accrochent farouchement), les hommes trouveraient les nouveau-nés ennuyeux, bruyants et malodorants. Persiste aussi l'idée selon laquelle les mâles n'auraient «naturellement» comme seul but que de disséminer leurs gènes le plus largement possible, en réduisant à néant tout concurrent potentiel, en multipliant les partenaires sexuelles et en décampant dès qu'un rejeton pointe le bout de son nez pour poursuivre leur quête insatiable. Dans ce contexte, les comportements paternels des «nouveaux pères» ne seraient qu'une coquetterie moderne, qu'un «comportement maternel fourni par le mâle» renforçant du même coup le vieux préjugé selon lequel seuls les comportements maternels seraient «naturels».

Conscient du colossal ancrage de ces idées reçues sur la «nature» de la paternité qui s'étalent depuis la presse spécialisée destinée aux parents jusqu'aux débats politiques, le biologiste et spécialiste de l'écologie comportementale Frank Cézilly, dans un livre paru en 2014[11], a analysé sous tous ses angles le comportement paternel chez les animaux pour en montrer la diversité et les enjeux du point de vue adaptatif. Car «si l'implication des mâles dans les soins parentaux n'est pas la règle, elle n'est pour autant pas l'exception». Chez les oiseaux par exemple, les soins biparentaux impliquant tant le père que la mère sont largement majoritaires (90 % des espèces): s'il s'agit principalement de se relayer pour assurer le nourrissage et le confort thermique des poussins qui naissent souvent très dépendants, il arrive aussi que le père oiseau soit partie prenante de la couvaison des œufs (en construisant une chambre incubatrice comme chez le talégalle de Latham, en assurant seul les soins à la progéniture comme chez l'autruche ou le nandou, ou en couvant seul comme chez certaines espèces de kiwis). Chez les poissons effectuant des soins parentaux (seulement 30 % des espèces) l'investissement des pères seuls est majoritaire : il s'agit de protéger la ponte des prédateurs et de leur garantir une oxygénation satisfaisante. Les pères poissons peuvent aussi participer à l'incubation des œufs, comme chez le tilapia, qui conserve les œufs dans sa cavité buccale, ou encore chez les poissons flûtes, les entélures et les hippocampes, qui possèdent sur le corps une poche incubatrice où les femelles déposent leurs œufs. Chez les amphibiens et les reptiles, les soins parentaux sont rares, mais on peut signaler le cas des crapauds accoucheurs, qui recueillent les œufs dès la ponte et s'en occupent jusqu'à leur éclosion. Quant aux mammifères, ils sont en apparence les plus « mauvais » pères du règne animal, 90 % des espèces ne pratiquant que des soins maternels exclusifs. Chez les espèces monogames, les soins paternels sont néanmoins présents dans 41 % des cas. Mais attention aux conclusions hâtives ! Ce n'est pas parce que nous sommes génétiquement proches des primates que nous pouvons déduire de leur comportement un quelconque comportement « naturel » des pères humains. Ce serait oublier combien varient nos systèmes respectifs d'appariement entre mâles et femelles : systèmes de harem avec mâles dominants seuls à même de se reproduire chez les gorilles et les orangs-outans ou encore promiscuité sexuelle générale des individus dans le groupe des chimpanzés et bonobos impliquant de nombreux rapports sexuels sans aucune identification possible de paternité. Ce serait également oublier le très important espacement des naissances chez les espèces les plus proches de nous* dont découle la persistance d'une dyade

* Le retour de couches chez les chimpanzés peut intervenir jusqu'à 5 à 6 ans après la naissance, ce qui est plus tardif que dans l'espèce humaine où, même en cas d'allaitement long, cette durée excède rarement deux ans.

mère-enfant bien au-delà de ce qu'il est courant d'observer chez les humains, où les fratries sont plutôt la règle.

De la même façon, Frank Cézilly tord le cou aux idées reçues en montrant les dangers d'une application simpliste des théories évolutionnistes : la multiplication des partenaires sexuelles et l'élimination des rivaux n'auraient en réalité, selon les modèles mathématiques, qu'un intérêt très limité pour la dissémination des gènes. Il pourrait être au contraire plus efficace pour les mâles de s'investir dans les soins aux jeunes, et donc de contribuer à leur survie, quand bien même ils n'auraient pas la certitude qu'ils leur soient apparentés. Le comportement paternel au sein d'une même espèce ne serait d'ailleurs pas déterminé par les seules données biologiques : ni les gènes*, ni les taux hormonaux ne suffisent à expliquer pourquoi un mâle serait plus investi qu'un autre auprès de sa progéniture. En effet, si les journaux font régulièrement leurs gros titres en montrant comment les taux de testostérone ou d'ocytocine des pères, y compris humains, varient en fonction de l'intensité des contacts avec leur enfant, rien ne prouve encore que cette variation soit la cause du comportement paternel et non sa conséquence.

Reste que la biparentalité pourrait bien avoir été une question de survie pour l'espèce humaine, chez qui l'intervalle entre deux naissances est relativement court et qui génère la présence de nombreux jeunes incapables de se mouvoir ou de se nourrir seuls alors que leur mère est à nouveau enceinte. La participation d'autres adultes comme les pères ou les grands-parents[12] a pu rapidement apparaître comme indispensable, en particulier s'agissant des fonctions de portage ou de soins à la tombée de

* Pour les biologistes, le comportement paternel dépend d'un très grand nombre de gènes, ayant chacun une contribution faible. L'héritabilité de ce comportement paternel est également difficile à mettre en évidence, l'apprentissage en situation pouvant jouer un rôle notable.

la nuit des plus jeunes, une hypothèse qui serait par ailleurs cohérente avec les pratiques constatées au sein de plusieurs peuples de chasseurs-cueilleurs actuels. Ce très probable investissement paternel, fait également écho à la dénonciation, par la philosophe et historienne de la paléontologie Claudine Cohen, d'une lecture erronée des indices paléontologiques pendant plusieurs décennies. Selon elle, l'iconographie classique de la famille préhistorique qui représente la femme « accroupie, terrée au fond de la caverne, entourée d'enfants et de nourrissons [...] tandis que l'homme, debout, regarde vers les lointains » est une interprétation projective des maigres indices retrouvés sur les lieux de fouilles. Présente aussi bien dans les peintures, les romans, que dans le travail plus actuel de vulgarisateurs, cette vision a été modelée par les représentations de la famille qu'avaient les scientifiques au XIXe siècle[13]. Faudra-il encore enfoncer le clou de la diversité des figures paternelles en parlant des enfants Trobriandais de Papouasie-Nouvelle-Guinée élevés par leur oncle, seul homme considéré comme important à leurs yeux ? Des enfants du peuple Na en Chine qui ne connaissent aucun père mais grandissent au sein d'un groupe matrilinéaire ? Ou encore de ceux des Samos du Burkina Faso où le premier enfant conçu avec un premier fiancé « de cœur » sera finalement élevé avec les enfants suivants par le seul père reconnu, désigné par un mariage « de raison »[14] ?

Si la plongée dans ce florilège historique, biologique et anthropologique des pères peut sembler rafraîchissante, il semble important de ne pas perdre de vue un élément fondamental : la flexibilité du psychisme humain est telle qu'elle induit une colossale variabilité culturelle et environnementale dans les soins paternels, une diversité inobservée chez les autres primates. Ainsi que nous l'avons souligné dans les chapitres précédents, l'humain « naturel » est un concept inaccessible, au comportement ne pouvant être ni déduit de celui des primates, ni inféré de celui, éminemment culturel, des actuels peuples de chasseurs-cueilleurs. Cette mise en perspective ne peut alors nous conduire qu'à une chose : embrasser la diversité des façons de se vivre « père » afin de prendre conscience de la fragilité de ce que nous avons pris l'habitude de tenir pour « universel » ou « naturel » et par là, se rassurer et s'autoriser à vivre telle que nous la souhaitons, telle que nous la sentons, sa paternité.

Paternage : Quelle chance d'avoir un compagnon qui « aide » !

Puisqu'il y a mille et une façons d'entretenir une relation avec sa progéniture, nous pouvons donc, d'une part, admettre que l'investissement biparental a été, depuis l'aube de l'humanité, indispensable à la survie de l'espèce. D'autre part, nous choisirons de réserver le terme de « père » aux hommes qui entretiendront effectivement une relation avec leur enfant, aussi ténue soit-elle (pour réserver la terminologie de « géniteur » aux autres). La question qui se pose dès lors est la suivante : comment les tâches parentales se répartissent-elles ? Cette répartition se fait-elle de façon égalitaire ? Est-elle déterminée par le sexe de chaque parent ? Existerait-il des tâches pour lesquelles les mères et les pères ne seraient pas interchangeables ? Et quelles spécificités de répartition, de collaboration, présenteraient les familles dotées d'un « nouveau père » ?

Dans la séparation des rôles entre père et mère* que l'on tient pour « classique », le père est le pourvoyeur économique

* Nous adoptons ici un positionnement dit « hétérocentré », c'est-à-dire qui accorde une part très majoritaire aux familles hétéroparentales au détriment des familles homoparentales ou monoparentales. Ce positionnement, qui est propre à

de la famille, tandis que la mère est en charge des activités domestiques. Dans le contexte parental, le fait que la grossesse soit pour l'heure exclusivement féminine* induit que cette répartition des tâches, et en particulier ce qui a trait à la fonction maternelle, apparaît souvent comme « naturelle », tout au moins dans les premiers mois de l'enfant. À ce titre, un couple de femmes sera vu avec beaucoup moins de méfiance qu'un couple d'hommes pour élever seul un jeune enfant. Cette vision, qui priorise les liens entre les nouveau-nés et leurs mères, illustre les émotions très intenses d'amour et de fusion que vivent certaines mères à la naissance de leur enfant, mais elle n'en représente pas moins une vision idéalisée de la maternité. Le sentiment d'étrangeté voire d'hostilité que ressentent de nombreuses autres mères à la vue de leur nouveau-né est alors systématiquement renvoyé au pathologique tandis que le père se retrouve disqualifié d'office comme potentielle figure principale d'attachement, considéré comme incapable d'assurer un rôle central dans le bon développement cognitif et émotionnel de l'enfant. Vous l'aurez compris, la question de l'existence ou non de « l'instinct maternel », vieux marronnier de la parentalité, n'est jamais bien loin ! Il serait purement culturel et socialement construit selon la philosophe Élisabeth Badinter, et

---

ce chapitre, est assumé et lié à l'importance des rapports de genre dans un couple hétérosexuel, c'est-à-dire à l'asymétrie qui existe entre père et mère du fait qu'ils soient homme et femme.

* À signaler tout de même, les grossesses d'hommes transsexuels ayant conservé l'utérus avec lequel ils étaient nés, dont le cas est régulièrement rapporté dans les journaux. Par ailleurs, il faut rappeler que les grossesses ectopiques, c'est-à-dire via utérus artificiels, sont encore pour l'heure des chimères, qui alimentent les débats de bioéthiques plus que l'Office des brevets. Le coup d'œil sur les détails d'une machine déposée en 1955 par Emmanuel M. Greenberg n'en reste pas moins divertissant (source : google.com/patents).

au contraire bien réel et quantifiable grâce à la mesure de l'ocytocine (une hormone particulièrement impliquée dans la période périnatale*) d'après la primatologue Sarah Blaffer Hrdy. Pour les biologistes comme Frank Cézilly, la notion même d'« instinct » est obsolète, indéfinissable, et renvoie à l'époque où les scientifiques cherchaient à différencier l'humain des autres animaux. Il défend l'hypothèse consensuelle que déterminants biologiques et culturels participent tous deux à la mise en place d'un comportement parental adéquat.

Si on admet que le processus biologique de la grossesse relève exclusivement des mères, mais qu'une fois né, le nouveau-né s'attache indifféremment à son père ou sa mère, pourvu que l'un et/ou l'autre soient suffisamment présents et réactifs à ses besoins de base, il reste l'épineuse question de l'allaitement. L'absence de mamelles pleines de lait du père n'est-elle pas une preuve supplémentaire de la « nature » irréductible du lien entre la mère et son enfant ? Et réciproquement, l'allaitement au biberon via des préparations lactées est-il la seule solution pour les parents qui souhaitent promouvoir l'égalité dans leur couple ? La presse spécialisée à destination des parents ne manque en tout cas pas de surfer sur cette crainte « Allaitement : comment ne pas exclure le père ? » titre le magazine *Parents*, « Quand l'allaitement n'exclut plus le père » renchérit *Top bébé*, tandis que *Famili* s'inquiète d'un possible sentiment « de jalousie, d'exclusion ou de frustration » que pourraient développer les nouveaux papas.

---

* Si le rôle de l'ocytocine dans le déroulement de l'accouchement est connu de longue date, à tel point que de l'ocytocine de synthèse est parfois utilisée pour accélérer le déroulement d'un accouchement jugé trop long, son rôle dans la mise en place du comportement maternel est encore controversé. Pour une discussion complète sur la littérature disponible sur le sujet, voir le site de la chercheuse en sociologie Odile Fillot (allodoxia.blog.lemonde.fr).

L'allaitement maternel exclurait les pères, tous sont formels à ce sujet, mais personne ne sait plus vraiment d'où cette idée a bien pu émerger. Cette activité de nourrissage, aussi capitale soit-elle, est-elle vraiment un frein à l'égal investissement des pères et mères dans les soins au nouveau-né, quand on sait à quel point d'autres tâches n'ayant pourtant aucun lien avec les fonctions biologiques (tels que les levers de nuit, par ailleurs souvent pointée comme une des plus fatigantes) restent généralement à la charge des mères[15] ? Par ailleurs, peut-on continuer à craindre l'exclusion du père de la relation avec son enfant dès lors qu'on a connaissance de la diversité des pratiques possibles d'allaitement maternel, qui vont de l'allaitement exclusif au sein, à l'allaitement mixte alternant lait maternel et préparations lactées[16], en passant par les portions de lait maternel recueillies via un tire-lait et données au biberon, à la tasse ou via un dispositif d'aide à l'allaitement* ? Et enfin, ne peut-on pas y voir, plus que l'expression d'une préoccupation égalitariste dans le couple, la persistance de certaines approches psychanalytiques normatives, visant à cristalliser le clivage entre la femme et la mère, entre le sein érotique et le sein nourricier** ?

---

* Le dispositif d'aide à l'allaitement ou DAL est un système qui permet d'alimenter l'enfant sans induire de confusion sein-tétine : le lait est acheminé à la bouche de l'enfant grâce à un tuyau de petite taille pouvant être scotché à un doigt ou un mamelon sans perturber la succion de l'enfant. Il est fréquemment utilisé en service de néonatologie.

** La *Revue française de psychanalyse* donne un aperçu assez parlant de ces dérives, où l'éjection de lait est vue comme un équivalent symbolique de l'éjaculation. Voir par exemple : « L'érotique maternelle. Psychanalyse de l'allaitement » d'Hélène Parat (consultable sur cairn.info).

Le sein paternel

Depuis l'Antiquité jusqu'à aujourd'hui, l'allaitement « paternel » alimente de nombreuses croyances et récits et il n'est pas toujours aisé de faire la part entre fantasmes et réalités[17]. Car si la possibilité de production de lait par les seins des hommes est un fait biologique, il reste difficile de savoir si elle serait en mesure de survenir dans un contexte non pathologique. Les seins sont en effet des attributs communs aux deux sexes marquant notre appartenance à la classe des mammifères, ils apparaissent à un stade de la gestation où l'embryon est encore sexuellement indifférencié. De même, il n'y a pas à proprement parler d'hormones « féminines » ou « masculines » : les corps des hommes et des femmes utilisent les mêmes hormones (notamment : œstrogènes, testostérone) mais dans des proportions différentes. C'est sous l'effet de ces quantités différentes d'hormones que le sexe de l'embryon se différencie *in utero* (pour former un pénis et des testicules, un clitoris et un vagin, ou toutes les formes intermédiaires d'intersexuation), c'est aussi sous l'influence des quantités différentes d'hormones que le tissu mammaire se développe ou non à l'adolescence et se différencie pendant une grossesse pour favoriser la lactation. Ceci explique en particulier qu'une femme qui a déjà été enceinte et, a fortiori, a déjà allaité dans sa vie puisse réinduire une lactation plusieurs semaines, mois ou années après la fin de son allaitement[18]. Pour les femmes n'ayant jamais été enceintes, l'induction d'une lactation reste possible, mais avec des résultats incertains : l'association de promotion de l'allaitement Leche League propose un accompagnement aux mères adoptantes souhaitant allaiter ; leur protocole implique la prise d'une médication hormonale qui nécessite un contrôle médical*. Qu'en est-il alors des hommes ? La survenue d'une lactation spontanée chez l'homme est rare : elle peut être d'origine purement mécanique

* Le médecin canadien Jack Newman, militant de l'allaitement, propose l'utilisation des contraceptifs oraux pour simuler les premiers temps d'une grossesse et induire une lactation chez les femmes n'ayant jamais été enceintes. Voir en particulier « Les protocoles pour induire l'allaitement » de Lenore Goldfarb et al, consultable sur nourrisource.org.

(trituration excessive des mamelons), être due à l'absorption de certains médicaments (antidépresseurs, neuroleptiques ou morphiniques), à des dysfonctionnements organiques (insuffisance rénale, hépatique ou hypothyroïdie), ou signer la présence d'une tumeur de l'hypophyse (la glande responsable de la sécrétion de prolactine). Des phénomènes émotionnels liés à la présence d'un enfant pourraient-ils à eux seuls provoquer un écoulement de lait ? C'est ce que suggèrent certains cas rapportés dans la presse*, mais sans certitude. Une médication pourrait-elle permettre aux pères d'allaiter au même titre que les mères n'ayant jamais été enceintes ? Pourquoi pas, dans la mesure où on sait déjà que la composition du lait sécrété par les seins des hommes est très semblable à celle du lait maternel[19]. Ne manquerait-il donc plus qu'une demande sociale pour que le marché de la puériculture soit inondé de tire-lait « spécial papa » ?

* Deux exemples de faits divers, l'un concernant le Sri Lanka (« Widower learns to breastfeed », classic-web.archive.org), l'autre la tribu Pygmées des Aka (« Are the men of the African Aka tribe the best fathers in the world ? », theguardian.com).

De l'avis de tous, le modèle « classique » de la répartition des tâches entre pères et mères aurait donc récemment évolué sous l'impulsion de ces « nouveaux pères ». Mais qu'en disent réellement les sociologues qui ont analysé les emplois du temps journaliers des pères et mères ? Pour Anne-Marie Devreux[20], si le changement est incontestable, l'investissement des hommes dans la sphère domestique est loin d'avoir égalé celui des femmes dans la sphère professionnelle. Il a notamment fortement ralenti sa progression depuis la fin des années 1980.

L'importante *Étude des relations familiales et intergénérationnelles* (Erfi) publiée en 2011 par l'Institut national d'études démographiques (Ined) s'est intéressée à la façon dont s'organise le partage des tâches entre père et mère[21]. Elle met en lumière une forte résistance des modèles classiques inégalitaires : lorsque les pères participent aux activités parentales, c'est généralement à titre d'acteurs secondaires qui « aident » les mères[22]. On pourrait s'attendre à ce que leur investissement croisse avec l'âge de l'enfant et l'acquisition de son autonomie, mais ce n'est pas le cas : « Moins enclins à s'occuper des petits, les pères sont aussi les premiers à se « dégager » de la prise en charge des enfants lorsque tous les enfants de la fratrie sont âgés de 6 ans et plus. »[22] De même, l'investissement des pères n'augmente pas de façon linéaire avec la taille de la famille : plus les enfants sont nombreux, plus le modèle égalitaire vacille. Plusieurs hypothèses explicatives sont avancées par les chercheurs : l'attrait de la nouveauté suscitée par un premier enfant (moindre pour les suivants) ou encore les fortes attentes parentales parfois présentes en cas d'enfant unique pourraient expliquer le plus fort investissement paternel dans les familles ne comptant qu'un enfant ; quant aux familles nombreuses, la charge économique importante les pousserait vers un modèle familial plus traditionnel où les pères sont moins investis auprès des enfants. Ceci fait également écho à l'influence négative de l'inactivité féminine sur le partage égalitaire des tâches : « la participation paternelle diminuant lorsque son rôle de « pourvoyeur » économique est privilégié »[22]. Par ailleurs, les chercheurs notent que les pères relaient les mères préférentiellement dans les activités pour lesquelles ils estiment avoir du goût et des compétences et qui ne sont pas trop considérées comme « féminines » : ils rechigneront plus souvent à habiller les enfants mais s'acquitteront volontiers des devoirs ou des trajets, surtout s'ils sont compatibles avec leurs horaires professionnels. Et c'est sans aucun doute dans les activités ludiques et liées à la socialisation que la participation des pères est la plus importante[22].

S'investir auprès de ses enfants selon ses compétences propres, voici qui semble plutôt efficace et de bon sens, et qui pourrait fonctionner efficacement au sein des couples si la « charge mentale » du travail parental ne pesait pas en définitive toujours majoritairement sur les femmes[23]. Comme elle est ingrate la condition du « parent par défaut » ! Celui qui confirme la venue de l'enfant à l'anniversaire de son copain, qui pense aux cadeaux de fin d'année pour les enseignants, qui connaît par cœur pointures et mensurations, qui s'inquiète que les vaccins soient à jour et le tiroir à chaussettes bien garni, qui fait la queue pour avoir une place au centre de loisirs et sera toujours le premier que l'école appellera pour récupérer un enfant fiévreux ou accidenté. Car il faut bien le reconnaître, parmi les affres du travail domestique, son invisibilité est sans aucun doute la plus cruelle, la plus génératrice de découragement et d'épuisement, la plus coûteuse pour l'estime de soi[24]. C'est d'ailleurs sans doute la raison pour laquelle les chercheurs observent que les hommes privilégient les tâches les plus visibles : « [Ils] accepteront plus volontiers de retarder, le matin, leur arrivée sur leur lieu de travail pour s'occuper de leurs enfants qu'ils ne modifieront leur horaire de retour au foyer le soir ; ce qui oblige, par conséquent, les mères à se montrer plus indisponibles que leurs collègues masculins aux horaires professionnels tardifs »[20]. Du fait de son caractère « exceptionnel », au regard du modèle classique, l'investissement des pères dans les soins à l'enfant induit une survalorisation sociale des tâches effectuées par les hommes, leur donnant un poids qu'elles n'ont pas lorsqu'elles sont accomplies par des femmes. C'est ainsi qu'amis et famille ne manquent généralement pas de s'extasier devant un père portant son nouveau-né en écharpe, prenant l'initiative d'un change ou réclamant une journée de congé pour « enfant malade », au grand dam des pères pour qui ces tâches sont devenues parfaitement banales, et pour qui ces compliments sonnent comme une forme d'infantilisation.

Tout ceci explique pourquoi la question du partage des tâches dans les couples semble être un problème exclusivement féminin : les femmes jouent dans cette négociation rien de moins que leur espace de liberté individuel et professionnel tandis que les hommes se débrouillent de toute façon pour le préserver sans avoir à négocier. Mais alors, où sont donc passés ces fameux « nouveaux pères » ? Sont-ils de simples souvenirs des années 1970, vestiges d'une époque qui a tenté de réinventer les rôles sociaux ? Ou ne sont-ils que le résultat d'une exagération démesurée de quelques admirables épiphénomènes ? Pour certains sociologues, l'idée d'une « nouvelle paternité » aurait émergé en France dans les années 1970 sous l'impulsion de groupes d'hommes issus des classes supérieures et appartenant aux sphères intellectuelles militantes proches de la contestation féministe. Ceux-ci auraient souhaité prendre part à la révolution sociale vers une plus grande égalité de genre en « modifiant leurs attitudes à l'égard de leurs compagnes et de leurs enfants ». On aurait donc peut-être été un peu vite en besogne : « Les « nouveaux pères » font certainement partie de ces catégories d'acteurs un peu rapidement caractérisés par les évolutions que leurs pratiques sont supposées avoir introduit dans le fonctionnement de la société »[20]. Prenant le contre-pied de ce constat, Christine Castelain Meunier, sociologue et autrice de nombreux ouvrages sur le sujet[25] s'est illustrée pour avoir profondément investi la thématique de la « nouvelle paternité » et avoir même œuvré à sa traduction juridique : elle a été à l'origine du « livret de paternité » envoyé par la CAF aux pères entre 2002 et 2015*

* La distribution de ce livret, essentiellement constitué des droits et devoirs des pères, a été suspendue en mai 2015 en faveur d'un projet d'élaboration d'un livret de parentalité qui reprendrait les mêmes contenus mais pourrait s'adresser aux

ainsi que de l'allongement en 2002 du congé de paternité de 3 à 11 jours[26]. Il reste que pour certaines autrices, la catégorie des « nouveaux pères » pourrait nécessiter une certaine vigilance, notamment du fait de la diversité des profils qu'elle rassemble : « il ne faut donc pas jeter les nouveaux pères avec l'eau du bain, mais être conscientes que des patriarches archaïques sont capables d'aller jusqu'à revêtir l'apparence de leur contraire pour mieux attaquer les femmes »[27]. Derrière cet avertissement, s'exprime une inquiétude face à la montée de certains mouvements dits « masculinistes » : sous couvert de défense des « droits des pères », ceux-ci dissimuleraient leur hostilité pour le modèle égalitariste entre père et mère.

En France, plusieurs associations de pères s'inscrivent dans cette mouvance. Leurs revendications se centrent essentiellement sur l'obtention de droits auprès de l'enfant après un divorce ou une séparation. À ce titre, ils ont été en 2002 à l'origine de la loi[28] instaurant la coparentalité*. Celle-ci ouvre en particulier la possibilité au juge d'établir la résidence habituelle de l'enfant à la fois chez son père et sa mère lorsque ceux-ci sont séparés (on dit alors que la résidence est « alternée »). Cette avancée, qui a été assez unanimement saluée comme un progrès « offrant des possibilités pour l'invention de nouveaux rapports hommes/femmes dans le traitement de la parentalité »[29], côtoie aussi d'autres actions plus controversées. On peut citer le soutien de ces associations à certains pères violents ou

---

deux parents (source : Circulaire 2015-006 de la Caisse Nationale des Allocations Familiales, disponible sur caf.fr).

* Cette loi inscrit le principe d'indissolubilité du couple parental par opposition au couple conjugal : selon l'article 373-2, « La séparation des parents est sans incidence sur les règles de dévolution de l'exercice de l'autorité parentale. Chacun des père et mère doit maintenir des relations personnelles avec l'enfant et respecter les liens de celui-ci avec l'autre parent. »

accusés de maltraitances[42] ou encore la dénonciation tendancieuse de la « surféminisation » du corps de la magistrature, qui produirait selon eux des jugements, lois et rapports d'experts en faveur des femmes[30]. Ce serait oublier un peu vite que la plupart des décisions judiciaires se basent sur l'accord des parents et s'inspirent des configurations familiales antérieures à la séparation, comme en témoignent les statistiques disponibles sur les conflits concernant la garde des enfants[31].

Il n'en reste pas moins que les « nouveaux pères » d'aujourd'hui ne se reconnaissent pas tous dans le militantisme de ces associations de défense masculinistes. Certains choisissent de vivre leur engagement au quotidien, par exemple en devenant « père au foyer », c'est-à-dire en prenant pour un temps plus ou moins long un congé parental d'éducation. Selon l'Insee[43], en 2010, ils étaient 5 % à avoir totalement interrompu leur activité professionnelle pendant au moins un mois pour s'occuper de leur jeune enfant et 9 % à l'avoir réduit. C'est en moyenne cinq fois moins que les mères mais cela n'en représente pas moins une révolution si on considère qu'il y a moins d'un siècle la figure du père au foyer servait d'épouvantail à ceux qui s'opposaient au droit de vote des femmes*. Pour autant, rester à la maison pour s'occuper d'un jeune enfant représente, au regard du modèle hégémonique de la masculinité, une double transgression : le père devient le pourvoyeur de soins de l'enfant tout en cessant d'être le pourvoyeur économique de la famille. Les récentes mutations du masculin qui sont intervenues dans les catégories sociales les plus favorisées contribuent néanmoins à atténuer la potentielle

---

* Voir par exemple cette série de cartes postales de propagande américaine datant de la fin du XIXe siècle et du début du XXe siècle : « War on women : Propaganda postcards from suffragette era show fierce battle fought by American women to get the vote… and Obama can thank them for his job » (consultable sur dailymail.co.uk).

stigmatisation: le sociologue François de Singly[32] a pu en particulier montrer comment, en dénigrant la valeur physique des ouvriers et les valeurs ménagères des mères au foyer des classes populaires, les catégories les plus aisées ont promu un nouveau système de valeurs dit « masculin-neutre » en lieu et place d'un « masculin-masculin ». Ce « masculin-neutre » regroupe un ensemble de comportements et de valeurs que souhaitent atteindre les hommes comme les femmes: autant d'éléments qui s'expriment par exemple particulièrement bien dans le modèle du « manager/leader ». Parallèlement, ce « masculin-neutre » a permis aux hommes des classes sociales privilégiées d'investir plus librement les tâches parentales, en ayant moins à faire la preuve de leur masculinité. Quelle est alors la répartition des tâches dans un couple où le père est « au foyer »? Même si elle semble bien plus égalitaire que dans un autre couple, les chercheurs ne constatent pourtant pas une inversion totale des conditions des pères et mères: les pères « au foyer » assurent de façon massive les tâches organisationnelles (nourrir, changer, habiller, faire les trajets) mais toujours plus modérément les tâches de « maternage » (se lever la nuit, donner les bains). Par ailleurs, le fait d'être au foyer n'induit pas qu'un père prenne en charge les tâches ménagères de façon plus importante, ceci pouvant être aussi lié à une difficulté des femmes de « céder leur place »[15].

Soulignons enfin une dernière catégorie de pères qui contribuent actuellement à incarner le « nouveau » visage de la paternité, et qui sont particulièrement investis auprès de leurs enfants: il s'agit des pères de couples homosexuels qui, libérés des rapports de domination de genre et des stéréotypes qui les accompagnent, accèdent plus facilement à une répartition égalitaire des tâches parentales[33]. Leur existence montre (si une preuve supplémentaire était encore nécessaire) à quel point les hommes sont aussi capables que les femmes d'être des figures principales d'attachement compétentes, aptes à accompagner l'enfant dans un développement cognitif et affectif harmonieux*. Quoi qu'il en soit, il est à noter que la question des pères élevant leur enfant seuls ou au sein d'un couple d'hommes, intéresse de plus en plus les chercheurs, offrant ainsi une nouvelle forme de visibilité à ces mutations sociales : on peut citer la parution courant 2016 d'un ouvrage collaboratif spécifiquement dédié aux paternités « en solitaire » qui analyse aussi bien l'influence des séparations sur le maintien du lien père-enfant que la situation des pères ayant obtenu de manière exclusive la résidence quotidienne de leur enfant ou encore les stéréotypes dont ces hommes sont victimes. Ils sont considérés comme d'autant plus « aptes » à s'occuper de leur enfant qu'une personne relais – toujours une femme – est présente.[44]

Dès lors qu'on a compris que l'avènement d'une « nouvelle paternité », où les pères s'investiraient massivement dans les soins et l'éducation des enfants est encore un objectif lointain, on peut chercher à en identifier les freins. Où sont-elles donc ces forces invisibles qui nous empêchent d'accéder à une évolution sociale qui nous semble pourtant à portée de biberons ? Voici quelques pistes, qui ne prétendent évidemment pas à l'exhaustivité… Un premier frein à l'égalité pourrait être sans

---

* La question du devenir des enfants ayant grandi dans les familles homoparentales a été un sujet de polémique en France au moment du vote de la loi ouvrant le mariage aux personnes du même sexe. En 2011, Guillaume Fond, psychiatre et chercheur à l'Inserm, a réalisé une revue de la littérature pour faire le point. Tout en déplorant les données de qualité généralement médiocres, il n'en note pas moins qu'à ce jour aucune étude n'a été en mesure de mettre en lumière de différences entre les enfants élevés par des parents hétérosexuels et ceux élevés par des parents homosexuels (source : « Homoparentalité et développement de l'enfant », consultable sur presse.inserm.fr).

aucun doute l'importante vulgate psychanalytique érigée en norme qui inonde les revues adressées aux parents et professionnels de la petite enfance. Le moins qu'on puisse dire est que la psychanalyse n'est pas une discipline au sein de laquelle règne le consensus: interpréter Freud, Lacan ou Winnicott, voilà qui n'est pas aisé tant le langage métaphorique utilisé peut conduire à des interprétations différentes*! «Qui» lit-on lorsqu'on lit de la psychanalyse? Une vulgarisation des théoriciens de cette discipline? Ou la relecture dogmatique et idéologique qu'en auront faite des disciples forts de leurs certitudes? Quoiqu'il en soit, l'approche psychanalytique a souvent été utilisée pour véhiculer des propos normatifs et réactionnaires, et ce, au grand dam de certains praticiens**. Pour autant, nous l'avons déjà souligné, cette discipline a connu en France un grand succès au cours du XXe siècle: ses concepts ont infusé, diffusé au point qu'on perde la trace de leur filiation. Que nous est-il alors parvenu des théoriciens de la psychanalyse sur les rapports père-enfant? De Freud tout d'abord, nous vient le caractère incontournable du complexe d'Œdipe, dans lequel le père est celui auquel on se confronte, qu'on envie et admire au point d'en fantasmer la place (qu'on voudrait lui dérober) tout en le craignant par-dessus tout (le garçon redouterait que son père le «castre» pour avoir désiré sa mère). Ensuite, de Winnicott, la prééminence de la mère dans les soins au petit enfant, formulée comme «préoccupation maternelle primaire» découlant de l'enfantement et dont le père est globalement absent. Dans cette approche, qui consacre la dyade mère-enfant comme essentielle au développement, le visage de la

* Voir en particulier notre chapitre 3 qui s'attarde sur les confusions qu'a pu générer le langage spécifique à la psychanalyse.

** Voir en particulier la pétition lancée par certains psychanalystes (lacanquotidien.fr/blog/declaration2013).

mère représente un « miroir » indispensable pour le développement du bébé*. De Lacan, nous sont parvenues les idées de « fonction paternelle » et de « tiers séparateur » si souvent citées dans les ouvrages de psychanalyse : l'enfant est supposé initialement se vivre en fusion avec sa mère et comme étant le phallus symbolique qui « manquerait » à cette dernière, une illusion qui s'effondrerait lorsqu'il constaterait que le désir de sa mère se porte vers une autre personne (le tiers séparateur) et qui lui permettrait du même coup d'accéder à son individualité. Enfin, de Lacan, nous avons aussi hérité les multiples facettes de la paternité : le père imaginaire, tout-puissant qu'on craint autant qu'on s'y identifie ; le père symbolique, désigné par la mère au travers de son désir pour lui ; et le père réel, au travers duquel l'enfant comprend que nul n'est tout-puissant et qui lui permet de se soumettre à la loi[34]. Pour le sociologue François de Singly[35], tout ceci constitue les bases d'un contrôle social : « Les travaux psychologiques peuvent avoir l'efficace des lois, les normes sociales n'ont pas besoin d'avoir un soubassement juridique pour exister et circuler ». Néanmoins, cette description de l'approche psychanalytique serait incomplète si on ne prenait pas le temps de préciser que ces théories et les concepts qui lui sont liés portent d'abord et surtout la marque de leur temps : celle du début du XXe siècle, où la famille nucléaire composée d'un père et d'une mère aux rôles très différenciés était majoritaire en France, où les familles homoparentales, monoparentales existaient peu, où les familles recomposées n'avaient pas la forme de celles d'aujourd'hui (généralement consécutives de décès, les beaux-parents ne coexistant pas avec les parents biologiques), où l'inexistence des techniques

* « En d'autres termes, la mère regarde le bébé et ce que son visage exprime est en relation directe avec ce qu'elle voit », Winnicott, *Jeu et réalité,* Gallimard, 1976.

d'assistance médicale à la procréation conjuguée à la rareté des divorces ne permettait pas de faire émerger la figure du géniteur, pas plus que celle du « parent d'intention ». Tout ceci conduit certains praticiens à formuler l'hypothèse que la psychanalyse (et avec elle une partie de la psychologie) se retrouverait actuellement face à une « crise d'obsolescence », n'ayant plus à sa disposition que des outils inadaptés pour décrire les nouvelles configurations familiales. Dès lors que les outils sont dépassés, faut-il croire que ceux-ci reposaient sur des vérités ancestrales ébranlées et que la société est en danger ? Ou bien faut-il simplement en inventer de nouveaux, aptes à embrasser la diversité des groupes qui entendent « faire famille » aujourd'hui, pour les accompagner dans leurs difficultés et soulager leurs souffrances sans a priori[34] ?

Un deuxième frein à l'égalité pourrait être les individus eux-mêmes, non pas volontairement ni consciemment mais par crainte de voir remis en question un équilibre patiemment construit, par peur de devoir abandonner certaines prérogatives, ou encore devant la violence que représente la transgression des normes de genre assimilées depuis l'enfance. Côté père, on constate une forme de résistance : « en cas de rapprochement du domicile du lieu de travail de l'un des conjoints, le gain en temps dégagé profite dans tous les cas à l'activité professionnelle de l'homme : puisqu'il travaille plus près, il peut se consacrer plus longtemps à son métier ; puisqu'elle travaille plus près, elle peut se consacrer davantage aux tâches familiales et permettre ainsi à son conjoint de s'impliquer encore plus dans sa carrière. »[20]. Côté mère, c'est la « sur-responsabilisation » que les femmes ont intériorisée à l'égard des jeunes enfants qui fausse dès le départ les tentatives d'égale répartition des rôles. Comme Christine Castelain Meunier le souligne : « les femmes se sentent considérablement concernées par l'éducation du tout-petit. »[36]. C'est ainsi que depuis quelques années, les propositions en faveur de l'allongement du congé de paternité se multiplient[45] et qu'une réflexion s'entame sur l'opportunité de recourir à des mesures incitatives pour hâter ce changement social qui tarde à survenir : il pourrait être question de rendre une partie du congé paternité obligatoire, ou d'octroyer aux deux parents un temps global de congé d'accueil de l'enfant dont une partie conséquente, voire la moitié, serait intransférable du père à la mère. Autant d'initiatives qui trouvent leur inspiration dans l'exemple des pays nordiques sur lequel nous reviendrons de façon plus approfondie dans le chapitre 5.

Un troisième frein à l'égalité entre père et mère s'impose alors de lui-même : celui de l'éducation que l'on donne aux enfants et des modèles de paternité et maternité qu'on incarne en tant que parents : « cette transmission [de la répartition des tâches père/mère] ne passe pas principalement par une inculcation délibérée, mais par la vue : la petite fille apprend à faire le travail domestique en regardant sa mère. [...] Les femmes apprennent de leur mère moins un savoir-faire qu'une norme de nécessité. [...] Les femmes se voient inculquer le fait de voir le travail domestique qui doit être réalisé et l'exigence de réaliser effectivement ce travail ; contrairement aux hommes »[15]. Outre l'exemple parental, le marketing genré des jouets, c'est-à-dire la différenciation entre « jouets de garçon » et « jouets de fille » qui a peu à peu émergé en 30 ans[37] pour des raisons principalement commerciales*, participe lui aussi grandement à l'inculcation de la différence des rôles maternels et paternels dès la petite enfance[38]. À une petite fille, on offrira des jouets évoquant la maternité, des poupons

* Il est plus rentable de vendre deux boîtes de jeux de construction une bleue, une rose, là où une seule aurait suffi.

dotés d'accessoires hyperréalistes afin qu'elle apprenne les gestes et les soins qu'exige un tout-petit ; on valorisera les tâches relevant du soin quotidien à l'autre, de l'empathie, au travers de figurines et panoplies d'infirmières, de garde malade, de vétérinaire ; quand il ne s'agira tout simplement pas de promouvoir le travail ménager, de la cuisine avec de minidînettes, au ménage avec petites tables à repasser, balais et aspirateurs… Autant d'activités qui auront toutes les chances, une fois devenue adulte, de lui sembler « naturelles ». Les petits garçons n'auront quant à eux pas souvent l'occasion d'investir ces jouets, ou seulement de façon très marginale : la couleur tranchée des emballages ajoutée aux conseils orientés des vendeurs incite souvent les parents à ne pas s'égarer dans le « mauvais » rayon. On leur proposera donc plus souvent des jouets valorisant les compétences techniques et les savoirs (conformes à l'opposition sexiste classique de la « nature » féminine à la « culture » masculine), la conquête des territoires et la force (panoplies de cow-boys, de pirates, de superhéros), la puissance du corps (via une hyperexagération des muscles des figurines, une valorisation du sport et des activités d'extérieur) ainsi que l'univers martial (armes factices, plus ou moins réalistes). L'égalité femme/homme serait-elle jouée dès le berceau ? Pour tenter d'inverser cette tendance, le Collectif *Contre les jouets sexistes* a élaboré des recommandations d'actions alternatives : freiner le marketing genré en ne cédant pas à un consumérisme effréné (privilégier les brocantes, les ludothèques), permettre aux enfants de jouer « autrement » que de la façon dont les marketeurs ont pensé pour eux les jouets (autoriser les garçons à se « faire beaux », valoriser auprès des filles les activités de plein air développant leur force, leurs réflexes, leur confiance en elles, permettre à tous les enfants de contribuer à l'entretien de la maison et apprendre les gestes de la vie quotidienne), éduquer contre la violence en bannissant les jouets-armes réalistes, promouvoir la littérature jeunesse non sexiste*… autant d'idées pour accompagner l'avènement d'une société où chaque enfant, loin de perdre une « vraie » mère et un « vrai » père, gagnera deux (voire peut-être plus !) « vrais » parents, forts de leurs expériences, de leurs compétences, de leurs rêves, de leur tendresse et de leur bienveillance.

En bref

- Dans l'Antiquité romaine, le père était tout-puissant : il avait droit de vie et de mort sur ses enfants. En 2000 ans, ces pouvoirs démesurés ont peu à peu été redistribués : au profit de l'État, de la mère, mais aussi des enfants eux-mêmes en vertu de leur droit à l'autodétermination.
- Il n'existe pas de figure paternelle universelle : la paternité a toujours été modelée par le contexte social et idéologique.
- La paternité n'a pas connu un effondrement à partir des années 1970, mais une série de reconfigurations étalées sur au moins deux millénaires.
- Seules 10 % des espèces de mammifères s'investissent dans des soins paternels, mais ce n'est pas une règle générale dans le règne animal : parmi de nombreuses espèces d'oiseaux ou de poissons, les pères participent très activement aux soins à la progéniture.
- Les soins biparentaux ont probablement été essentiels à la survie de l'espèce humaine, dans laquelle un intervalle de temps faible sépare deux naissances.

* Voir en particulier ce moteur de recherche québécois répertoriant les ouvrages jeunesse non sexistes : kaleidoscope.quebec.

- Les « nouveaux pères » sont une catégorie sociologique incertaine et qui ne correspond pas au fonctionnement majoritaire de la société actuelle, où l'inégalité entre père et mère est encore très forte.
- Hormis la grossesse, il n'existe pas de tâches parentales dont le père ne puisse s'acquitter.
- Une vulgarisation normative de la psychanalyse et de la psychologie contribue à la reproduction des stéréotypes et des inégalités entre père et mère.
- Pour faire évoluer la société, il faut que les normes évoluent : montrer aux pères qu'ils sont légitimes pour s'investir massivement auprès de leur enfant et lutter contre les stéréotypes de genre présents dans l'éducation des enfants.

CHAPITRE 5

38,6 °C au réveil : qui prend les jours enfant malade ?

Vous avez le sentiment d'avoir bâti un couple conjugal et parental égalitaire. Vous vous êtes réparti les charges domestiques et économiques, vous assurez avec une aisance égale le bain, les devoirs, les trajets et les réveils nocturnes… parce que vous travaillez tous les deux et que vous vous épanouissez ainsi. Mais un matin, c'est le drame : l'un de vos enfants est fiévreux, vomit ou ne tient pas debout. Impossible de l'envoyer à l'école ni de le confier à la crèche dans cet état. Qui va le garder ?

Derrière cette question logistique apparemment banale se cache l'ambivalente réalité du parent qui travaille : comment être présent à la fois pour son activité professionnelle et pour sa famille ? Comment annoncer une absence inopinée et faire face à un possible manque de compréhension de la part de son employeur ou de ses collaborateurs ? Mais aussi, comment décider quel parent s'absentera de son poste, comment gérer les frustrations et le handicap professionnel que celui-ci subira? Lorsque l'un des parents est en congé parental, la question de la garde des enfants se pose moins, mais la présence du conjoint qui travaille reste primordiale et son rôle ne peut se réduire à subvenir aux besoins financiers de la famille. Bref, on l'aura compris, le sujet n'est pas simple. Certains parents actifs aimeraient travailler moins mais n'en ont pas les moyens; des parents au foyer préféreraient exercer un emploi rémunéré mais ne le peuvent pas faute de mode de garde adapté à leur situation[5].

C'est pourtant cette liberté, dans les choix d'articulation des temps de vie et de la répartition des responsabilités parentales, qui est la plus à même de permettre une «conciliation», acceptable pour tou-te-s. Dans ce chapitre, nous définirons la conciliation comme la solution unique trouvée par chaque famille pour équilibrer les exigences et aspirations de la vie professionnelle et familiale, basée sur un choix conjoint des adultes – les parents – qui la composent. Un équilibre qui doit permettre le respect des besoins de l'enfant ainsi qu'un temps qualitatif à lui consacrer, l'accession à des ressources financières suffisantes, et l'épanouissement de chaque membre de la famille dans un souci d'égalité.

Dès la fin des années 1980 et le début des années 1990, on constate d'ailleurs une hausse phénoménale de l'emploi de l'expression «conciliation»* en lien avec l'activité professionnelle. Cet accroissement peut certainement être mis en relation avec la conquête de nouveaux droits par les femmes, notamment sur le marché du travail à partir des années 1970, et par conséquent avec leur absence grandissante de la sphère

* Évolution constatée pour les mots-clés «conciliation vie» grâce à l'outil N-gram qui compulse la base d'ouvrages recensés dans Google Books (books.google.com/ngrams).

familiale. Politique familiale et emploi féminin sont alors les sujets les plus discutés des ouvrages évoquant le sujet (à croire que les hommes n'auraient rien à concilier, eux). Finalement, après avoir dépassé l'idée d'une conciliation réduite au seul objectif de rendre les femmes capables d'abattre une « double journée » (s'occuper des enfants comme si elles ne travaillaient pas, travailler comme si elles étaient sans enfant), notre société est parvenue à envisager la conciliation comme concernant autant les hommes que les femmes, incluant l'impératif d'efficacité familiale et professionnelle autant que celui de l'épanouissement individuel.

Ainsi, parmi les couples à deux apporteurs de revenus, nombre d'entre eux s'accordent sur une logique récurrente, explicite et planifiée de partage des obligations parentales. Celle-ci est souvent liée à leur configuration professionnelle et familiale : priorité de garde au conjoint qui n'a pas de « hautes responsabilités », qui rapporte le plus faible revenu ou a des horaires souples. Ces répartitions peuvent-elles pour autant être jugées égalitaires ? Il est souvent permis d'en douter. Dans d'autres contextes familiaux, c'est la mère seule qui est d'emblée considérée comme en charge des problématiques enfantines, quelles que soient les modalités de son activité professionnelle – et a fortiori si elle ne travaille pas.

Dès lors, il est intéressant de comprendre de quelle façon cette notion de « conciliation » est liée à l'histoire et à la promotion du salariat féminin mais aussi aux stéréotypes actuels sur la maternité. Dans ce chapitre, nous évoquerons donc l'évolution historique du droit français et l'apport des politiques familiales pour promouvoir cette conciliation, avant d'en indiquer les limites. Et parce que la quête de la conciliation travail/famille reste la quadrature du cercle, nous détaillerons quelques initiatives étrangères intéressantes ainsi que les discrètes évolutions du monde de l'entreprise et les arrangements trouvés par certaines familles françaises.

« Tu penses continuer à travailler quand tu auras tes enfants ? »

Voilà bien le genre de question qui n'est jamais posée aux futurs pères ! Et qui s'ancre sur le préjugé selon lequel, les femmes devenant mères auraient « de tout temps » réduit ou cessé leur activité professionnelle pour s'occuper de leurs enfants. Or il n'en est rien, et cela agace Sylvie Schweitzer, professeure d'histoire contemporaine et spécialiste de l'évolution des métiers : « [Le travail des femmes] est toujours présenté comme contingent, fortuit et récent. Le sens commun feint ainsi d'ignorer que les femmes ont aussi été paysannes, commerçantes, ouvrières, employées, infirmières, institutrices. Depuis toujours »[1]. Ainsi, ce serait moins l'avènement du « travail des femmes » que le passage d'un travail domestique à un travail hors du foyer qui aurait constitué la véritable révolution et aurait bouleversé la donne en matière d'articulation entre temps de travail et temps dédié à la famille. En allant voir comment travaillaient les femmes aux siècles passés, nous pourrions bien constater que la conciliation entre travail et famille n'a de nouveau que le nom…

« Les femmes ont commencé à travailler dans les années 1970 »

Les autrices américaines Tilly et Scott, qui se sont penchées sur les rôles sexuels et familiaux en France et en Angleterre depuis le XVIIIe siècle[2], rappellent qu'à cette époque : « Les femmes mariées partageaient leur temps entre trois activités principales : le travail salarié, la production pour la consommation domestique et la reproduction », ces trois activités influant les unes sur les autres. Même si les femmes enchaînaient les grossesses, les soins requis pour l'éducation des enfants étaient moindres par rapport à aujourd'hui : pas question de l'emmener aux compétitions de gym, ni de lui faire réciter une poésie. Par ailleurs, les enfants eux-mêmes contribuaient très jeunes, par leur travail salarié ou domestique, à la survie économique de la famille. Ainsi, les sphères familiales et professionnelles étaient intimement liées, sans qu'aucune ne définisse le rôle de la femme, ni n'occupe tout son temps. La sociologue Françoise Battagliola[3] confirme que le travail féminin était partie prenante de celui de la famille : les femmes produisaient aux côtés de leurs maris tout en s'occupant des tâches domestiques, la famille étant considérée comme une unité de production indépendante.

Avec l'industrialisation au début du XIXe siècle, l'usine remplace la maison comme centre de l'activité productrice. Néanmoins, seules les femmes résidant près d'une usine et le plus souvent célibataires deviendront salariées. Les autres continuent majoritairement de compléter les revenus familiaux à l'aide d'emplois temporaires et irréguliers, tels que des travaux de couture à domicile. Lorsqu'elles sont épisodiquement salariées, les mères confient leurs enfants à leur famille ou à des femmes du voisinage, souvent plus âgées, qui les gardent contre rétribution. Ces absences temporaires commencent néanmoins à modifier la répartition du temps des femmes mariées entre activités productrices et domestiques : ces dernières leur sont toujours dévolues mais doivent à présent être exécutées en soirée[2] – c'est le début de la fameuse « double journée » des femmes, que beaucoup connaissent encore aujourd'hui.

Au début du XXe siècle, de nombreuses nouvelles industries se développent et avec elles la bureaucratie et l'administration. Ceci crée un fort besoin en employés de bureau : nouvellement massivement alphabétisées grâce à Jules Ferry, les femmes seront majoritairement employées sur ces postes peu qualifiés. Ainsi que l'explique F. Battagliola, le secteur tertiaire a besoin d'une main-d'œuvre abondante et peu chère tandis que de nombreux hommes briguent les salaires élevés de l'industrie, les postes d'administrateurs et de directeurs. La pénurie de main-d'œuvre pousse donc les employeurs les plus réticents à se tourner vers les femmes. Peu à peu, elles accèdent à des emplois de vendeuses, d'enseignantes, d'employées des postes et du téléphone. Cependant, dans la mesure où les nouveaux métiers offrent des salaires plus élevés aux hommes, nombreuses sont aussi les épouses pour qui l'activité en dehors de la maison n'est plus nécessaire. Les syndicats, particulièrement, tentent de défendre ce qu'ils considèrent comme les prérogatives des hommes. Ainsi, en 1914, peu de femmes mariées ont un emploi salarié. La Première Guerre mondiale voit la part des femmes augmenter dans le personnel de l'industrie et du commerce pour pallier le départ au front de 60 % des actifs, mais cette évolution n'est que transitoire[3] : dès le retour des mobilisés, les femmes sont nombreuses à être licenciées car on craint que leur activité ne fasse concurrence à l'emploi masculin. Une crainte qui ne semble jamais vouloir s'éteindre puisqu'aujourd'hui encore, certains journaux parviennent à se demander si l'augmentation de places en crèches ne risque pas de nuire au plein-emploi* ! En 1926, les femmes représentaient environ un tiers des employés de l'industrie, 40 % de ceux

* Voir le commentaire cynique fait par le magazine *Marianne* en mars 2016 à propos d'un article en ligne du *Figaro* titrant « Construire des crèches nuit-il au plein-emploi ? » (marianne.net).

travaillant dans le commerce, les banques, les assurances et les soins personnels, 40 % également des employés des services publics.

Selon F. Battagliola, la crise des années 1930 portera un second coup majeur au développement du salariat féminin. Sous prétexte de redressement économique, une série de décisions gouvernementales limitera le droit au travail des femmes : amputation du salaire des fonctionnaires épouses d'un fonctionnaire (1935)*, décret-loi créant une majoration de salaire versée aux hommes dont l'épouse est au foyer (1938)**. Parallèlement, le modèle de la mère au foyer est encouragé : 1939 est l'année de l'inscription au Code de la famille de l'allocation de mère au foyer[3]. Lors de la Seconde Guerre mondiale, le gouvernement de Vichy limite encore davantage les choix de vie des femmes : en 1940, il interdit l'embauche des femmes mariées dans la fonction publique et parapublique, met en congé sans solde les mères de trois enfants dont le mari travaille et à la retraite les femmes de plus de cinquante ans (dans le secteur privé, l'application de ces mesures sera toutefois moins rigoureuse). Il augmente également l'allocation de salaire unique (ASU)*** dont bénéficient les femmes dès leur mariage. Cependant, les mesures dissuasives envers le travail des femmes ne résistent pas aux difficultés

* Cette mesure fait partie de l'un des nombreux décrets-lois promulgués par Pierre Laval le 16 juillet 1935, en espérant redresser la situation financière du pays. Voir sur Gallica le « Décret supprimant la deuxième indemnité de résidence ou la deuxième indemnité représentative de logement pour les ménages de fonctionnaire » (gallica.bnf.fr).

** Voir article 2 du décret du 12 novembre 1938 relatif aux allocations familiales (gallica.bnf.fr).

*** Supprimée en 1978. Elle était subordonnée à l'inactivité professionnelle de la mère et était fonction du nombre d'enfants. Concrètement, le comportement privilégié était celui de la femme au foyer, avec au moins deux enfants.

économiques rencontrées par les ménages ni aux besoins de main-d'œuvre. C'est ainsi que sous la pression de l'effort de guerre, l'interdiction d'embauche des femmes dans les services de l'État est annulée en 1942.

Après la Seconde Guerre mondiale, les progrès médicaux et technologiques permettent l'augmentation de l'espérance de vie et amorcent une transition démographique : on fait moins d'enfants mais on accorde plus d'importance à leurs besoins et à leur instruction. Le salaire des femmes devient particulièrement important pour compenser celui des enfants qui vont à présent s'instruire au lieu de travailler. Ce besoin, conjugué à la forte pénurie de main-d'œuvre que connaît la France durant les Trente Glorieuses, les incite aussi davantage à revenir sur le marché du travail après avoir eu leurs enfants. Pourtant, les freins étant nombreux, nous sommes encore loin de pouvoir parler de « carrières » féminines. L'idéal féminin promu par la société, et largement soutenu par des politiques natalistes, reste celui de la femme au foyer. Ainsi, si l'apport de deux salaires facilite l'élévation sociale des membres des classes populaires ou des petites classes moyennes, une épouse au foyer est aussi une marque de la réussite sociale masculine. Les femmes d'ouvriers, lorsqu'elles sont inactives (32,9 % de taux d'activité en 1968), le sont pour d'autres raisons : n'ayant accès qu'à des emplois peu qualifiés, la faiblesse des salaires en découlant ne compense souvent pas les charges familiales dues à leur absence du foyer (frais de garde des enfants, baisse des allocations sociales)[3].

C'est à partir des années 1970 que les trajectoires professionnelles des femmes deviennent plus souvent continues : elles reprennent le travail après avoir eu leurs enfants* et leur

* Une situation disparate selon les milieux sociaux : la moitié des femmes non-diplômées deviennent inactives après une première naissance, contre à peine une sur dix parmi celles titulaires d'un baccalauréat ou d'un diplôme supérieur[3].

activité n'est plus seulement un appoint pour les besoins de la famille. Les mères du baby-boom sont 56 % à travailler lorsqu'elles ont un enfant, 41 % quand elles en ont deux, et seulement 23 % à partir de trois enfants[3]. Dans les années 1980, le mouvement initié se poursuit. Si en 1975, les femmes représentaient un travailleur sur trois, elles constituent presque un travailleur sur deux en 1998. Ainsi, depuis les années 1980, le niveau d'études et le taux d'activité des femmes ont tous deux progressé. Dans une analyse de 2011, l'OCDE conclut d'une part que les femmes ont plus de chances de réaliser leurs aspirations professionnelles et d'autre part que la hausse de leur activité a permis de mobiliser une main-d'œuvre supplémentaire jugée indispensable[4].

Féminisme ou économie : qui porte vraiment l'étendard du travail des femmes ?

Vous aussi, vous pensiez que la promotion du travail des femmes visait d'abord un objectif démocratique de société paritaire ? Il nous faut pourtant redescendre de notre petit nuage. Si l'on en croit l'OCDE, l'emploi féminin est aujourd'hui surtout considéré comme un atout majeur particulièrement déterminant sur les plans économique et social. Sur le volet social, il constitue une modalité d'empowerment* pour les femmes, ayant pour conséquences directes une limitation de la pauvreté infantile et de la précarité maternelle permettant une plus grande prise en compte du bien-être et de l'éducation des enfants. C'est la raison pour laquelle les politiques publiques diversifient leurs mesures

---

* Ce terme désigne habituellement l'octroi de davantage de pouvoir aux individus ou aux groupes pour qu'ils puissent eux-mêmes agir sur les conditions sociales, économiques, politiques ou écologiques qu'ils subissent.

à l'attention des mères qui renoncent, même temporairement, à leur activité professionnelle pour des motifs économiques. Par exemple, il est établi qu'en cas de séparation, l'activité professionnelle de la mère et l'offre de modes de garde abordables auront un rôle crucial dans sa nouvelle situation. Alors que le nombre de familles monoparentales devrait augmenter de plus de 23 % en France d'ici 2030[4] et que plus de 86 % de ces familles étaient composées de mères en 2012[32], il est important que celles-ci puissent disposer d'un emploi rémunéré, apte à offrir des conditions de vie décentes à leur foyer. De même, la pauvreté infantile reste malheureusement un problème très actuel : à la fin des années 2000, on comptait encore 8 % d'enfants vivant dans des ménages pauvres en France[4]. Pour pallier cette situation, certains pays, comme la France, conscients des difficultés spécifiques des familles monoparentales, allouent une aide financière de soutien familial. D'autres pays, tels que ceux du nord de l'Europe et la Nouvelle-Zélande, mettent l'accent sur l'intérêt pédagogique, pour l'enfant, de fréquenter une structure collective avant le début de sa scolarité pour encourager le travail des deux parents[5].

Du côté de l'analyse économique, rappelons, si besoin était, que les femmes représentent un adulte sur deux. Par conséquent, « Dans de nombreux pays de l'OCDE, l'augmentation de l'offre de main-d'œuvre féminine (en particulier parmi les mères de famille) est considérée comme une condition importante de la poursuite de la croissance économique, et plus généralement, du maintien de régimes de retraite et de protection sociale viables »[5]. En effet, la croissance étant basée sur la hausse du Produit Intérieur Brut (PIB) des États, tout produit ou service vendu supplémentaire permet d'augmenter l'indicateur. Ainsi, lorsque les mères de famille travaillent, elles augmentent le volume de services vendus d'une part avec leur propre travail et d'autre part avec les prestations de service qu'elles achètent pour compenser leur absence du foyer (garde d'enfant, personnel d'entretien, etc.). De plus, le travail salarié des mères et les autres emplois qui en découlent permettent d'augmenter le nombre de cotisants, contrairement au travail domestique qui n'est pas monnayé. Ainsi, dans un rapport de décembre 2012 sur les inégalités hommes-femmes[6], l'OCDE explique qu'une convergence totale des taux de participation masculin et féminin d'ici à 2030 pourrait conduire à une augmentation du PIB de 9,4 %. De même, l'ingénieure-chercheuse Christiane Marty pointe, dans un commentaire du rapport de 2001 du Conseil d'orientation des retraites (COR), l'importance de l'égalité de salaires entre hommes et femmes pour l'équilibre du régime des retraites : « Le volume des cotisations est diminué du fait de salaires trop faibles, du chômage (plus élevé chez les jeunes et les femmes), du sous-emploi (temps partiel subi) et de l'inactivité non choisie (la plupart des femmes au foyer) »[7].

Quoi qu'il en soit, il reste difficile d'évaluer le bonheur, l'équilibre et l'épanouissement des familles seulement au moyen du PIB, de même qu'il est illusoire de penser que l'épanouissement professionnel des mères n'est limité que par des critères économiques. Lucie Davoine, directrice de recherches au Centre d'études de l'emploi (CEE) et spécialiste de la qualité de l'emploi en Europe, s'est particulièrement intéressée au lien entre la satisfaction globale des Français et leur relation au travail. Elle nous apprend que 65 % d'entre eux souhaiteraient voir le travail occuper moins de place dans leur quotidien, contre seulement 50 % des Britanniques, des Belges ou des Suédois. De même, ils sont 75 % à souhaiter accorder plus de temps à leur famille (contre 60 % en Europe). En effet, les Français voient dans la famille un domaine d'investissement et de réalisation de soi, mais aussi « une activité extrêmement consommatrice de temps qui entre directement en concurrence avec le travail, particulièrement pour les femmes »[8]. Comment cela se traduit-il pour elles ? Généralement par un milieu professionnel particulièrement soupçonneux de leur investissement et régulièrement discriminant.

« Avant toute chose, Madame, avez-vous un mode de garde ? »

Comme le rappelait Françoise Battagliola, si le travail des femmes a contribué à leur émancipation, le milieu professionnel a aussi cristallisé les inégalités entre les sexes : dès le début du XXe siècle, les emplois féminins sont plus répétitifs, moins rémunérés, comportent moins de perspectives de carrière et ils n'allègent pas réellement le travail domestique des mères de famille, qui doivent s'acquitter d'une « double journée »[3]. Ce ne sont pas les mères d'aujourd'hui qui diront le contraire, elles qui redoutent d'annoncer leur grossesse à leur employeur, voient toute perspective de carrière s'amenuiser lorsqu'elles demandent un temps partiel, sont questionnées (illégalement) en entretien d'embauche sur leur future maternité* ou qui hésitent à afficher (comme peuvent

---

* En vertu de l'article L1221-6 du Code du travail, les informations demandées au candidat ne peuvent avoir comme finalité que d'apprécier sa capacité à occuper l'emploi ou ses aptitudes professionnelles. Ces informations doivent présenter un lien direct et nécessaire avec l'emploi proposé ou avec l'évaluation des aptitudes professionnelles. Toute question d'ordre privé, pouvant entraîner une discrimination à l'embauche, est donc proscrite.

le faire fièrement leurs confrères masculins) le nombre de leurs enfants sur leur CV. Une fois leur situation familiale connue, presque aucune mère de famille, de la femme de chambre à la cadre supérieure, en passant par l'employée en centre d'appel, n'échappe au contrôle soupçonneux de son employeur : avoir des enfants est bel et bien perçu comme un « risque » pour l'entreprise.

Ainsi, parmi les freins professionnels auxquels sont soumises les femmes, leur future maternité ou leur organisation familiale – réelle ou supposée par l'employeur –, comptent pour beaucoup et contribuent à creuser les inégalités salariales. Trois domaines illustrent ces inégalités femmes/hommes dans le milieu professionnel : la ségrégation des métiers, les inégalités de salaire et enfin la culture de l'entreprise fortement stéréotypée.

Emplois féminins, emplois masculins ?

Malgré une baisse depuis 30 ans, la concentration dans certains métiers reste plus forte pour les femmes : près de la moitié d'entre elles se concentrent dans une dizaine de métiers[9]. D'une part, explique l'OCDE, les hommes et femmes ayant suivi des études dans les mêmes domaines optent pour des métiers différents. D'autre part, les filles se dirigent majoritairement vers des filières traditionnellement perçues comme féminines sans parvenir à partager l'ensemble des secteurs d'activité avec les hommes, et ce malgré une meilleure réussite scolaire[3]. Elles sont ainsi surreprésentées dans les professions de soins ou d'accueil (administration, santé, social, services à la personne, enseignement), des métiers qui souffrent d'un grand manque de reconnaissance. Dans son livre *Un quart en moins*, l'économiste Rachel Silvera évoque l'exemple de Catherine, infirmière en psychiatrie, qui déplore que le relationnel, qui devrait relever d'une véritable technicité du soin, ne soit perçu que comme une qualité individuelle. Elle cite aussi Aïcha, hôtesse de caisse, à qui on demande une polyactivité (mise en rayon, accueil), sans lui reconnaître une polycompétence, ni lui octroyer formations ou revalorisation du statut à laquelle celle-ci ouvrirait droit[10]. Parallèlement, les femmes sont peu nombreuses dans les professions incarnant les vertus dites « viriles », à savoir force et technicité : en 2011, elles ne représentent encore que 2 % des ouvriers du bâtiment, 10 % des chauffeurs et 15 % des pompiers, policiers et militaires[11].

Inégalités salariales

Rachel Silvera rappelle qu'historiquement, le salaire d'appoint était socialement et économiquement légitimé en tant que « salaire féminin ». L'expression se concrétisait par un abattement par rapport au salaire masculin, figurant en toutes lettres dans les conventions collectives du début du XXe siècle, de l'ordre de 30 à 50 % pour un travail identique. La suppression de cet abattement en 1950 n'a pas empêché les entreprises de le contourner et nul ne doute que son ombre plane encore dans l'esprit collectif du XXIe siècle[10]. En 2013, l'écart de salaire mensuel net était encore de 19 % en défaveur des femmes. Une partie significative de ces écarts s'explique par le moindre nombre d'heures effectué par les femmes : selon la Direction de l'animation de la recherche, des études et des statistiques (Dares), elles occupaient en effet en 2012 pas moins de 80 % des emplois à temps partiel[12]. Mais l'écart se creuse également au moment des maternités : il augmente avec l'âge et s'aggrave durant les années de procréation et d'éducation des enfants, confirmant la « pénalisation » des mères. Selon l'OCDE, le manque à gagner lié à la maternité s'élevait en 2010 en moyenne à 14 % du salaire mensuel[6]. Enfin, la différence moyenne de rémunération observée entre les emplois « féminins » et « masculins » aggrave la situation[13]. Un déséquilibre qui est encore loin d'être endigué puisque l'OCDE déplorait en 2010 un sérieux ralentissement de la convergence des salaires masculins et féminins. Entre les années 2000 et 2010, l'écart est passé de 24,1 % à 21,6 % en Allemagne, de 10,2 % à 8,1 % en Norvège... tandis qu'il s'est accru en France (de 9,5 % à 13,1 %) ! Une hausse des inégalités qui pourrait expliquer le point faible de notre pays, classé 132e sur 145 en matière d'égalité de salaire au classement du Forum économique mondial sur la parité de 2015[33]. Les travailleuses indépendantes et les cheffes d'entreprise, également concentrées sur certains métiers, souffrent d'écarts de salaires similaires : selon l'Insee, si elles se répartissaient de la même façon que les hommes dans leurs différents secteurs d'activité, leur revenu moyen serait inférieur de plus d'un tiers[14].

Culture de l'entreprise

Selon l'OCDE, il semble que nombre d'employeurs s'attendent à ce que les femmes sortent (au moins provisoirement) de la population active lorsqu'elles ont un enfant, et ce quel que soit leur niveau d'études. Les femmes perçoivent ainsi rapidement que leurs perspectives d'évolution sont limitées et sont alors plus susceptibles de sortir du marché du travail : ce cercle vicieux contribue à renforcer le stéréotype de leur moindre fiabilité professionnelle[4]. La culture de l'entreprise, déjà à dominante fortement masculine, œuvre donc à sa propre reproduction, ainsi que l'expliquent la sociologue Bénédicte Bertin-Mourot et la consultante Catherine Laval : les modèles dirigeants sont masculins et les représentations du bon employé incluent toujours un fort présentéisme*, qui ne correspond pas aux obligations familiales encore majoritairement portées par les mères. Les femmes, considérées par les managers comme moins disponibles, se verront moins souvent proposer de mobilité géographique ou de postes d'encadrements, de crainte qu'une grossesse future vienne dérégler l'organisation de leur service[15]. Certaines recevront même des injonctions de leur hiérarchie à espacer les naissances pour favoriser l'organisation de l'entreprise, tandis que d'autres vivront une pression à l'efficacité accrue autour du congé maternité. Rachel Silvera raconte que, parmi les plus qualifiées, certaines femmes vont jusqu'à répondre aux injonctions implicites ou explicites des entreprises en restant connectées à leur activité durant leur congé maternité**[10]. Même si ces conséquences ne sont pas chiffrées, les économistes estiment que ce phénomène peut pousser les mères à se tourner vers des métiers à responsabilités moindres pour se protéger de la pression professionnelle, à rechercher un emploi plus proche de leur domicile limitant ainsi leur choix ou à demander un temps partiel jugé plus compatible avec la vie de famille[16]. Pour Bénédicte Bertin-Mourot, les écarts de prise en charge de la vie familiale ainsi que la faible représentativité des femmes aux niveaux supérieurs de l'entreprise sont le fruit de stéréotypes persistants sur les mères, qui conduisent les femmes à se heurter à un véritable « plafond de verre » en entreprise[15].

---

* Il s'agit d'une tendance du monde du travail français à voir dans les horaires à rallonge la preuve de l'engagement du salarié pour son entreprise. Dans d'autres pays, rester systématiquement tard à son travail est plutôt vu comme un manque flagrant d'organisation et d'efficacité.

** Elles seraient une femme cadre sur deux dans ce cas, d'après une enquête en ligne du site de recrutement de cadres Cadreo, effectuée en 2016 sur un échantillon de 1 432 cadres et dirigeants.

Rachel Silvera relate ainsi l'exemple représentatif de Maria, ayant passé 32 ans comme ouvrière câbleuse dans une usine sans la moindre augmentation salariale : une discrimination sans lien avec la maternité mais révélatrice de l'invisibilité féminine en entreprise, renforcée par l'exercice d'un métier peu qualifié.

Un second plafond à briser : le « plafond de mère »

Depuis quelques années, on observe une importante mobilisation militante des femmes actives exerçant des professions hautement qualifiées. Elles revendiquent en particulier le droit des femmes à « faire carrière » et à s'épanouir professionnellement. Brigitte Laloupe, autrice du blog militant *Olympe et le plafond de verre*, évoque le conditionnement précoce, par l'éducation et la culture, des ambitions professionnelles féminines, mais aussi la moindre considération qui en découle dans un monde du travail dont les règles et comportements sont édictés et évalués par les hommes au prisme de leurs propres normes. Elle invite les femmes à être les actrices de leur changement en prenant conscience de leur posture et de leur valeur, dans un monde où les différences biologiques ne justifient plus les inégalités[17]. Dans un mouvement similaire, Marlene Schiappa, créatrice du réseau et association *Maman Travaille*, incite les femmes à rendre leur conjoint plus actif dans la gestion des charges familiales, en déléguant, en l'incitant à adapter aussi ses horaires à la vie de famille. Avec Cédric Bruguière, manager de carrière dans une grande entreprise française, elle dénonce le « Plafond de mère », dans un livre éponyme sorti en 2015, pour illustrer la dimension limitante supplémentaire que la maternité peut jouer dans la vie professionnelle des femmes[18]. Autre initiative, le forum *Elle Active* propose des débats plusieurs fois par an dans différentes villes de France pour soutenir le travail des femmes (conciliation, ambition, affirmation de soi, création de réseau, etc.). Des réseaux d'échange, comme celui des Mampreneurs, se créent aussi pour faciliter les partages d'expérience des femmes cherchant à concilier quotidien de mère et vie de travailleuse indépendante.

Du côté des femmes ouvrières ou employées, les syndicats sont aujourd'hui une grande majorité à s'engager en faveur de l'égalité professionnelle et de la conciliation travail/famille. Ce sont souvent eux qui épaulent les rares femmes engageant des procès pour discrimination. Toutefois, cet engagement affiché a plusieurs limites : d'une part, les femmes restent peu représentées dans les syndicats, ce qui ne contribue pas à la visibilité du sujet de la conciliation à la table des négociations. D'autre part, dans de nombreuses petites entreprises, les salarié-e-s ne disposent pas de délégués syndicaux et sont donc encore moins soutenus sur ces sujets. Il n'y a pas non plus, à notre connaissance, de mouvement militant traitant spécifiquement de la conciliation qui soit porté par des femmes peu qualifiées – et pour cause : cet engagement demande du temps, un accès aux savoirs, un réseau, et une confiance en soi qui sont autant de privilèges sociaux difficilement accessibles.

Ainsi, tout en réduisant les femmes à leur seul statut de mère, ces trois principaux stéréotypes, contribuent également à décourager les quelques velléités d'implication familiale des hommes, ceux-ci redoutant de perdre leur « aura » de fiabilité et de se voir à leur tour frapper de la stigmatisation professionnelle que vivent quotidiennement les femmes.

En conséquence, de nombreuses mères, découragées par l'attitude du monde du travail à leur égard, choisissent d'aménager leur activité : ces aménagements varient de l'interruption totale à la réduction de leur temps de travail en passant par la réorganisation de leurs horaires. C'est la situation professionnelle de chaque mère qui semble déterminante dans ces choix : « les femmes en CDD connaissent plus souvent une cessation d'activité que celles en CDI [...] les mères travaillant dans le secteur public réduisent leur temps alors que celles du privé quittent plus souvent leur emploi [...] les moins diplômées connaissent plus souvent des sorties du marché du travail, qui diminuent plutôt leur activité ou leur temps de travail »[16]. En tout, elles sont 39 % des mères à déclarer que leur activité a été modifiée par la naissance de leur enfant (contre 6 % des pères). Par ailleurs, le rang de naissance de l'enfant influe sur ces ajustements : les femmes passent plus souvent à temps partiel à la naissance de leur deuxième enfant (34 %) qu'à celle de leur troisième enfant (18 %) mais elles cessent plus souvent de travailler à partir du troisième enfant (70 %) qu'à partir du premier ou du deuxième (37 % et 47 %). On observe donc que la diminution du temps de travail reste l'affaire des mères (22 % des femmes contre 6 % des hommes)[16].

De même, les pères salariés le disent : assumer sa paternité en entreprise, et les absences ou aménagements liés, est rarement chose aisée. D'après l'enquête « Modes de garde et d'accueil des jeunes enfants » de 2011, « 71 % des hommes estiment que leur entreprise n'aborde pas le sujet du côté des pères et que le regard de l'entreprise posé sur eux ne change pas à l'arrivée d'un enfant[19] ». Ainsi, si l'employeur se montre parfois compréhensif envers le jeune père qui décale ses horaires de travail pour amener ses enfants à l'école, il s'agace souvent après plusieurs absences pour « enfant malade ». Qu'elles viennent des collègues ou de l'employeur, la pression au présentéisme est réelle, laissant parfois fuser des remarques sexistes (« Ta femme ne peut pas s'en occuper ? ») ou des sous-entendus moqueurs (« Tu as pris un 4/5e ou quoi ? »). Brigitte Grésy, Secrétaire générale du Conseil supérieur de l'égalité professionnelle entre les femmes et les hommes, souligne ainsi la « paternité dissuadée » au sein des entreprises : malgré leurs bonnes intentions, les pères finissent souvent par se conformer aux attentes des employeurs, craignant une stigmatisation ou une réprobation tant de leurs supérieurs que de leurs pairs. Par exemple, l'accès à des formules d'aménagement du temps est moins facile pour les hommes que pour les femmes (27 % des femmes obtiendraient un temps partiel sur simple demande contre 14 % des hommes). De surcroît, note Brigitte Grésy, quand les possibilités d'aménagement existent (flexibilité du temps de travail, cadrage des horaires de réunion, possibilité de télétravail*, etc.), elles ne concernent que les salariés de bureau, et particulièrement les cadres**[20]. Ceux-ci peuvent d'ailleurs contribuer, depuis 2013, au réseau d'hommes Happy Men, créé à l'attention des cadres, managers et dirigeants masculins***. Il fonctionne sous la forme de cercles de paroles visant à « relever le défi de l'égalité professionnelle » en abordant les sujets des pratiques managériales, de l'organisation du travail et des règles implicites de l'entreprise afin de questionner, pour les hommes et les femmes, la réussite de la vie professionnelle comme personnelle. Mais pour la majorité des ouvriers et salariés des catégories populaires ou des commerçants, la conciliation sonne comme un privilège de classe, quand on sait qu'un tiers d'entre eux subissent des horaires longs ou atypiques et qu'un salarié sur sept doit composer avec des horaires variables ou imposés[21].

---

* Le télétravail, dont la définition et les conditions d'exercice sont inscrits dans le Code du travail depuis 2012, n'est pas un droit et reste un aménagement à négocier entre employeur et salarié (privé et fonction publique), même si la « loi Travail » du 8 août 2016 incite employeurs et syndicats à ouvrir des négociations sur le sujet. Plus de précisions sur le site droit-finances.commentcamarche.net.

La « loi Travail » rappelle également le droit à la déconnexion des salariés, notamment pour respecter la vie personnelle et familiale. Cela reste toutefois du domaine de la recommandation, donc fortement dépendant des contraintes managériales imposées à chaque salarié.

** Pour en avoir une vision plus détaillée, lire par exemple le détail des « actions à l'intention des hommes » citées dans le Baromètre 2015 de l'Observatoire de la Parentalité en Entreprise (observatoire-equilibre.com).

*** http://www.happymen.fr.

« Boulots et marmots : aujourd'hui, les femmes peuvent tout avoir ! »

Afin de lutter contre ces inégalités historiques et sociales mais aussi de réduire l'impact des maternités sur les carrières des femmes, la France a engagé parallèlement deux processus : d'une part, le pays a plusieurs fois légiféré en faveur de la parité entre les sexes ; d'autre part, les politiques familiales se sont efforcées d'encourager de plus en plus le travail des femmes et l'implication parentale des hommes.

L'État au secours des inégalités professionnelles

En 1983, la loi Roudy[22] (complétée par la loi Génisson du 9 mai 2001[23]), visant à l'égalité professionnelle entre les femmes et les hommes travaillant en entreprise, exigeait que les entreprises de plus de 50 salariés ayant signé un contrat avec l'État publient un rapport de situation comparée sur la parité en matière d'embauche, de formation, de promotion, de qualification, de classification, de conditions de travail et de rémunération. Ces rapports sont devenus obligatoires en 2001 mais selon la direction générale du Travail, 23 % seulement des entreprises françaises seraient aujourd'hui couvertes par un accord ou un plan d'action, sans compter que certains ne sont que des coquilles vides rappelant des principes de droit[10]. En 2006, la France a promulgué la loi relative à l'égalité salariale entre les femmes et les hommes*, visant à la suppression des écarts de rémunération, à une meilleure conciliation entre vie professionnelle et vie familiale et à une accélération de l'accès

* Les objectifs en termes de conciliation et d'égalité salariale sont rappelés sur la page dédiée à la loi du 23 mars 2006 relative à l'égalité salariale entre femmes et hommes du site officiel vie-publique.fr.

des femmes et des jeunes filles à la formation professionnelle et à l'apprentissage. Concrètement, cette loi garantit une compensation des effets du congé maternité, par exemple le droit de bénéficier des augmentations qui seraient intervenues si la salariée avait été présente. Elle rend obligatoire les négociations sur l'égalité salariale dans les grandes entreprises, ainsi que la formulation d'objectifs en matière de parité dans les petites. Des sanctions civiles et pénales sont prévues pour les employeurs en cas de mesures abusives*. Pour autant, comme le rappelle Rachel Silvera, monter des dossiers prouvant ces discriminations reste très difficile car cela suppose de collecter des éléments de comparaison portant sur les classifications et les rémunérations des autres salariés. En France, la plaignante doit établir un panel de salariés masculins dans une situation comparable à la sienne (embauchés à la même période, avec un diplôme équivalent, situés au même niveau de qualification et de classification) afin de comparer « toutes choses égales par ailleurs »[10]. Une exigence démesurée, irréalisable dans les entreprises de petite taille ou dans celles qui n'embauchent que du personnel féminin (secteur de l'aide à la personne par exemple). Ainsi, les recours pour discriminations (tous types confondus) représentent seulement 3,3 % des saisines relatives au travail, et sont exceptionnellement déposés par des femmes[10].

La récente loi pour l'égalité entre les femmes et les hommes (2014)** vise, elle, à combattre les inégalités dans les sphères

* La salariée qui s'estime victime de discrimination peut faire annuler la mesure ou être dédommagée aux prud'hommes. L'employeur peut aussi être condamné au pénal. Plus d'information sur l'égalité professionnelle homme-femme et les sanctions prévues : http://travail-emploi.gouv.fr.

** On peut suivre l'état de l'application de la loi du 4 août 2014 pour l'égalité réelle entre les femmes et les hommes sur vie-publique.fr.

privée, professionnelle et publique. Elle a notamment inclus une réforme du congé parental, ayant pour but de limiter le temps d'éloignement des jeunes mères de la sphère professionnelle et d'encourager les jeunes pères à s'impliquer dans les tâches parentales. Depuis le 1er janvier 2015, une partie du congé parental est réservée au second parent : pour un 1er enfant, cela consiste en une période de 6 mois supplémentaires destinés au second parent ; à partir du 2e enfant, le congé conserve sa durée de 3 ans à condition que le second parent en utilise au moins 6 mois. Aucune statistique ne permet à l'heure actuelle de mesurer l'impact de cette réforme sur la prise de ce congé par les pères.

Entre PIB et fécondité, l'État tente de tout encourager

Actuellement, en France, ce sont les mesures en faveur des familles qui sont majoritairement utilisées pour encourager les femmes à initier et à poursuivre leur activité professionnelle. En particulier, le congé maternité, incluant un maintien du salaire et une protection de l'emploi, renforce l'attachement des femmes au monde du travail. La France dispose également de la Paje (Prestation d'accueil du jeune d'enfant), un système d'aides financières diversifié, ayant pour objectif de laisser une importante marge de manœuvre aux familles en matière de choix du mode de garde des enfants d'âge préscolaire. Il comprend notamment un « complément de libre choix du mode de garde » dont le montant dépend des revenus du foyer. Il est versé aux parents qui font garder leur enfant par une assistante maternelle agréée, mais aussi à ceux qui ont recours à une garde d'enfants à domicile, à une association (crèche parentale), à une crèche municipale ou privée (comme les microcrèches). Ainsi, après que les politiques familiales françaises se sont focalisées sur l'encouragement des naissances, puis la promotion du modèle de la femme au foyer, Olivier Thévenon, chercheur à l'Ined, explique qu'elles viseraient à présent à soutenir la conciliation travail/famille en atténuant l'impact de la maternité sur la vie professionnelle des femmes[24]. Ceci passe notamment par la possibilité de trouver un mode de garde adapté et abordable pour l'enfant. Pourtant, fin 2013, la couverture des modes d'accueil était de seulement 55,1 places pour 100 enfants de moins de 3 ans (16,6 % sont des places en crèche, formule de garde la moins onéreuse)[34] ; un chiffre qui, de surcroît, ne reflète pas la disparité géographique de l'offre. On perçoit immédiatement la problématique posée aux parents qui travaillent. Thévenon ajoute que si toutes les familles ont droit à des aides financières, la dépense pèse plus lourd sur les ménages plus modestes, pour qui la PreParE* représente une indemnité substantielle, d'un montant concurrentiel face à un très faible salaire. Ainsi pour ces femmes, « le retour à l'emploi ne se fait alors pas toujours »[25]. Reste que la prise d'un congé parental peut être pour les femmes une façon de masquer une difficulté à trouver un emploi : en effet, 35 % des mères ont fait ce choix suite à la fin d'un CDD et 11 % suite à un licenciement. Mais si, en 1991, les motifs de cessation d'activité étaient majoritairement personnels (59 %) et résultaient d'un choix affirmé, ils ne représentaient plus que 21 % en 2011. On peut y voir un changement des mentalités en faveur du salariat féminin au cours de ces deux décennies, qui aurait rendu le choix de rester « au foyer » plus difficile à assumer, mais aussi l'accroissement des pressions économiques rendant

* Depuis le 1er janvier 2015, la PreParE a remplacé le Complément du Libre Choix d'Activité (appelé aussi « congé parental »). À temps complet, elle est indemnisée à hauteur de 400 € par mois environ. Accessible aux parents actifs et inactifs selon les revenus du foyer, elle peut être complétée par l'allocation de base (près de 200 € par mois).

indispensable un deuxième revenu au foyer* ou encore un souhait accru des femmes de travailler. Ce serait toutefois nier une part des réalités du monde du travail ainsi que le droit des femmes à l'autodétermination que de voir systématiquement le choix d'être « au foyer » comme un échec. D'une part, pour les nombreuses mères qui exercent des métiers peu gratifiants, mal payés et aux horaires difficiles, être « au foyer » est une solution légitime leur permettant de s'occuper de leurs enfants, sans avoir à consacrer la quasi-totalité d'un salaire à une solution de garde. D'autre part, si certains parents perçoivent un intérêt éducatif et de « socialisation » dans le choix d'un mode de garde, d'autres parents n'y voient qu'une solution « faute de mieux », qui viendrait révéler l'échec du partage des responsabilités entre parents et le triomphe des priorités professionnelles. Enfin, prendre un congé parental peut aussi être un projet mûri et anticipé économiquement, qui correspond au désir de partager avec son enfant des années perçues comme précieuses. Il n'en reste pas moins que davantage de places d'accueil pour les enfants d'âge préscolaire et plus d'aides financières pour y avoir recours auraient un impact positif sur le nombre de femmes qui travaillent. Or, si les employeurs savent renvoyer les femmes à leurs responsabilités familiales, les structures d'accueil de la petite enfance et les écoles font parfois de même ! Comme le rapporte Brigitte Grésy, certaines institutions contribuent largement à perpétuer les identités parentales sexuées, par exemple en sollicitant systématiquement les mères, pour les petites maladies comme pour les diverses contributions à la vie de l'école : ce faisant, les professionnels de la petite enfance rappellent « aux mères ce qu'ils considèrent comme

* En France, en 2008, plus de 60 % des couples sont des familles à deux apporteurs de revenus, selon l'Enquête sur les forces de travail de l'Union Européenne de l'OCDE (2008).

devant être leur rôle prioritaire et [...] signifient implicitement [aux pères] que leur présence n'est pas nécessaire »[20].

Quant à l'impact des politiques familiales sur l'investissement des pères, l'exemple du congé de paternité est révélateur. Malgré sa mise en place en 2002*, le ministère de la Santé note qu'en 2013, il n'était encore qu'un « droit exercé par sept pères sur dix »[26]. Si on note une progression depuis 2004, où ils étaient deux tiers à y avoir recours, les pères ne sont que 77 % à l'utiliser dans son intégralité. Le recours modéré au congé paternité s'expliquerait principalement par la lourdeur des charges professionnelles, les difficultés à se faire remplacer, l'instabilité de leur situation, la mauvaise connaissance du dispositif et des démarches[26]. Mais dans quelle mesure ne faudrait-il pas aussi invoquer leurs réticences à s'engager dans les soins quotidiens auprès de leur enfant ? Une hypothèse cohérente avec la baisse du taux de recours au congé paternité qu'on observe à mesure que la famille s'agrandit : à la naissance de leur 3e enfant, et pour une situation comparable, les pères ne sont alors plus que deux tiers en 2013, à avoir pris un congé paternité[26]. Brigitte Grésy en conclut que « l'absence de nouveaux modèles masculins, porteurs d'une paternité revendiquée et légitime, comme on peut le voir dans les pays nordiques [...] n'aide pas à la reconfiguration et à la déspécialisation des rôles. » Ceux qui rêvent d'égalité homme-femme ou d'approche éducative respectueuse tournent souvent leur regard vers nos voisins du Nord. Ont-ils pour autant trouvé la formule magique de la conciliation ?

---

* Le Code du travail accorde 3 jours de congé rémunérés aux jeunes pères et la Sécurité sociale leur offre 11 jours de congé indemnisés (18 jours en cas de naissance multiple). Les travailleurs indépendants peuvent aussi bénéficier d'une indemnité forfaitaire s'ils prennent leur congé paternité dans les 4 mois suivant la naissance.

« Il suffit de faire comme en Suède ! » Mythes et réalités de la conciliation aujourd'hui

Pour pallier le retard dans l'avancement professionnel des femmes, dû aux interruptions de carrière liées à la maternité, certains États sont allés plus loin que la législation française : quand notre pays demande aux entreprises de bien vouloir inclure l'égalité professionnelle dans leurs réflexions, d'autres exigent des actions. La loi canadienne, proactive, contraint les employeurs à prouver qu'ils appliquent le principe de l'équité salariale, à défaut de quoi ils sont forcés de corriger la situation. En Ontario, l'expérimentation dans une boulangerie avait par exemple permis d'augmenter de 4,65 $ de l'heure le poste de directeur du personnel (occupé majoritairement par des femmes), après comparaison avec la valeur de l'emploi de directeur des services (habituellement réservé aux hommes[13]). Au Québec, c'est la Commission des normes, de l'équité, de la santé et de la sécurité au travail qui veille au maintien de ladite équité : les entreprises doivent afficher leurs résultats tous les 5 ans* et cela peut aboutir au versement d'ajustements salariaux[13].

Les pays du nord de l'Europe, eux, optent plutôt pour un soutien à l'activité des familles et une facilitation de la conciliation. On y retrouve la mise en place d'une offre de places d'accueil répondant intégralement aux besoins de la population, des services de garde abordables en dehors des heures de classe mais aussi des politiques de congés parentaux incitatives,

* Un guide de la Commission canadienne des normes, de l'équité, de la santé et de la sécurité du travail (CNESST) recense des bonnes pratiques en équité salariale (disponible sur ces. gouv.qc.ca).

avec des durées individualisées entre les parents, visant autant à promouvoir l'égalité homme-femme qu'à déspécialiser les rôles parentaux du point de vue de l'entreprise. En Islande, depuis 2001, les parents disposent d'un congé parental individuel et intransférable de trois mois chacun et de trois autres mois à partager. Pendant ce congé, ils perçoivent une allocation non plafonnée de 80 % de leurs revenus moyens et les parents inactifs bénéficient aussi d'une allocation minimum garantie. Résultat : si en 2000, seuls 3,3 % des pères prenaient un congé parental en Islande, ils étaient 34 % en 2004[4]. L'individualisation rencontre toutefois deux limites : celle de l'investissement des pères dans la durée au fil des naissances, et celle du libre choix des familles.

Le modèle suédois de la conciliation travail/famille fait rêver nombre de parents français qui y perçoivent un idéal de vie et d'équilibre. Le congé parental y est plus souple qu'en France, davantage utilisé par les pères et surtout bien mieux rémunéré*, comme une forme de reconnaissance de la nécessaire présence parentale pour le jeune enfant. Mais au regard de l'effet sur l'emploi des mères, l'investissement des pères dans la durée pourrait constituer le point faible du modèle suédois. En effet, la Suède prévoit un congé parental de 480 jours à partager entre les parents, auquel s'ajoutent 2 mois réservés à chaque parent. Or, une norme sociale très suivie impose que la mère garde son enfant à la maison jusqu'à son premier anniversaire : le congé maternité est d'ailleurs intégré au congé parental. Le pays ne propose donc pas de structure d'accueil pour les enfants de moins d'un an. Ainsi, si les hommes ont la liberté de choisir le moment et la durée de leur congé, celui

* Le congé est rémunéré à hauteur de 80 % des revenus les 390 premiers jours. Il peut par ailleurs être scindé en jours pleins, demi-journées voire quarts ou huitièmes de journée ![5]

des femmes commence de fait avec la naissance de l'enfant, ce qui constitue une première forme d'inégalité. Par ailleurs, le congé parental étant commun, les choix de l'un réduisent les possibilités de l'autre. D'autre part, les taux de jours utilisés par les pères s'affaiblissent grandement à partir du 2e enfant[27]. Dans une parution de 2006 comparant l'articulation travail/famille en France et en Suède, le Centre d'étude de l'emploi (CEE) conclut que si en France, le recours au temps partiel des mères découle en partie de la structure du marché du travail (chômage élevé, surtout pour les moins qualifiées), les mères suédoises travaillent à temps partiel exclusivement pour des motifs familiaux : elles modulent leur temps de travail en fonction de l'âge de leurs enfants et pour s'adapter aux caractéristiques du système de garde. Le temps partiel « participe ainsi à bloquer l'accès des mères à certaines professions et tend également à fortement les concentrer, beaucoup plus qu'en France, dans des professions majoritairement féminisées et plutôt dans le secteur public »[28], une ségrégation horizontale qui contribue également à maintenir des différences salariales.

Enfin, l'individualisation des congés parentaux pose la question de la liberté de choix des familles. C'est d'ailleurs le principal reproche adressé à la récente réforme française du congé parental. La France considère d'une part que des congés parentaux trop longs finissent par nuire aux perspectives de carrière des parents, d'autre part que ce problème est d'autant plus aigu pour les mères peu qualifiées et aux revenus moindres*[5]. Toujours est-il que pour les familles préférant garder leur enfant jusqu'à son entrée à l'école maternelle, cette réforme a sonné comme une ingérence dans

* Du strict point de vue du marché du travail, l'OCDE estime que la durée optimale des congés parentaux serait de 4 à 6 mois en équivalent temps plein.

leur choix éducatif: compte tenu de la faible rémunération de ce congé, combinée à la forte mise en danger professionnelle qu'il peut représenter, il semble illusoire de penser que beaucoup de pères en situation de pourvoyeur principal de revenu s'y risqueront. L'équilibre entre incitation étatique à une plus grande intervention des pères dans la sphère familiale et négation du libre arbitre maternel* est particulièrement précaire. Et puis est-il légitime de vouloir «libérer» les femmes au foyer, malgré elles, c'est-à-dire de considérer leur activité comme nécessairement plus aliénante que celle des mères actives? Il semble pourtant que les compétences développées par les mères «inactives» n'échappent pas totalement à la société, puisque l'on voit régulièrement circuler sur les réseaux sociaux des infographies illustrant le nombre de métiers regroupés par la fonction de mère au foyer. Un site américain s'emploie même chaque année à estimer le salaire que représenterait ladite fonction si elle était rémunérée. Réponse: près de 7000 € par mois**! Quoi qu'il en soit, si l'heure n'est plus au versement d'un salaire parental, que seuls les partis d'extrême droite natalistes soutiennent encore actuellement en France, on pourrait a minima compter sur les entreprises pour reconnaître les capacités d'organisation, de planification, d'efficacité, d'endurance, que développent aussi les femmes au foyer. Car si les mères s'ingénient plutôt à masquer les «trous» de leurs CV, en lien avec leurs congés maternité et parental, l'employeur lui, profite bel et bien des

---

* Elles restent statistiquement les plus nombreuses, même si les «nouveaux pères» au foyer s'agacent régulièrement du manque de visibilité qui leur est accordée, comme le blogueur Till The Cat, dans sa rubrique dédiée «Père au foyer» (tillthecat.com).

** À ce sujet, lire l'article «Mères au foyer, votre boulot vaut 7000 € de salaire mensuel», de la revue en ligne terrafemina.com.

dispositions que celles-ci ont acquises dans un cadre familial. L'occasion, selon Brigitte Grésy, de transformer l'équation qui prévaut aujourd'hui, à savoir « parentalité = amoindrissement de la performance », en une nouvelle équation : « parentalité = enrichissement de la performance »[20].

Une initiative française encourageante a vu le jour en 2008 : la Charte de la Parentalité en Entreprise*, proposée par les créateurs de l'Observatoire de la Parentalité en Entreprise (OPE)**, à savoir L'Oréal, SOS Préma et Jérôme Ballarin, dirigeant d'une société de conseil en management. Les entreprises signataires de ce bref document s'engagent sur trois points : faire évoluer les représentations liées à la parentalité en entreprise, créer un environnement favorable aux salariés-parents (en particulier pour la femme enceinte) et respecter le principe de non-discrimination dans l'évolution professionnelle des salariés-parents. Si cette Charte a le mérite d'attirer l'attention de la société civile sur le sujet, elle n'est absolument pas contraignante pour ses signataires et la plupart des entreprises attendent généralement d'avoir engagé des actions concrètes avant de la ratifier. Elles mettent alors principalement en œuvre les cinq mesures suivantes : aménagement ponctuel des horaires en cas de problèmes familiaux, travail à temps partiel facilité sans impact négatif sur l'évolution professionnelle, règles simples de vie quotidienne (comme éviter les réunions trop matinales ou trop tardives), aménagement des congés parentaux et de paternité sans impact négatif sur l'évolution professionnelle, et enfin entretien pré- et post- congé de maternité

* Texte de la Charte de la parentalité en entreprise disponible sur observatoire-equilibre.com.

** Initialement créé sous la forme d'une association, l'OPE est devenu en 2014 l'Observatoire de l'Équilibre des Temps et de la Parentalité en Entreprise. Il travaille en partenariat avec le ministère du Travail et le ministère des Affaires Sociales.

et paternité. Des mesures de soutien financier*, plus rares, existent aussi dans les grandes entreprises. De leur côté, les salariés plébisciteraient aussi une charge de travail raisonnable, la possibilité du télétravail et la sensibilisation de la hiérarchie à la prise en compte de la vie personnelle de leurs employés. Les 500 signataires actuels étant principalement des PME et de grands groupes, la marge de progression reste considérable pour atteindre les 3 millions d'entreprises de l'Hexagone ! Sans compter que ce type de mesure présuppose également une capacité de négociation et d'échange entre salariés et direction, facilitée dans les entreprises où les salariés sont bien représentés, mais excluant les TPE au sein desquelles les pratiques restent hétérogènes et dépendent fortement du type d'activité et du bon vouloir de l'employeur. Enfin, il faut souligner que quelle que soit la taille de l'entreprise concernée, il existe surtout des emplois dans lesquels les revendications parentales sont totalement invisibilisées, du fait de la précarité des travailleurs. Dans *La famille désarticulée*, Laurent Lesnard, chargé de recherche en sociologie, introduit son propos avec l'exemple du quotidien d'Ysa T. et de son mari, tous deux employés dans le domaine du nettoyage et travaillant respectivement de 6 h 30 à 9 h 30 et de 14 h à 22 h. Chacun des parents ne voit ses enfants qu'une fois par jour ; le week-end n'est guère plus simple puisque le mari travaille aussi le dimanche[30]. L'exemple d'Aïcha, hôtesse de caisse, citée par Rachel Silvera est également représentatif : ses horaires de travail sont parfois répartis en deux plages très espacées sur la journée mais peuvent aussi changer du matin pour le soir en fonction des besoins. « C'est dur car [les enfants] se couchent seuls. Je cachais mon portable sous la caisse au

* Par exemple : mutuelles avantageuses, CESU, maintien total du salaire pendant le congé maternité ou paternité, primes de naissance, participation aux frais de garde.

début, au cas où ils chercheraient à me joindre, ça me rassurait »[10]. On imagine aisément la difficulté de trouver un équilibre familial dans de telles circonstances. Sans compter que planent sur ces travailleurs plus que sur d'autres encore l'épée de Damoclès de leur interchangeabilité.

Actuellement, en France, tous les parents travailleurs qui ne bénéficient pas des mesures évoquées par l'OPE, encore exceptionnelles, s'efforcent de trouver leurs propres solutions, entre nécessité financière, besoin d'épanouissement professionnel et attachement à leur présence auprès de leurs enfants. Ariane Pailhé et Anne Solaz, chercheuses à l'Ined, notent par exemple que le partage des charges familiales est souvent facilité lorsque les mères exerçaient un emploi de travailleur indépendant avant la naissance de l'enfant : « leurs emplois très chronophages [permettent] d'imposer une répartition égalitaire des tâches à leur conjoint, poussant ces derniers à des ajustements »[21]. Dans certaines familles, au contraire, l'un des parents – souvent la mère – choisit de se mettre à son compte après la naissance d'un enfant pour atteindre l'idéal de conciliation familiale. Une solution qui, au même titre que le temps partiel, entraîne quasiment toujours une forte baisse de revenus. Les autoentrepreneurs, statut au sein duquel les femmes représentent 40 % des travailleurs, retiraient par exemple en moyenne 450 euros mensuels de leur activité en 2012[14]. D'autres couples choisissent d'alterner l'investissement des conjoints dans leurs carrières respectives, privilégiant celle du parent qui est en pleine ascension. Cette approche rejoint l'une des solutions proposées par Marlène Schiappa dans *Les 200 astuces de Maman travaille*[29] : elle propose aux conjoints d'établir à l'avance les jours ou les semaines où ils seront d'astreinte sur les imprévus familiaux, en fonction des obligations professionnelles planifiées pour chacun. Une solution qui, une fois encore, ne s'applique qu'aux travailleurs disposant d'une certaine marge de manœuvre dans l'organisation de leur travail. En réalité, adultes et enfants n'ont aujourd'hui bien souvent plus le temps que de s'entrapercevoir. La cadence qui leur est imposée par le rythme et la nécessité professionnelle sont loin de placer la famille et l'humain au centre de l'organisation quotidienne… et loin de contribuer à la moindre conciliation.

Alors peut-être serait-il nécessaire de changer de paradigme. Aujourd'hui, le monde du travail est organisé autour de l'idée que la production des richesses compte plus que l'éducation des enfants. Le travail est ainsi devenu le seul mode de tout : de socialisation, de reconnaissance*, d'épanouissement personnel, d'égalité dans le couple, de rythme de vie… La place accordée aux politiques actuelles en faveur de l'égalité femmes/hommes ressemble aussi parfois à un prétexte pour mobiliser davantage de travailleuses, venant combler ce modèle économique où il devient surtout nécessaire de travailler plus. Travailler plus et souvent de façon précaire, sous prétexte que le plein-emploi n'existe plus**, en voyant fleurir les emplois atypiques, ni confortables, ni protecteurs : emplois aidés par l'État, intérim, contrats à durée de plus en plus déterminée, temps partiels imposés… Et si l'on changeait ce modèle pour les femmes et les hommes, pour les parents, pour tout un chacun : qu'adviendrait-il ? Plutôt que de chercher lequel des deux devra mettre sa carrière entre parenthèses, pourquoi ne pas admettre une intermittence professionnelle assumée ? Celle-ci pourrait à la fois permettre

* Françoise Battagliola[3] cite une étude de 1998 où une majorité de femmes avait le sentiment que seul le fait d'exercer un emploi procurait une place dans la société.
** En 2015, en France, on comptait 3,59 millions de demandeurs d'emploi. Or, comme l'expliquent Les Décodeurs dans un article sur Le Monde.fr, « Il n'y a pas vraiment 1,7 million d'emplois en attente en France ».

d'assumer les besoins intenses des jeunes enfants tout en créant un « roulement » sur le marché du travail. On pourrait encore admettre une forme de porosité plus grande entre travail et inactivité (pour les professions où cela reste possible et les personnes qui le souhaitent), où chacun se mettrait sur le marché du travail à la hauteur de sa disponibilité choisie et aux moments rendus nécessaires par ses besoins financiers ou de réalisation professionnelle. Ou bien envisager l'idée que quatre ou cinq heures de travail par jour sont suffisantes pour produire les ressources nécessaires à la subsistance et consacrer le temps journalier restant aux besoins des enfants (après tout, les chasseurs-cueilleurs n'auraient travaillé que 20 heures par semaine* !). Cela pourrait conduire à admettre une fois pour toutes que la présence du père est importante, que la liberté d'activité de la mère l'est autant. Cela pourrait aussi permettre aux couples de retrouver du temps conjoint, plutôt que de se relayer en permanence pour alterner garde des enfants et subsistance, et ainsi sortir du système de la « famille désarticulée ». Car à une époque où les employeurs trouvent aberrant que de jeunes diplômés refusent encore de travailler le week-end, il est évident que « la désynchronisation [de la famille] est une question sociale majeure qui affecte les couples de manière croissante »[30].

Plusieurs formes de refontes tantôt de l'économie, tantôt du marché du travail émergent actuellement, comme autant de propositions innovantes pour repenser la relation au travail en général et la conciliation travail-famille en particulier. Parmi elles, se trouve le revenu de base, porté en France par

* Dans son ouvrage *Âge de pierre, âge d'abondance. Économie des sociétés primitives* (Gallimard, 1976), l'anthropologue américain Marshall Sahlins évoque le temps de travail limité de la société des chasseurs-cueilleurs, visant à produire la seule subsistance nécessaire, en limitant toute notion de gaspillage.

le Mouvement Français pour un Revenu de Base (MFRB). Ce revenu constituerait un droit inaliénable, inconditionnel, cumulable avec d'autres revenus ; il serait distribué par une communauté politique à tous ses membres et son montant et son financement seraient ajustés démocratiquement. Le MFRB expose avec précision* les moyens de financer ce revenu et de repenser le système avec l'objectif de reconnaître que les activités dont on tire actuellement une rémunération ne sont pas les seules à véritablement créer de la richesse. : « Mettre en place un revenu de base, c'est donner le choix à chaque individu de s'engager dans des activités [...] productives de sens lorsqu'elles ne sont pas productives économiquement. C'est donc un puissant catalyseur [...] de nouvelles activités, vectrices de richesse économique et sociale »[31].

Des solutions de conciliation où conciliation prendrait alors le sens « d'un temps pour tout », parce que l'on aurait reconnu que chaque étape de la vie a une valeur inestimable pour l'avenir de la société : d'une part, accompagner les jeunes esprits dans un développement sécurisant, ouvert à leurs possibles et à un rythme qui ne soit plus celui de l'urgence à tout faire simultanément ; d'autre part, produire des richesses dans le respect des temps de vie de chacun, en laissant venir sur le marché les personnes les plus disponibles pour répondre à la demande et motivées par la tâche qui fera sens pour eux.

* http://revenudebase.info.

En bref

- Même avant de rejoindre le salariat, les femmes ont toujours contribué à l'économie domestique, équilibrant au quotidien leurs tâches entre sphère familiale et professionnelle.
- Dans les années 1970, le travail salarié des femmes devient majoritaire et continu : elles reprennent leur activité après avoir eu des enfants.
- La promotion du travail des femmes n'a pas qu'une vocation égalitaire : celui-ci contribue à l'économie et permet de limiter la précarité maternelle et infantile.
- Dans le cadre professionnel, les femmes sont confinées à leur fonction maternelle et victimes de discrimination : les emplois « féminins » sont dépréciés et moins bien payés. Cela aboutit à un « plafond de verre » qui limite les ambitions professionnelles des femmes. Les pères sont aussi victimes de cette culture d'entreprise stéréotypée : leur implication familiale est régulièrement moquée et découragée.
- Depuis les années 1980, l'État français légifère en faveur de la parité femme-homme, mais la reconnaissance juridique des discriminations professionnelles reste inaccessible en pratique. La France soutient principalement la conciliation vie familiale/vie professionnelle par des aides aux frais de garde. Toutefois, cette politique reste inefficace pour les mères à faible revenu.
- Les pays nordiques favorisent une plus grande implication des pères grâce à des congés parentaux individualisés et bien rémunérés. La parité n'est pourtant pas atteinte.
- Aujourd'hui en France, seules les grandes entreprises s'engagent notablement pour faciliter la conciliation. Leurs actions restent plutôt destinées aux cadres.

– Parallèlement aux initiatives visant l'optimisation professionnelle et familiale, d'autres modèles, tels que celui proposé par le Revenu de Base, proposent de travailler moins pour accorder une plus grande valeur à chaque étape de la vie et au développement des jeunes êtres humains.

CHAPITRE 6

Il n'aime pas les puzzles, tu crois qu'il se développe normalement ?

S'il est une chose stupéfiante avec les enfants, c'est sans aucun doute la vitesse à laquelle ils se développent. Combien de jeunes parents, surpris par l'intensité de ce spectacle, où la vie semble soudain défiler en *timelapse*, se découvrent de fugaces vocations de photographes, vidéastes ou écrivains pour tenter de collecter les traces de ce quasi-miracle ? Pourtant, la fascination des parents devant ce prodige se double aussi d'un revers moins joyeux ; car à l'attente du premier sourire ou des premiers pas, s'ajoute aussi la crainte d'un développement « anormal ». On pourrait y voir un symptôme de notre temps, où les progrès de la médecine auraient déplacé nos peurs de ne pas voir survivre nos enfants en une peur de ne pas les voir devenir autonomes. On pourrait aussi y discerner la marque de « l'individualisme » contemporain, une valeur qui reconnaît « l'individu » en tant qu'entité légitime pour revendiquer son identité propre au-delà de sa seule inclusion dans une lignée familiale ou dans la communauté[1] et qu'il appartient aux parents d'aider à construire et à développer. Le but de ce chapitre n'est cependant pas de chercher un responsable mais plutôt d'examiner les pressions auxquelles les parents sont soumis : recevoir pour mission de favoriser le développement de son enfant, à commencer par son développement cognitif, est loin d'être de tout repos ! Comment s'incarnent alors ces nouvelles responsabilités dans le quotidien des parents ? Comment ceux-ci s'en acquittent-ils ? Mais aussi, quelles positions occupent respectivement les praticiens de la santé et de l'éducation, les acteurs politiques, universitaires et scientifiques sur le grand échiquier de la « réussite développementale » des enfants ?

Quelques recettes parentales et médicales pour faire le plus merveilleux des bébés

Faire écouter du Mozart à un fœtus dans le ventre de sa mère le rendrait plus intelligent… Voilà l'histoire d'un mythe aussi tenace que révélateur des espoirs parentaux. En 2015, c'est à nombre de ces « recettes » éducatives à visée d'optimisation cognitive, que s'attaquait la chercheuse en philosophie et sciences cognitives Elena Pasquinelli[2]. Ainsi, le mythe mondial de l'« effet Mozart » dériverait en réalité de l'extrapolation hasardeuse d'une recherche menée en 1993 sur 36 adultes auprès de qui on a mesuré la réussite à quelques tâches intellectuelles, peu après leur avoir fait écouter de la musique. Une expérience retentée depuis en 1999 et 2007 sans le moindre succès. Ceci suffira-t-il à calmer la fièvre parentale pour optimiser les performances cognitives des bébés ? Rien n'est moins sûr.

Dans les catalogues de puériculture, la catégorie « éveil » est un incontournable de la tranche d'âge 0-24 mois. Derrière ce terme, et l'ensemble des « activités » qui sont proposées aux bébés, on distingue une version primitive des futurs jeux éducatifs*. Il n'est pas seulement question de divertir le bébé ou de lui fournir de quoi tromper l'ennui : chaque détail semble calculé pour favoriser la discrimination précoce des couleurs et des formes géométriques, pour stimuler les sens au moyen de textures élaborées, de miroirs et de sons, pour encourager les manipulations motrices, quand il ne s'agit pas de sensibiliser au vocabulaire typique des imagiers (animaux de la ferme, transports, etc.).

De son côté, la presse n'est pas en reste et fait régulièrement ses gros titres d'une vulgarisation plus ou moins heureuse des dernières découvertes scientifiques censées améliorer le potentiel cognitif des bébés : « Manger des fruits pendant la grossesse rendrait les enfants plus intelligents »[35], « L'allaitement rendrait les enfants plus intelligents »[36], « Quel est l'âge idéal d'une femme pour avoir un bébé intelligent ? »[37], « Dorloter bébé est bon pour son cerveau »[38]. En filigrane, semble là se dessiner une nouvelle éthique pour l'intervention parentale : une action serait bonne si et seulement si elle est à même de participer à l'optimisation cognitive de l'enfant. Ainsi, on ne cajolerait plus son enfant seulement parce que c'est doux et que ça correspond à l'idée qu'on se fait d'une relation parent-enfant, mais parce que c'est « bon » pour son cerveau ; de même qu'on s'abstiendrait de recourir aux punitions moins parce qu'on souhaite construire avec lui une relation basée sur le respect et la collaboration mais parce que ce serait « mauvais » pour son potentiel intellectuel. À sacrifier sur l'autel de l'intelligence notre bon sens éducatif, on pourrait se demander, non sans inquiétude, quel choix nous

* Voir chapitre 7.

serions capables de faire si d'aventure « une étude américaine » réussissait à prouver que pour rendre les enfants plus intelligents, il fallait les élever nus sur la banquise, ou les nourrir au lait de gorille.

Mais qu'on se rassure (ou pas), l'énergie mise dans l'entraînement cognitif des bébés est loin d'être l'apanage de la France. En Asie, on peut citer les centres « Baby Jumper Gym » qui proposent aux enfants de Singapour, de Malaisie ou d'Indonésie des cours intensifs en musique, langue et lecture, mathématiques, culture générale, mémoire photographique... à partir de 5 mois* ! Aux États-Unis, on pense à la fameuse méthode « Doman », élaborée par le pédagogue américain Glenn Doman dès la fin des années 1970, qui s'appuie sur une sur-stimulation pour tenter d'apprendre à lire aux bébés[3]. Côté presse, nombreux sont les articles des magazines qui résument en 10, 15 ou 20 points tout ce que doit faire un parent digne de ce nom pour optimiser le développement cérébral de son enfant[39] : parler lentement avec une voix haut perchée, regarder son enfant dans les yeux, lui administrer des massages, répondre rapidement à ses pleurs, adapter les jouets aux étapes de son développement, chanter des chansons, etc. Devant cette kyrielle de nouvelles missions parentales qui ont entre autres caractéristiques de nécessiter une disponibilité de chaque instant, une journaliste américaine, Pamela Druckerman, a dénoncé en 2013[4] l'épuisement des mères américaines à vouloir constamment sur-stimuler leur bébé, vantant au contraire les mérites de l'éducation... « à la française », où les mères seraient tellement plus détendues ! Mouais. Car si nous mettons bout à bout tout ce que requiert la réalisation de ces diverses injonctions en termes de moyens financiers (acheter les jouets, les livres, suivre

* www.babyjumpergym.com.

les ateliers d'éveil), humains (être suffisamment disponible pour son enfant, ou recruter une personne qui le sera), et culturels (être capable de lire des ouvrages, des articles, et de les mettre en pratique), il nous semble plus que jamais qu'être un « bon » parent ne va pas de soi. Ainsi, à la course au « bébé parfait » correspond bien souvent celle non moins vaine du « parent parfait ». Mais comment pourrait-on seulement reprocher aux parents cette conduite quand on mesure à quel point, dans notre société, l'intelligence est vue comme une qualité reine, voire un instrument de domination* ?

À côté de ce premier registre d'intervention d'ordre éducatif, s'en trouve un second, d'ordre médical : si les parents souhaitent « le meilleur » pour leur enfant, ils craignent aussi « le pire ». Depuis une trentaine d'années, c'est *in utero* (et même parfois avant !) que débute le repérage des malformations à l'origine de handicaps physiques ou cognitifs. La loi française distingue deux types de dépistages : le diagnostic *préimplantatoire*, qui implique la sélection génétique *in vitro* d'un embryon sain avant implantation dans l'utérus, et qui est strictement réservé aux couples qui se savent porteurs d'une anomalie génétique grave[5] ou aux cas où la naissance d'un enfant aux caractéristiques génétiques sélectionnées peut permettre de sauver un frère ou une sœur atteint d'une maladie mortelle[6]**, et le diagnostic *prénatal*, proposé à toutes les femmes enceintes. Celui-ci comprend des échographies destinées à repérer les malformations fœtales ainsi que des analyses biologiques plus spécifiquement dédiées aux

* Ainsi que le rappelait la sociologue de l'éducation Marie Duru-Bellat : le "racisme de l'intelligence" est une tentation récurrente par laquelle « les "dominants" s'efforcent de justifier leur position par l'essence supérieure qui serait la leur. » (Duru-Bellat, Marie et Fournier, Martine, *L'intelligence de l'enfant. L'empreinte du social*, Sciences Humaines. 2009).

** On les appelle aussi « bébés-médicaments ».

anomalies génétiques*. La loi française[7] encadre en principe très étroitement ces pratiques : la femme enceinte doit recevoir une information « loyale, claire et adaptée à sa situation », elle doit en outre être informée du « caractère non obligatoire » de ces dépistages, et peut enfin s'opposer à recevoir des informations sur les anomalies suspectées.

Interrompre une grossesse pour des raisons médicales

En France, l'Interruption médicale de grossesse (IMG) est autorisée jusqu'au dernier jour de la grossesse et ce, dans deux cas : celui où la gestation met en péril grave la santé de la mère et celui où « il existe une forte probabilité que l'enfant à naître soit atteint d'une affection d'une particulière gravité reconnue comme incurable au moment du diagnostic »[8]. En 2008, l'Agence de la Biomédecine a rendu un état des lieux très complet sur le diagnostic prénatal en France[9]. En dépit des accusations récurrentes des milieux catholiques conservateurs, ce rapport montre que la forte augmentation des dépistages n'a conduit qu'à une relativement faible augmentation des IMG. Ceci s'explique par le très grand nombre d'anomalies cardiaques et autres affections curables que ces diagnostics ont permis de prendre en charge efficacement. Néanmoins, les risques de retard mentaux, parce qu'ils sont généralement considérés comme incurables (comme dans le cas de la trisomie 21, qui touche environ 1 grossesse sur 800) aboutissent généralement à des IMG. Face à la crainte d'un possible eugénisme, l'Agence de la Biomédecine rappelle qu'en France, le rôle des soignants est d'accompagner les parents face au choix terrible entre deux transgressions : « celle de l'interruption prénatale de la vie à venir et celle de l'acceptation délibérée de souffrances postnatales. ». Un choix qui ne pourra être tranché qu'au cas par cas, dans le respect de l'histoire de chaque parent et de chaque famille.

* C'est le fameux « tri-test », qui évalue un pourcentage de risque de porter un enfant trisomique ou atteint d'une anomalie neurologique telle que le spina-bifida.

Outre la collaboration avec l'équipe médicale dans l'action de dépistage, les futurs parents sont également activement mis à contribution pour prévenir la naissance d'un enfant porteur d'un handicap, en particulier cognitif. L'effort maternel exigé passe par d'importantes restrictions alimentaires et comportementales visant d'une part à limiter l'absorption de produits fœtotoxiques (drogues, alcool, ainsi que certains médicaments) ; et d'autre part à prévenir la survenue d'infections, telles que la toxoplasmose ou la listériose, pouvant causer des malformations chez le fœtus*. Nombre de ces actions de prévention sont assez solidement justifiées : en France, le syndrome d'alcoolisation fœtale (environ 1 naissance pour 1 000) constitue la première cause non génétique de retard mental[10] ; de même le récent scandale causé par l'antiépileptique Dépakine, qui a été trop longtemps administré aux femmes enceintes en dépit de nombreux éléments prouvant sa fœtotoxicité, implique que la vigilance pharmacologique soit toujours nécessaire. Pas question toutefois de céder à la psychose ! Les précieuses données en ligne du Centre de Référencement sur les Agents Tératogènes (CRAT)**, qui actualise en permanence une veille bibliographique sur la grossesse et l'allaitement, montrent que de nombreux médicaments peuvent être pris par les femmes enceintes ou allaitantes de manière parfaitement sûre. On y apprend également qu'en dessous d'une consommation de deux verres d'alcool par jour : « La fréquence globale des malformations n'est pas augmentée. Les études sur des effectifs très importants [...] semblent, dans l'ensemble, écarter un retentissement neurocomportemental de ce type de

* Pour un panorama complet des consignes alimentaires recommandées pendant la grossesse, on peut se référer au document de l'Inpes, *Le guide nutrition de la grossesse* 2015 (inpes.santepubliquefrance.fr).

** http://lecrat.fr.

consommation maternelle d'alcool chez les enfants évalués à un âge de 2 à 14 ans. » De même, il semble que nombre des consignes d'hygiène durant la grossesse soient contestables, notamment lorsqu'on met en regard leur modeste intérêt et l'importante source d'anxiété qu'elles représentent. Ainsi, vous serez peut-être étonnés d'apprendre qu'en dépit de la grande attention qui lui est accordée en France, la toxoplasmose congénitale, qui contraint les futures mères à laver la salade avec l'attention du chirurgien, ne représente par an qu'environ 200 cas* (sur 800 000 naissances), dont une faible proportion subira des conséquences graves[11]**. Suivant les recommandations de la revue *Cochrane*, de nombreux pays européens tels que le Royaume-Uni, le Danemark ou la Suisse, ont d'ailleurs renoncé au dépistage systématique de la toxoplasmose durant la grossesse, estimant que cette pratique était inutilement coûteuse au regard de son faible bénéfice[12]. De même, la listériose, celle-là même qui prive les futures mamans de sushis et de fromages-qui-puent, a touché en 2014 seulement 49 femmes enceintes, ce qui a conduit à 9 décès *in utero****. Inversement, certains parents réclament plus d'efforts de prévention vis-à-vis d'autres affections tératogènes qui mobilisent moins en France, tel que le cytomégalovirus (CMV), une affection dangereuse pour le fœtus, extrêmement difficile à prévenir dans la mesure où elle est bénigne et fréquente

* Source : Agence nationale de sécurité alimentaire, de l'environnement et du travail (Anses). www.anses.fr.

** Dans une étude de 2004 sur 1 506 femmes ayant présenté une séroconversion à la toxoplasmose pendant leur grossesse, 95 fœtus ont présenté des signes d'affections à la naissance (dont 35 avec atteinte du système nerveux central), 22 femmes ont connu un avortement spontané, 27 une interruption médicale de grossesse et 4 un enfant mort-né.

*** Source : données épidémiologiques de l'INVS pour les maladies à déclaration obligatoire.

chez les jeunes enfants, et se retrouve ainsi dans la salive de la majorité d'entre eux. À l'heure actuelle, aucun traitement n'est disponible et une cinquantaine de bébés naîtraient chaque année avec des malformations graves liées au CMV[13]. L'heure ne semble pourtant pas au relâchement de la vigilance, bien au contraire ! Il existe actuellement une forte appétence dans la recherche scientifique pour la mise au jour de la responsabilité de facteurs environnementaux des plus banals dans la survenue des troubles cognitifs : le déclenchement de l'accouchement pourrait-il être lié à la survenue de troubles autistiques[14] ? Une grippe chez une femme enceinte pourrait-elle favoriser une schizophrénie chez l'enfant[15] ? Ou encore l'exposition *in utero* à certains perturbateurs endocriniens tels que le Bisphénol A ne pourraient-ils pas causer un trouble anxieux ou une hyperactivité chez l'enfant[16] ? Autant de questions scientifiquement intéressantes, mais qui laissent présager un accroissement massif du désir de contrôle des conduites et de l'environnement des femmes enceintes, avec à la clé sa dose de stress et de culpabilité.

Une fois l'enfant né, l'attention médicale se poursuit différemment : plus clinique, moins intense, mais aussi reposant plus sur les épaules des parents. De la naissance à 6 ans, vingt examens médicaux sont prévus et pris en charge à 100 % par l'Assurance Maladie. Outre les vaccinations, ils ont pour but « la surveillance [...] du développement physique, psychomoteur et affectif de l'enfant ainsi que le dépistage précoce des anomalies ou des déficiences. »[17] Durant ces consultations, le temps dont disposent les médecins pour apprécier le comportement de l'enfant est court, l'enfant n'étant lui-même pas toujours coopératif. Ceci induit que, bien souvent, ce sont les parents qui, par leur connaissance quotidienne de leur enfant, viennent les premiers alerter les praticiens sur un trouble du développement ; car contrairement à la grossesse, où les caractéristiques de la vie intra-utérine les disqualifient au profit de l'échographiste, les parents sont ici la principale ressource pour accéder au comportement de l'enfant. C'est ainsi que nombre des tests utilisés pour caractériser un trouble du développement de l'enfant s'appuient sur des questionnaires parentaux* – nous y reviendrons dans la troisième partie de ce chapitre.

Dès lors, on ne s'étonnera plus de l'intensité de la préoccupation parentale pour le développement de l'enfant. Cette écrasante mission, implicitement assignée par le corps médical au titre de la prévention du handicap, éclaire également sous un autre jour l'immense offre commerciale en matière d'activités d'éveil et de jeux éducatifs. Car lorsqu'on examine de plus près le contenu de ces activités, tout semble se passer comme si les concepteurs avaient traduit en matériel d'entraînement pour bébé une large partie des indicateurs que se donnent les médecins pour s'assurer du bon développement de l'enfant**. Si on se souvient de surcroît que ces jouets ne sont jamais vendus sans une mention très explicite de l'âge de l'enfant auquel ils sont censés correspondre, on comprend rapidement que ce matériel ludique puisse représenter une bouée de sauvetage à laquelle les parents se raccrochent pour tenter tant bien que mal de s'acquitter de cette mission d'expertise à laquelle ils ne sont ni formés, ni préparés.

* On peut citer l'Inventaire du Développement de l'Enfant (IDE), très utilisé et dont on retrouve assez facilement le contenu sur internet.

** Pour s'en convaincre, on peut se reporter au « test de Denver », dont on peut trouver sur internet un aperçu et dont est issue la liste des aptitudes répertoriées dans les carnets de santé.

Il ira loin ce petit! 50 ans de réussite scolaire et intellectuelle

Lorsque l'enfant grandit, la crainte parentale de voir se révéler un handicap s'apaise. Pour autant, la préoccupation vis-à-vis du développement de l'enfant ne semble pas réellement faiblir : à la peur de mettre au monde un enfant lourdement handicapé succède la peur de l'échec scolaire, fortement liée dans notre société à la réussite économique et sociale*.

Le sociologue Stanislas Morel a publié en 2014 un ouvrage[18] dans lequel il retrace l'histoire de l'échec scolaire en France au cours du XXe siècle. Selon lui, le concept d'« échec scolaire » n'a guère plus de cinquante ans. Ceci ne veut pas dire qu'auparavant tout le monde était brillant à l'école mais simplement qu'on n'y voyait pas un problème de société. C'est dans les années 1960 que l'expression « échec scolaire » apparaît dans les circulaires de l'Éducation nationale et dans la littérature pédagogique. Cette époque correspond en effet à une période de remise en cause très forte du système éducatif hérité de Jules Ferry, qui était organisé d'une façon très différente de celle que nous connaissons aujourd'hui. Au début du XXe siècle, la France était dotée d'un double système d'instruction complètement étanche et basé sur l'origine sociale[19], où le secondaire ne succédait pas au primaire, comme aujourd'hui, mais où les deux existaient conjointement : aux milieux populaires, l'ordre primaire et aux classes moyennes et supérieures, l'ordre secondaire. Ainsi, les enfants d'origine

* Les statistiques de l'Ined sur la période 2003-2009 montrent que le salaire médian d'un diplômé du brevet des collèges (ou moins) s'élève à 1 130 euros/mois, que celui de l'ensemble des diplômés de l'enseignement secondaire (CAP, BEP, Baccalauréat professionnel) s'élève à 1 250 euros, tandis que celui des diplômés de l'enseignement supérieur (du BTS au doctorat) s'élève en moyenne à 1 650 euros.

modeste fréquentaient l'« école primaire » et terminaient leur scolarité avec l'obtention du certificat d'études. Quelques-uns poursuivaient en intégrant les « cours complémentaires » ou l'enseignement primaire supérieur qui les amenait au Brevet élémentaire puis au Brevet supérieur. Les enseignants du primaire étaient formés au sein d'écoles normales primaires, où intervenaient des enseignants eux-mêmes formés dans les écoles normales supérieures primaires. De l'autre côté de la barrière sociale, les enfants issus de milieux favorisés intégraient à 6 ans les « petites classes » des lycées et y effectuaient leur scolarité de la onzième à la septième avant de poursuivre jusqu'à l'obtention du baccalauréat. Les professeurs des lycées étaient quant à eux formés à l'Université, elle-même recevant des enseignants formés par l'École normale supérieure*. Dès les années 1930, apparaissent les premières revendications en faveur d'une démocratisation de l'enseignement et les premières réformes dans cette direction : l'allongement de la scolarité obligatoire (14 ans en 1936, 16 ans en 1959) rend peu à peu caduque le certificat d'études (qui ne disparaîtra officiellement qu'en 1989), dont la fonction est remplacée par le Brevet d'Études du Premier Cycle du second degré (BEPC) créé en 1947 ; de son côté, l'enseignement primaire supérieur disparaît en 1941 au profit des « collèges modernes », préfigurant les « Collèges D'enseignement Général » (CEG) institués en 1959. Ce n'est pourtant qu'en 1975 que cet apartheid social a été aboli au profit du « collège unique » que nous connaissons aujourd'hui[20]. Dès lors, à partir de la fin des

* Les écoles normales supérieures d'enseignement primaires sont celles de Saint-Cloud (destinée aux garçons) et de Fontenay aux Roses (destinée aux filles), elles sont toutes deux les ancêtres de l'actuelle École normale supérieure de Lyon. De son côté, l'ancienne École normale supérieure a conservé son nom et désigne aujourd'hui l'école située à Paris, rue d'Ulm.

années 1970 se retrouvent mêlés, pour la première fois depuis l'avènement de l'école obligatoire, des enfants de culture et d'origine sociale très différentes. Plus encore, c'est l'enseignement bourgeois, issu de l'ordre secondaire, qui devient désormais la norme pour tous, ajoutant aux inégalités économiques un handicap social pour les plus démunis qui doivent s'adapter à cet enseignement. L'abolition des inégalités d'accès révèle alors l'ampleur des inégalités sociales : la société française découvre que les chances de « réussite » d'un enfant d'ouvrier sont bien moindres que celle d'un enfant de cadre[21], les professeurs du secondaire, non préparés à cet afflux massif et hétérogène d'élèves, commencent à crier à la « baisse du niveau » ; quant aux enfants des milieux populaires, les voilà pris dans une compétition inéquitable qui, par le jeu des comparaisons, leur insuffle lentement mais sûrement un profond « sentiment d'échec ». En 1981, les pouvoirs publics constatent les problèmes de scolarisation de ceux qu'il est alors convenu d'appeler les « nouveaux publics » et entament une politique de discrimination positive : c'est le début des Zones d'Enseignement Prioritaire (ZEP) qui ont à l'origine pour mission non seulement de compenser le handicap socioculturel par des moyens supplémentaires mais aussi de devenir des laboratoires d'innovation pour réinventer l'école, afin qu'elle soit plus adaptée à tous et que la reproduction sociale soit moindre. Au début des années 1990, la crise économique et les évolutions politiques bouleversent totalement la façon d'envisager l'échec scolaire : alors que dans les années 1970, il était vu comme le revers de la médaille d'une nécessaire démocratisation de l'enseignement, il devient dans les années 1990 la « preuve que la démocratisation scolaire a fait fausse route et qu'il est urgent d'en repenser les tenants et les aboutissants »[18]. L'échec scolaire acquiert alors une définition beaucoup plus stricte, qui en fait un indicateur mesurable et comparable avec les autres pays*, propre à guider une action d'État « rentable » : il désigne désormais l'ensemble des jeunes qui sortent du système scolaire sans certification, soit 15 à 20 % d'une classe d'âge. Face à ce nouvel échec scolaire, l'école se dote de nouveaux objectifs : il ne s'agit plus de permettre au plus grand nombre de poursuivre leurs études le plus loin possible, mais de garantir à tous une instruction minimale. Ceci signe le début d'un mouvement de « retour aux fondamentaux »**, c'est-à-dire du triptyque « lire, écrire, compter », et le développement de la rhétorique du « socle commun »[22]. Ce virage, consacré par une loi d'orientation et de réforme du système éducatif[23], aura de nombreuses conséquences tant à l'échelle des établissements qu'à celle de la pratique enseignante quotidienne : alors qu'auparavant c'était le collège qui incarnait la majeure partie des difficultés et enjeux scolaires, l'attention va désormais se focaliser sur l'école primaire, comme lieu de l'enseignement du « lire, écrire, compter » avec la volonté assumée de tuer le problème dans l'œuf ; par ailleurs va se développer la pratique intensive de l'évaluation (livrets d'évaluation, cahiers notés et annotés, renforcement des évaluations nationales, etc.) censée diagnostiquer les insuffisances et induire sans délai des remédiations. Enfin, cette redéfinition de l'échec scolaire conduit à une forte normalisation, c'est-à-dire une définition scolaire du « normal »

* Telles que lors des évaluations PISA, menées depuis 2000 par l'Organisation de Coopération et de Développement Économique (OCDE), qui publie tous les trois ans un comparatif des performances scolaires des élèves de 15 ans à travers le monde avec le but de rendre compte de l'efficacité des différents systèmes éducatifs.

** Une logique qui a parallèlement conduit à la réduction de la place du jeu à l'école, voir à ce sujet le chapitre 8.

et de « l'anormal » : puisque ces apprentissages ont été pensés pour que tous puissent les acquérir, ceux qui y échouent relèvent dès lors du pathologique. À l'explication sociologique de l'échec scolaire succède alors une explication médico-psychologique. Vous l'aurez compris, entre les tenants de l'une ou l'autre de ces visions, c'est un conflit scientifique, épistémologique et idéologique qui s'engage (et qui est aujourd'hui loin d'être apaisé !). D'un côté, les sociologues (et avec eux, les psychologues d'inspiration psychanalytique qui souscrivent généralement à cette approche) sont fustigés pour la culpabilité que leur explication impose aux différents protagonistes, leur incapacité à proposer des solutions pour remédier à leurs constats et la scientificité discutable de leurs méthodes ancrées dans les sciences humaines. De l'autre, les sciences cognitives sont accusées de vouloir naturaliser les inégalités, pathologiser les différences et faire entrer les enfants dans des cases. De notre point de vue, ces deux approches, loin d'être antithétiques, sont nécessairement complémentaires pour éclairer la question qui nous intéresse, celle de comprendre la préoccupation parentale actuelle vis-à-vis du développement cognitif de l'enfant. Cette posture est pourtant encore loin d'être partagée : en France, il semble actuellement que ce soit l'explication neurocognitive de l'échec scolaire qui emporte l'adhésion, tant au sein de l'Éducation nationale que sur la scène médiatique. Ce n'est un secret pour personne : les neurosciences fascinent, on les croit capables de mettre en chiffres et en graphes des expériences aussi subjectives que la créativité, la motivation, le bonheur, ou l'empathie. On les croit aussi capables de résoudre l'énigme de l'échec scolaire qui touche les uns et pas les autres. Dans le domaine de l'efficience cognitive, la méthodologie des neurosciences repose assez largement sur la psychométrie, c'est-à-dire l'utilisation d'outils de mesure des aptitudes intellectuelles, à commencer par « l'intelligence ». Prenons donc le temps de revenir sur la façon dont la question de la mesure de l'intelligence a évolué en France depuis le début du XXe siècle dans le domaine scientifique et scolaire.

On a pour habitude de faire remonter l'histoire de la mesure de l'intelligence aux travaux du psychologue Alfred Binet et du médecin Théodore Simon. Dans le contexte de l'avènement de l'instruction obligatoire en 1882, les deux scientifiques ont cherché les moyens de faire bénéficier tous les enfants de ce droit, y compris ceux atteints de déficiences intellectuelles[24]. Pour cela, ils ont mis au point la première échelle métrique de l'intelligence, afin de différencier les enfants qui seraient en mesure d'intégrer des dispositifs scolaires spécialisés (appelés « anormaux d'école ») de ceux à qui ils ne pourraient profiter (appelés « anormaux d'asile »)[25]. Le test, utilisable de 3 à 15 ans, consistait en une série d'épreuves de difficulté croissante mettant en jeu sans les isoler des aptitudes telles que la coordination, la mémoire, la volonté, la compréhension, l'attention, l'observation, la capacité d'abstraction. Grâce à un étalonnage sur un grand nombre d'enfants, Binet et Simon ont pu établir l'âge moyen de réussite à chaque épreuve. Pour déterminer le niveau intellectuel d'un enfant, il suffisait de lui faire passer dans l'ordre l'ensemble de ces épreuves, et de noter l'âge correspondant à la dernière réussie, ce qui permettait d'obtenir le fameux « âge mental ». Pour autant, les deux scientifiques estimaient que leur test ne pouvait être valide que s'il était réalisé par un praticien chevronné qui avait appris à maîtriser les nombreuses consignes de passation et d'évaluation. En France, la psychométrie de l'intelligence de l'enfant en restera globalement là jusqu'aux années 1970*, où les tests américains d'évaluation de l'intelligence commenceront à être traduits, puis utilisés de manière notable à l'école à partir des années 1990. Aux États-Unis, en revanche, il existait dès les années 1900 une effervescence scientifique et une forte attente institutionnelle autour de la question de la modélisation de l'intelligence et de son évaluation[24]. L'objectif était d'une part de tester les adultes afin de fonder la justice sociale sur l'attribution des plus hautes fonctions aux individus les plus intelligents, et d'autre part d'évaluer les plus jeunes pour optimiser leur orientation. Pour cela, il était nécessaire de disposer de tests réalisables à grande échelle, de manière rapide et automatisée. Le test Binet-Simon sera dans un premier temps adapté, mais assez rapidement, les progrès scientifiques en statistiques permettront d'opérationnaliser d'autres modèles pour évaluer « l'intelligence ». Si nous prenons la précaution d'inscrire intelligence entre guillemets, c'est d'abord parce que ce concept est loin d'aller de soi : nous avons le sentiment de savoir parfaitement reconnaître l'intelligence quand nous la croisons, et pourtant, les scientifiques se cassent les dents depuis un siècle pour la définir ! Ajoutons qu'il est nécessaire de garder à l'esprit le contexte spécifique d'élaboration de cette définition de l'efficience intellectuelle : ce qui a guidé la main des scientifiques américains du début du XXe siècle, c'est d'abord le projet de trouver le (ou les) facteur(s) qui sera le meilleur prédicteur possible de la réussite scolaire et professionnelle, ce facteur étant alors appelé « intelligence ».

---

* Le test de Binet sera réétalonné une première fois en 1949 puis reformulé sous la forme d'une nouvelle échelle métrique appelée NEMI, encore utilisée aujourd'hui pour les enfants de 3 à 14 ans.

Qu'est-ce que l'intelligence ?

Jacques Grégoire, professeur de psychologie à l'Université de Louvain, est une référence francophone en matière de psychométrie de l'enfant. Il offre un aperçu très complet des différentes modélisations scientifiques de l'intelligence qui ont pu être discutées aux États-Unis au cours du XXe siècle[26]. L'histoire commence en 1904 avec le psychologue Charles Spearman, qui remarque des corrélations importantes dans la réussite d'épreuves intellectuelles de nature pourtant très différente. Spearman fait l'hypothèse de l'existence d'un facteur commun entre les épreuves, un facteur d'intelligence, qu'il appelle le facteur *g* (pour général). Spearman invente alors une méthode de calcul statistique, appelée analyse factorielle, pour mettre en évidence son facteur *g*. En 1909, le psychologue Edward Thorndike reprend les tests de Spearman sans réussir à retrouver le facteur *g*: ceci le conduit à proposer l'existence de plusieurs facteurs, selon un modèle d'intelligences multiples. En 1938, le psychologue Louis Léon Thurstone donne corps à cette hypothèse et identifie cinq facteurs principaux d'intelligence, qu'il appelle « aptitudes mentales primaires » : le facteur verbal, le facteur spatial, le facteur numérique, le facteur de fluidité verbale et le facteur de raisonnement. Néanmoins, des erreurs de calcul dans son modèle sont rapidement pointées, si bien que ces nouveaux résultats ne remettent en réalité pas en cause l'existence d'un facteur *g*. En 1941, c'est au tour de Raymond Bernard Cattell de proposer sa théorie : pour lui le facteur *g* existe bel et bien mais doit être scindé en deux entités que sont l'intelligence fluide (capacité à résoudre des problèmes nouveaux) et l'intelligence cristallisée (représentant les compétences emmagasinées grâce à l'éducation et la culture). Il voit dans l'intelligence fluide l'opportunité d'évaluer les capacités des individus indépendamment de toute influence culturelle, un projet qui est aujourd'hui considéré comme illusoire*. En 1983, la théorie des intelligences multiples connaîtra une nouvelle jeunesse grâce au pédagogue Howard Gardner et à son hypothèse des huit

* Même une forme géométrique est ancrée culturellement, il n'existe aucun problème qui ne fasse pas référence à un moment ou un autre à des données culturelles.

formes d'intelligence : verbale, logico-mathématique, spatiale, musicale, kinesthésique, interpersonnelle, intrapersonnelle, et naturaliste. Le projet de Gardner sous-tend celui de personnaliser l'enseignement en fonction des intelligences préférentiellement mobilisées par chacun ; mais cette théorie sera vite abandonnée en raison de son manque de rigueur scientifique dans la définition des intelligences. De nos jours, c'est le modèle de John Bissel Carroll, développé à partir des années 1990, qui fait consensus. S'appuyant sur un très grand nombre de données recueillies lors de recherches sur les aptitudes entre 1930 et 1985, il propose un modèle dit « hiérarchique » de l'intelligence, qui intègre à la fois l'idée d'un facteur *g* dominant et celle de plusieurs facteurs secondaires mis au jour dans les approches précédentes, telles que celles de Thurstone et de Cattell.

Aujourd'hui, qu'il s'agisse de recherche scientifique ou d'évaluation scolaire, la pratique psychométrique est clairement dominée par les tests de David Wechsler. La première version de ces tests a été publiée aux États-Unis en 1959 tandis que la dernière mise à jour est disponible en France depuis seulement octobre 2016. L'évolution de ces tests a plus ou moins suivi celle des modélisations scientifiques de l'intelligence au cours du XXe siècle. En 1917, David Wechsler est un jeune psychologue qui reçoit une lourde mission : celle de tester individuellement les nouvelles recrues de l'armée américaine qui, du fait de leur manque de maîtrise de l'anglais ou de leur faible niveau scolaire, n'ont pas pu passer les tests collectifs d'intelligence. Il développe alors un test qui requiert un important travail d'observation, d'analyse et d'interprétation de la part des psychologues. Wechsler souscrit à l'existence du facteur *g* sans toutefois s'y confiner, son objectif étant d'abord de comprendre comment chaque humain interagit et s'adapte à son environnement. Pour lui, l'intelligence serait au cerveau ce que la capacité d'exécution d'une symphonie est à l'orchestre : elle dépend autant d'aptitudes spécifiques (les capacités de chacun des musiciens), que d'un facteur global (la direction de l'orchestre). Les épreuves de son test sont donc variées, tout en gardant un dénominateur commun rendant possible l'addition des scores. L'originalité du test de Wechsler par rapport à celui de Binet fut d'abandonner le calcul de l'âge mental et du « quotient intellectuel » qui lui est lié* au profit d'un classement des performances intellectuelles des individus au sein d'une classe d'âge. Ainsi, autrefois, un quotient intellectuel supérieur à 100 indiquait que l'individu était capable de s'acquitter de tâches que des individus plus âgés étaient en moyenne capables d'effectuer ; alors que dans la définition de Wechsler, il signifie qu'un individu a des performances statistiquement plus élevées que la moyenne des gens de son âge. Jusque dans les années 2000, le test de Wechsler partageait ses épreuves en deux grandes catégories (verbale, appelée « QI verbal », et logico-mathématique, appelée « QI performance ») directement inspirées du modèle de Thurstone. Mais c'est surtout après la mort de David Wechsler en 1981 que les chercheurs ont entrepris de faire évoluer l'outil afin d'intégrer les dernières avancées scientifiques réalisées dans le domaine de la psychométrie.

Actuellement, en France, deux tests de Wechsler sont disponibles pour la mesure de l'intelligence des enfants : le Wechsler Intelligence Scale for Children (WISC), destiné aux enfants de 6 à 16 ans, et le Wechsler Preschool and Primary Scale of Intelligence (WPPSI), pour les enfants non-lecteurs âgés de 2 ans et demi à 7 ans. Le WISC IV (4e édition, disponible en France depuis 2005) représente de loin l'outil actuellement

* Au sens strict, le « quotient intellectuel » est le résultat de la division de l'âge mental par l'âge réel multiplié par 100.

le plus souvent utilisé dans l'évaluation psychométrique*. Les épreuves sont regroupées selon quatre échelles qui remplacent le QI verbal et le QI performance : l'échelle de compréhension verbale, l'échelle de raisonnement perceptif, l'échelle de mémoire de travail et l'échelle de vitesse de traitement. Lorsque les résultats de l'évaluation de ces quatre échelles sont assez homogènes, il est possible de calculer le QI total qui en est une sorte de moyenne. Le WISC IV a été étalonné en France grâce à un échantillon de 1 103 sujets, harmonisé en tenant compte des catégories socioprofessionnelles, du sexe et de la répartition dans les régions françaises. L'étalonnage du WISC IV a montré qu'il n'y avait pas de différence de QI total entre filles et garçons ; en revanche, il laisse apparaître d'importantes variations socioculturelles. Le QI des enfants d'ouvriers se situe en moyenne à 96 alors que celui des enfants de cadres supérieur est à 110. L'origine de cette différence, génétique ou culturelle, alimente les débats entre les tenants de l'explication sociologique et ceux de l'explication neurobiologique. Car si l'existence d'une part génétiquement héritable de l'intelligence est un fait bien établi (notamment par l'étude des enfants adoptés), aucun gène (ou ensemble de gènes) de l'intelligence n'a encore été clairement identifié, de même qu'il reste encore à s'entendre sur la part respective d'inné et d'acquis dans les variations de l'intelligence : selon les études, les facteurs génétiques expliqueraient de 40 à 60 % des variations des QI chez l'enfant, un taux qui peut nettement s'abaisser lorsque l'accès à l'instruction est inégalitaire[27]. Si on se souvient en sus que ces tests évaluent d'abord une « intelligence » modelée dès l'origine par les critères de réussite scolaire, eux-mêmes issus de la culture des catégories favorisées,

* La 5e édition du WISC est appelée à remplacer progressivement la 4e édition, mais il semble qu'il faille attendre plusieurs années avant que ce remplacement soit généralisé dans les pratiques.

quoi de plus normal que de constater que les enfants issus de ces catégories ont toutes les chances d'y obtenir des résultats bien supérieurs ? De leur côté, les facteurs environnementaux sont nombreux et enchevêtrés, de telle sorte qu'il est souvent difficile de les étudier « toutes choses égales par ailleurs ». Enfin, si les sociologues ont pour habitude d'utiliser les catégories socioprofessionnelles et l'étude de la culture propre des groupes sociaux comme grille d'analyse privilégiée de l'environnement, les chercheurs en sciences cognitives distinguent pour leur part l'environnement familial, l'environnement non familial, et les autres facteurs environnementaux tels que les hasards et accidents de la vie[27]. Deux regards différents sur une même situation qui ne facilitent pas la mise en cohésion des inégalités dénoncées par les uns avec les corrélations identifiées par les autres.

Et s'il était « dys » ? Et si elle était précoce ?

Attachons-nous à présent à comprendre sur quoi repose cette explication neurobiologique de l'échec scolaire, qui s'est peu à peu imposée au sein de l'Éducation nationale depuis les années 1990. Dans cette partie, nous allons nous intéresser à trois diagnostics particuliers que sont la précocité intellectuelle, l'hyperactivité et les troubles « dys », qui apparaissent actuellement en France comme les plus fréquemment évoqués pour décrire en termes pathologiques les difficultés rencontrées par les enfants dans le cadre scolaire. Les chiffres annoncés par les experts des troubles des apprentissages sont effarants : 4 à 6 % des enfants seraient dyslexiques, 1 à 2 % dysphasiques, 3 à 6 % dyscalculiques, 5 à 7 % dyspraxiques, 3 à 7 % concernés par un déficit de l'attention, 2 à 3 % précoces. Mis bout à bout, cela pourrait représenter jusqu'à 15 ou 20 % des enfants, et correspondre peu ou prou aux 15 à 20 % d'enfants en grande difficulté scolaire[18]. Comment ces différents troubles sont-ils diagnostiqués ? Quelles répercussions ont-ils sur la scolarité des enfants ? Et qu'est-ce que ces troubles, leur diagnostic et leur prise en charge requièrent en termes de compétences, d'injonctions et d'investissement de la part des parents ?

Les troubles « dys » et troubles déficitaires de l'attention avec ou sans hyperactivité (TDAH) constituent ce qu'il est convenu d'appeler les « troubles spécifiques des apprentissages » (TSA). Le terme « spécifique » n'est pas choisi au hasard : il correspond précisément à la modélisation théorique de l'intelligence que nous avons évoquée plus haut, qui implique des facteurs spécifiques dominés par un facteur général. Ainsi, un enfant atteint d'un trouble « spécifique » est un enfant dont le niveau général d'intelligence est normal mais qui présente un déficit sur l'un des facteurs spécifiques. Ceci implique que toute démarche diagnostique d'un TSA passe par un test de QI, ayant pour but de différencier les enfants ayant une déficience intellectuelle (QI inférieur à 70) des enfants d'intelligence globale « normale » mais présentant des difficultés spécifiques[28]. Selon les épreuves, particulièrement réussies ou échouées, il apparaît au sein des résultats des « profils » cognitifs qui orientent les diagnostics : dans le cas de la dyscalculie, est attendu l'effondrement des performances aux épreuves de manipulation de nombres ; dans celui de la dyspraxie, cet effondrement concernera les épreuves nécessitant une manipulation d'objets symboliques ou réels ; pour la dysphasie, les épreuves impliquant le langage verbal ou symbolique seront échouées tandis que pour la dyslexie, ce seront les épreuves faisant intervenir le langage écrit qui donneront des résultats particulièrement faibles. Les diagnostics doivent ensuite être confirmés par des tests spécifiques aux aptitudes défaillantes.

Sur le papier, cela semble simple. Mais la réalité clinique est bien plus complexe et, dans les faits, poser un diagnostic de TSA est loin d'aller de soi ! Selon l'enquête du sociologue Stanislas Morel, les praticiens sont souvent confrontés à des dilemmes : ils distinguent mal ce qui relève d'un pur trouble de la cognition de ce qui relève d'autres facteurs environnementaux (par exemple : les tests distinguent difficilement un « mauvais lecteur » d'un enfant dyslexique) et ne perçoivent que rarement leur diagnostic comme robuste[18]. Il existerait alors un fort décalage entre le discours assuré et militant tenu sur la scène publique et les doutes qu'ils nourriraient intérieurement, ceux-ci étant renforcés par leur difficulté à maîtriser suffisamment le background théorique en neuropsychologie que sous-tendent ces différents diagnostics. Ce sentiment de confusion est par ailleurs entretenu par le rapport spécifique des enseignants à la sphère médico-psychologique. Stanislas Morel a ainsi pu montrer dans son enquête comment l'orientation vers une consultation médico-psychologique s'était peu à peu banalisée dans la pratique de l'enseignant (pour ne pas être l'enseignant « qui n'a rien fait », pour se conformer à la demande hiérarchique, parce que ça répond à ses questions ou à celles des parents, etc.) mais surtout comment elle était utilisée au quotidien comme un moyen de gérer l'hétérogénéité des classes et les handicaps socioculturels. Ainsi, les enseignants réclament un recours à l'orthophonie chaque fois qu'ils estiment qu'un enfant a besoin d'une aide individualisée qu'ils ne sont matériellement pas en mesure de lui fournir, plutôt que de se restreindre à ce qu'ils estiment être de véritables troubles pathologiques.

Reste la question des troubles déficitaires de l'attention avec ou sans hyperactivité (TDAH), qui apparaît plus comme une description médicale des troubles du comportement que des troubles d'apprentissage. Dans le cadre du TDAH, le diagnostic est posé sur la base d'informations recueillies par questionnaires auprès des parents et des enseignants*, le but étant de déterminer la présence ou non de symptômes caractéristiques du trouble. Sur les huit symptômes définissant le déficit de l'attention**, un enfant sera considéré comme concerné s'il en a manifesté, avant l'âge de 7 ans, au moins six sur une durée de plus de six mois, de manière suffisamment importante pour perturber le quotidien scolaire ou familial. A ceci peuvent s'ajouter ou non, selon les mêmes critères, au moins six des huit symptômes de l'hyperactivité***. De même qu'il est possible de s'interroger sur le rôle de la définition médicale des troubles « dys » comme une façon de « normaliser » l'apprentissage scolaire, le TDAH a fait l'objet de vives controverses. Celles-ci portent en particulier sur la crainte de voir « normaliser » le comportement des enfants (un enfant n'est alors plus « remuant », « énergique » voire « épuisant » mais simplement hyperactif !) et ce, d'autant plus qu'il est le seul TSA pour lequel il a été proposé un traitement médicamenteux : c'est le fameux méthylphénidate, plus connu sous le nom commercial de Ritaline, un médicament de la famille des amphétamines, prescrit de manière exponentielle aux États-Unis entre 1960 et 1990. En France, la prescription de ce médicament est considérée avec beaucoup de suspicion et de prudence[29]. De ce fait, le recours à ce traitement chimique est extrêmement encadré et ne concerne qu'une petite partie des enfants TDAH : la prescription initiale ne peut être faite que par un spécialiste et doit en principe faire l'objet d'un suivi mensuel[30].

---

* On peut citer en particulier l'échelle de Conners ou le questionnaire d'Achenbach dont on peut retrouver le contenu assez facilement en ligne.

** Par exemple : fréquence des erreurs d'inattention, difficultés à se concentrer sur une tâche, distraction, mauvaise compréhension des consignes, oublis fréquents, etc.

*** Par exemple : agitation constante, difficultés à s'engager dans des activités calmes, impulsivité, etc.

Au-delà de ces difficultés pratiques, le diagnostic de ces TSA appelle un certain nombre de réflexions. Tout d'abord, on peut s'étonner que soient définies comme une affection médicale des difficultés exprimées majoritairement dans le cadre scolaire, qui est éminemment culturel. Ce point de vue implique de considérer l'école comme un mètre-étalon de la normalité cognitive, propre à servir de support à la définition des pathologies dont les catégories (lexie, graphie, calcul, bonne conduite) ne sont ni plus ni moins que des catégories scolaires. Cette « scolarisation » de la neuropsychologie pourrait d'ailleurs bien mener à une impasse épistémologique pour la caractérisation scientifique des TSA : les chercheurs peinent à identifier des mécanismes propres à chacun des « dys » et proposent sans cesse de nouvelles sous-catégories pour mieux décrire la réalité clinique[28]. Par ailleurs, on peut s'interroger sur le décalage entre le caractère scientifique revendiqué pour la définition de ces différents TSA et la façon dont ils sont diagnostiqués, à savoir : par des méthodes issues des sciences humaines telles que des tests papiers-crayons et des entretiens cliniques, plutôt que par des technologies médicales comme l'IRM ou les dosages sanguins. Dans son bilan des données scientifiques de 2007 sur les « dys »[28], l'Institut national de la santé et de la recherche médicale (Inserm) reconnaît lui-même la grande difficulté de poser un diagnostic solide alors même que les limites entre pathologie et normalité sont encore très arbitraires et que les diagnostics sont uniquement basés sur des indices comportementaux.

Pour l'enfant et sa famille, les conséquences du diagnostic des TSA sont nombreuses. Du point de vue médical, leur prise en charge fait écho à la difficulté d'établir un diagnostic fiable. Les praticiens appliquent alors un principe de précaution en proposant à un large panel d'enfants les divers soutiens et rééducations (orthophonie, ergothérapie, psychomotricité et psychothérapie) destinés en principe aux seuls « dys »[28]. Si le désir de réagir rapidement en cas de difficultés scolaires est plus que respectable, il ajoute aussi de la confusion : si des enfants non « dys » peuvent avec succès bénéficier des rééducations médico-psychologiques, est-ce alors à dire que celles-ci n'ont finalement pas grand-chose d'un traitement médical spécifique d'une pathologie mais seraient plutôt des interventions pédagogiques habillées d'une blouse blanche[18] ? Est-ce à dire également que le milieu médical assurerait implicitement une partie de la mission à laquelle l'école aurait renoncé ? Côté école, la prise en charge des TSA consiste à aménager la scolarité pour permettre à l'enfant de maîtriser autant que possible le socle commun, sans être pénalisé par ses troubles. Ces éléments s'inscrivent dans la ligne du « droit à l'école pour tous », application au milieu scolaire de la loi du 11 février 2005 sur le handicap[31]. Confrontée elle aussi à la question des diagnostics incertains, l'école s'est dotée de plusieurs dispositifs permettant de s'adapter de manière graduée aux divers profils d'élèves : le Programme Personnalisé de Réussite Éducative (PPRE) s'adresse aux enfants en difficulté transitoire à caractère non pathologique et permet la mise en place d'un soutien pédagogique renforcé. Le Plan d'Accompagnement Personnalisé (PAP) est destiné aux enfants non reconnus comme handicapés mais diagnostiqués TSA : il permet l'aménagement de la scolarité pour permettre le suivi médico-psychologique ainsi que des allégements scolaires quotidiens (travail scolaire, polycopiés des cours, allégements des contrôles). Enfin, le Projet Personnalisé de Scolarisation s'adresse aux enfants reconnus handicapés* : il permet d'obtenir une orientation dans une classe spécialisée ou l'autorisation de

* Par la Commission des Droits et de l'Autonomie des Personnes Handicapées (CDAPH) dépendant de la Maison Départementale des Personnes Handicapées (MDPH).

suivre sa scolarité à domicile mais aussi de demander le recours à une auxiliaire de vie scolaire, l'attribution d'un matériel adapté à la gestion de son handicap (tel qu'un ordinateur), ou encore l'obtention de tiers-temps aux examens et aux concours. Ces dispositifs complexes sont loin d'être toujours connus et compris par les parents. En 2015, une note d'information[32] de l'instance d'évaluation de l'Éducation nationale a montré qu'une majorité de parents d'enfants porteurs de handicaps n'avaient pas connaissance des aménagements scolaires dont bénéficiait leur enfant. Elle a aussi pu montrer que les troubles du langage et troubles sensoriels étaient les handicaps majoritaires dans les familles favorisées contrairement aux familles défavorisées pour lesquelles ce sont les déficiences intellectuelles qui sont les plus représentées. Ceci est cohérent avec les travaux des sociologues qui ont décrit comment les parents issus des classes moyennes et supérieures réussissaient mieux que les autres à s'approprier les diagnostics de TSA pour améliorer autant que possible la scolarité de leur enfant en difficulté. Face aux classes surchargées, aux enseignants épuisés, aux budgets manquants, c'est-à-dire face à une école qui, malgré ses efforts, peine à faire « envie » aux parents et à convaincre qu'elle offre le meilleur à tous les enfants, de nombreux parents ont conscience que l'identification d'un « dys » ou d'un TDAH sera aussi une façon d'assurer « la scolarisation de leur enfant dans les meilleures conditions possibles » et de « susciter l'intérêt des enseignants pour l'enfant afin d'éviter leur renoncement pédagogique »[18]. En d'autres termes, ces parents ont réalisé que ces diagnostics, même mal taillés, et scientifiquement discutables, seront un moyen d'obtenir un peu de l'empathie, de la différenciation, de la bienveillance que l'Éducation nationale est encore loin d'être en capacité d'accorder à tout-e-s.

Intéressons-nous à présent à une autre spécificité cognitive actuellement très présente dans l'espace public : *la précocité intellectuelle.* Il s'agit de la terminologie adoptée par l'Éducation nationale* pour désigner les enfants ayant un quotient intellectuel élevé (au sens de Wechsler). Si nous ne l'avons pas traité en même temps que les autres TSA, c'est en raison de sa profonde ambivalence : tantôt handicap, tantôt don du ciel. L'histoire de la précocité en France montre que c'est précisément parce que la précocité a pu, à partir des années 1990, commencer à être considérée comme possiblement « handicapante » qu'il a semblé légitime de lui donner une visibilité institutionnelle, scolaire et académique[33]. Ainsi, pour le sociologue Wilfried Lignier, spécialiste de la question de la surdouance, le diagnostic de précocité resterait un diagnostic « noble ». De même que la *Princesse au petit pois* se voit couverte de bleus en raison de son haut rang, qui la rend sensible au point d'être meurtrie par un petit pois enfoui sous une pile de matelas, l'enfant précoce serait d'une intelligence si noble qu'il pourrait être meurtri par le seul contact avec l'environnement vulgaire que serait l'école. Ceci est cohérent d'une part avec le fait qu'il est un des seuls diagnostics pour lesquels la « normalité » est généralement vécue comme une déception[33] et d'autre part avec le fait que sa conséquence scolaire la plus fréquente est un saut de classe, qui fonctionne au sein de l'école comme un « titre symbolique »[33].

Mais outre ces considérations sociologiques, la précocité est également une spécificité cognitive étudiée dans le domaine de la neuropsychologie. D'un point de vue théorique, elle se

* L'appellation fait régulièrement débat : le terme « surdoué » étant considéré comme trop pédant, le terme « intellectuellement précoce » comme inexact scientifiquement, le terme « HP » (pour haut potentiel) un peu sec, ils sont alors nombreux à opter de manière familière pour la métaphore des « zèbres ».

définit par un QI supérieur à 130, un seuil directement lié à la construction mathématique de l'échelle de Wechsler où chaque écart de 15 points correspond en quelque sorte à un ordre de grandeur différent : ce sont donc deux ordres de grandeur d'intelligence qui séparent une personne ayant 100 de QI et une personne ayant 130. On considère alors que cette différence est suffisamment importante pour générer un décalage problématique, d'où la définition de la précocité. En pratique, c'est un peu plus compliqué : certains spécialistes fixent le seuil de la précocité à 125, arguant qu'un décalage peut être ressenti avant la limite théorique des 130, quand d'autres la repoussent au contraire à 145. Cette instabilité est d'ailleurs pointée par Nicolas Gauvrit, chercheur en sciences cognitives, comme un obstacle à l'établissement de résultats fiables relatifs à la précocité[27]. En France, la majorité des psychologues estiment en outre que le test de QI ne constitue pas en lui-même le diagnostic, mais guide seulement l'expertise clinique du praticien[34] : ils s'attacheront alors autant au résultat du WISC qu'aux indices cliniques d'un fonctionnement cognitif hors norme. Par ailleurs, il existe de nombreuses situations où les règles d'utilisation de l'échelle de Wechsler interdisent le calcul d'un QI total : c'est le cas lorsque les performances de l'enfant sont trop hétérogènes dans les différentes sous-échelles. Calculer un QI dans ce cas reviendrait à considérer qu'une moyenne de 10 est pertinente pour décrire les notes 0 et 20. Il existe également des cas où la passation du test doit être adaptée : parce que l'enfant est trop jeune pour rester concentré un long moment, ou parce qu'il n'est pas coopératif. Dans tous ces cas, c'est sur l'expertise du praticien seule que repose la responsabilité d'interpréter les résultats et de poser le diagnostic de précocité. Ceci pousse le sociologue Wilfried Ligner à considérer que ces nombreuses marges d'interprétation, couplée à une attente parentale intense, peuvent conduire les psychologues à être complaisants dans l'établissement des diagnostics[33]. Une pratique inconsciente qui peut être lourde de conséquences pour les enfants et les familles. Car pour eux, poser un diagnostic de précocité (ou de troubles « dys ») comporte aussi l'espoir de « mettre des mots » apaisants sur les difficultés – réelles – qu'ils rencontrent, d'entrevoir des solutions pour les pallier, mais aussi de pouvoir rencontrer, au sein des associations de parents, une communauté de soutien avec qui partager son quotidien.

Malgré ces écueils à l'établissement des diagnostics, la recherche en neurosciences tente malgré tout de caractériser cognitivement le profil des personnes d'intelligence supérieure à 130, ne serait-ce que pour fournir aux psychologues des indices cliniques fiables pour guider leur expertise. Nicolas Gauvrit a ainsi publié en 2014 un ouvrage de vulgarisation de l'état de la recherche sur le sujet[27]. De son propos émerge l'idée générale que la connaissance du fonctionnement des personnes présentant de très hauts scores aux tests de QI est encore parcellaire et que les certitudes en la matière sont encore rares. Par exemple, il semble relativement bien établi que les enfants précoces ne sont pas plus dépressifs que les autres, ni plus anxieux, et que leur « intelligence émotionnelle » n'est pas globalement plus importante. Les indices sont également nombreux pour dire que les enfants précoces pourraient être plus souvent concernés par les « dys » ou le TDAH. Il semble aussi qu'ils soient plus rapidement aptes à manipuler des formes d'humour sophistiquées et à recourir au jugement moral, et que leur créativité soit plutôt plus importante que la moyenne. Ainsi, Nicolas Gauvrit estime que « dire que le cerveau d'un enfant surdoué fonctionne de manière radicalement différente de celui d'un enfant ordinaire serait très excessif: plus efficace, plus puissant et se développant plus vite, utilisant parfois des régions supplémentaires, oui. Le plan d'organisation globale reste pourtant le même, et les différences sont plus quantitatives que qualitatives… et restent ténues »[27].

Du côté des familles, les résultats de l'enquête sociologique de Wilfried Lignier montrent clairement que les parents issus des classes moyennes et supérieures, possédant une certaine familiarité avec les connaissances médico-psychologiques et la psychométrie sont surreprésentés. Ce n'est pas un hasard : ce sont également eux qui ont le plus de moyens matériels et financiers pour porter une grande attention à l'environnement éducatif de leur enfant et se montrent assez souvent insatisfaits de l'offre de formation que propose l'école publique française. La sociologie juge alors assez sévèrement la démarche de ces parents d'enfants précoces, qui useraient de ces diagnostics et de la facilité d'accès à celui-ci que leur statut social leur procure pour obtenir des privilèges pour leur enfant. Si cette interprétation a le mérite de pointer du doigt l'inégalité dont sont victimes les enfants des milieux modestes, elle invisibilise aussi, sans le résoudre, le fort malentendu qui existe entre les parents des catégories supérieures et l'école, alimentant le cercle vicieux de l'incompréhension.

Ainsi se résume la longue course des parents pour donner « le meilleur » à leur enfant, dans une société qui survalorise « l'intelligence » abstraite, qui est fortement ancrée dans la culture académique, qui poursuit le projet ambivalent de prévenir « l'anormalité » tout en cherchant à l'inclure sans discrimination, et dont les destinées individuelles sont plus que jamais déterminées par les trajectoires scolaires. Le discours public n'est pas avare de critiques envers ces parents, trop inquiets, trop élitistes, trop envahissants, incapables de laisser sa place à l'école, manipulant les psychologues, faisant pression sur les enseignants, cherchant à obtenir des passe-droits pour excuser la paresse ou la mauvaise conduite de leur enfant. Ces critiques bien communes occultent néanmoins totalement les innombrables pressions avec lesquelles les parents doivent composer. Car sans même qu'ils en aient conscience, les voilà pris en étau entre des conflits qui les dépassent pour la plupart : des conflits politiques où l'idéal d'une société dans laquelle les plus faibles ne manqueraient de rien affronte celui d'une société où les plus forts seraient reconnus à leur « juste » place ; conflits scientifiques où les explications neurobiologiques des sciences cognitives affrontent les explications sociales des sciences humaines ; conflits idéologiques où les psychologues d'orientation cognitive et comportementale affrontent les psychologues d'orientation psychanalytique ; conflits corporatistes où les sphères d'expertise des enseignants et des professionnels paramédicaux se retrouvent au coude à coude ; conflits internes de parents amenés à choisir entre l'étiquetage médical de leur enfant et le risque de voir ignorées voire déniées ses souffrances et ses difficultés quotidiennes en milieu scolaire.

En bref

- L'idéal de « bonne parentalité » implique actuellement une action et une attention soutenue en faveur du développement cognitif de l'enfant.
- La prévention des troubles cognitifs commence *in utero* : aux médecins de diagnostiquer les malformations, aux futures mères de suivre les consignes d'hygiène et d'alimentation.
- Le dépistage des troubles du développement repose en large partie sur les parents : ce sont souvent eux qui alertent les professionnels et qui sont à même de les renseigner sur le comportement de leur enfant.

- Le concept d'échec scolaire a émergé dans les années 1970, où il était expliqué par les inégalités sociales, avant d'être reformulé dans les années 1990, où il a commencé à être attribué par l'existence de troubles organiques. Ces deux explications sont actuellement en conflit.
- L'histoire des tests d'intelligence a environ 100 ans et est essentiellement anglo-saxonne. Le but était de trouver de bons prédicteurs de la future réussite scolaire et professionnelle.
- Actuellement en France, c'est la 4e édition du WISC qui est la plus utilisée pour évaluer l'intelligence de l'enfant.
- Les troubles organiques invoqués actuellement pour expliquer l'échec scolaire sont principalement les troubles « dys », le trouble de déficit de l'attention avec ou sans hyperactivité et la précocité.
- Le diagnostic de ces troubles est souvent difficile et incertain. Les praticiens s'appuient sur leur expertise clinique et recourent au principe de précaution.
- Ces diagnostics sont socialement marqués : les parents issus de catégories favorisées sont plus souvent à même de les demander, et de réclamer une adaptation scolaire pour leur enfant.

CHAPITRE 7

Faut-il mater l'enfant-roi ?

Sous des apparences paisibles, le petit monde de la parentalité est déchiré par de véritables guerres de tranchées, la plus fameuse étant sans doute l'épineuse question de « l'enfant-roi ». Depuis les années 1950, on utilise à foison cette expression pour désigner sans vraiment les analyser les inquiétudes sociales et individuelles des adultes face aux enfants. À tel point qu'il semble légitime de se demander si « l'enfant-roi » désigne réellement un comportement enfantin ou plutôt une affection parentale, une phobie de la perte de contrôle, une manifestation spécifique du conflit intergénérationnel, ou encore l'incarnation éducative de bouffées nostalgiques en faveur d'un « avant » plus glorieux.

La définition du concept que tente Didier Pleux, psychologue et directeur de l'Institut français de thérapie cognitive[1], est emblématique de cette ambivalence. Pour lui, diagnostiquer les « enfants-rois », c'est avant tout changer de regard sur les comportements de l'enfant et s'affranchir de toute forme d'angélisme : « vous avez observé que… il ne dit pas bonjour. Vous pourriez penser que… Il est mal luné. C'est peut-être le signe que… Il manque de respect pour autrui. […] Vous avez observé que… il aide parfois spontanément. Vous pourriez penser que… il pense aux autres. C'est peut-être le signe que… Il décide quand il se frustre. » Est-il seulement possible de déterminer un seul comportement de l'enfant qui pourrait ne pas être suspect selon cette grille de lecture ? Il est permis d'en douter. De l'autre côté de l'échiquier, les partisans de l'« éducation positive » adoptent un point de vue diamétralement opposé : « l'enfant-roi » serait une chimère née précisément d'une mauvaise interprétation des comportements naturels du cerveau humain en maturation. Pour la très médiatique psychologue Isabelle Filliozat[2] « l'enfant ne cherche ni à tendre un piège à ses parents, ni à les tester. Il n'en a tout simplement pas les capacités intellectuelles. » Elle invite les adultes à relire les crises de colère et d'opposition des enfants comme autant de manifestations de l'immaturité de leur cerveau qui requerrait soutien et empathie, plutôt que rudesse et sévérité. Mais l'opposition ne s'arrête pas là : pour les nostalgiques de l'autorité perdue, la violence serait du côté de l'enfant, dont la délinquance ne cesserait de rajeunir et de s'intensifier alors que les partisans de l'éducation « positive » dénoncent la violence sociale, institutionnelle et éducative dont l'enfant est victime. Pour autant, le discours des premiers n'est pas exempt de critique sociale : plus qu'une pathologie de l'enfance, « l'enfant-roi » serait un mal civilisationnel*. Pour le pédopsychiatre Daniel Marcelli[3], « l'enfant-roi » ne serait rien de plus que la

* « L'enfant-roi » échappe à la pathologisation et n'apparaît pas parmi la description des troubles psychiatriques référencés dans la très inclusive Classification Internationale des Maladies (CIM) de l'OMS. Voir en particulier la section V F90-98 (consultable sur atih.sante.fr).

conséquence des progrès scientifiques du XXe siècle qui, en réduisant à néant la mortalité infantile, en mettant à jour la complexité cognitive de l'esprit de l'enfant, auraient fait de lui un bien très précieux, objet de toutes les attentions au point d'en devenir « roi ».

Dès lors, une série de questions se posent : Qu'en est-il de la réalité du phénomène des « enfants-rois » ? S'agit-il d'un fantasme d'éducateurs vieillissants ou d'un véritable péril social ? Les enfants ont-ils réellement pris le pouvoir sur les adultes ? Leur autonomie, autant que leur insubordination est-elle réellement sans précédent ? Mais aussi que faire, en tant que parent, de ces injonctions éducatives contradictoires qui s'étalent sur la scène publique ? Faut-il se fier aux partisans de l'éducation autoritaire, rompre avec l'angélisme, favoriser l'obéissance des enfants et la domination des adultes pour préserver l'ordre social ? Ou s'en remettre aux tenants de l'éducation positive, et traquer les violences éducatives « ordinaires » pour tenter de construire un monde plus respectueux pour les générations à venir ?

Les enfants, c'est plus ce que c'était !

Que ne l'a-t-on pas entendue cette phrase, ainsi que toutes ses variantes ! À la télévision, dans la bouche des personnages politiques, dans les journaux, dans les yeux levés au ciel de la grand-mère, dans les soupirs de l'enseignant… à tel point qu'on voudrait la croire intemporelle et universelle. Internet regorge d'ailleurs de citations prétendument antiques, aux origines douteuses, sur l'avènement d'une enfance dépravée, désobéissante et irrespectueuse des adultes. Quelques-unes n'en sont pas moins authentiques, même si leur décontextualisation par le biais de la citation génère des contresens. Parmi les textes le plus souvent rapportés, on trouve un extrait de *La République* du philosophe grec Platon au IVe siècle avant J.-C. : « le père s'habitue à devoir traiter son fils d'égal à égal et à craindre ses enfants, le fils s'égale à son père, n'a plus honte de rien et ne craint plus ses parents, parce qu'il veut être libre »[4]. Loin de se vouloir prophétique, cette citation prend en réalité place dans une discussion politique sur les risques pour la démocratie d'une trop grande liberté accordée à ses membres. De même, on peut lire les écrits du poète grec Hésiode au VIIIe siècle avant J.-C. : « Les vieux parents seront méprisés par leurs enfants impies qui leur adresseront des paroles injurieuses, sans redouter l'œil des Dieux »*, sans préciser qu'il s'agit en réalité d'un récit de la fin des temps, lié aux croyances de l'époque sur l'Âge d'or perdu. Que peut-on conclure de tout cela ? Sans doute pas que l'exaspération actuelle pour la jeunesse est un poncif vieux de plusieurs millénaires, mais peut-être plus simplement que la question de la préservation de rapports harmonieux d'entraide et de respect entre ascendants et descendants a souvent pu être pointée comme un élément fondamental pour la stabilité d'une société, un élément qui n'irait pas forcément de soi, et de là, serait propre à générer des inquiétudes récurrentes à chaque période de pessimisme social où l'avenir semble incertain.

Quoi qu'il en soit, le « péril jeune » était déjà bien présent en France dès le début du XXe siècle. Les spécialistes de la délinquance juvénile montrent ainsi comment, dès 1900, la figure des « Apaches », a pu être introduite par la presse pour désigner ceux que nous appellerions aujourd'hui les délinquants, un terme issu des fantasmes européens sur les « sauvages »

* Une traduction de *Des travaux et des jours* est disponible sur fr.wikisource.org.

d'outre-Atlantique[5]. Dans les années 1960, les Apaches deviennent les « Blousons noirs » et commencent à alimenter les colonnes des journaux de leurs incivilités, leurs violences et leurs dégradations, et avec elles, la peur des adultes[5]. Pourtant, ces « blousons noirs » bénéficient du regard relativement indulgent d'une société encore traumatisée par la guerre. L'ordonnance du 2 février 1945 relative à l'enfance délinquante[6] est emblématique de cette vision, dans laquelle les enfants délinquants, considérés comme des victimes indirectes de la guerre, doivent avant tout être protégés et éduqués : « La France n'est pas assez riche d'enfant pour qu'elle ait le droit de négliger tout ce qui peut en faire des êtres sains », peut-on lire dans le préambule de sa version initiale. Mais cette indulgence paternaliste ne survivra pas aux évolutions de la société et volera en éclat lorsque « l'insécurité » deviendra, au début des années 1990, un thème récurrent du discours politique garantissant le succès électoral[5]. En 2015, une journée d'étude a été organisée à la demande de la ministre de la Justice Christiane Taubira, pour faire un état des lieux des connaissances relatives à la délinquance des enfants et adolescents[7]. Pour les spécialistes ainsi réunis, la version actuelle de l'ordonnance de 1945 est un texte vidé de ses principes fondateurs, mis au service d'une justice responsabiliste qui privilégie la sanction et la contention : le principe d'atténuation des peines des mineurs (par rapport à celles encourues par les majeurs) a été remis en question, la spécialisation des professionnels intervenant dans la justice pour mineurs a été amoindrie, le « droit à l'oubli », c'est-à-dire à la non-inscription des infractions dans le casier judiciaire est devenu conditionnel, et les procédures ont été accélérées au point d'en devenir expéditives (ce sont les fameuses « comparutions immédiates »). Autant d'éléments qui avaient déjà conduit, en 2009, le Comité sur les droits de l'enfant des Nations unies à tirer la sonnette d'alarme[8], craignant que la France ne s'éloigne des exigences de la Convention internationale des droits de l'enfant (CIDE) dont elle est signataire. Mais le mal est fait et l'opinion publique, qui ne mesure « l'insécurité » que par le truchement des faits divers et les exhortations des personnalités politiques n'est désormais plus en mesure d'avoir la moindre empathie pour l'enfance délinquante. Avec une augmentation officielle de 80 000 à 200 000 mineurs mis en cause par la police et la gendarmerie entre 1970 et nos jours[5], la France ne s'interroge plus, elle analyse encore moins, elle a peur.

Les chiffres font souvent autorité et provoquent une cécité mentale qui empêche de s'interroger sur la façon dont ils ont été produits. Or, c'est précisément l'effort fondamental qu'il faut entreprendre pour se faire une représentation moins passionnelle de la délinquance juvénile. Un travail que les sociologues Véronique Le Goaziou et Laurent Mucchielli ont réalisé et dont ils rendent compte en 2009 dans un livre, *La violence des jeunes en question*[5]. Pour eux, les statistiques policières, seules sources utilisées dans le débat public, souffrent de très nombreux biais. Tout d'abord, elles ne recensent que les actes que les victimes déclarent, et réciproquement que les forces de l'ordre enregistrent. Il est par exemple connu que les viols, agressions sexuelles et violences intrafamiliales sont largement sous-reportés[9], le nombre de faits enregistrés n'est donc pas représentatif de la réalité. Réciproquement, l'orientation des victimes vers un dépôt de plainte ou une simple main courante (absente des statistiques policières) varie fortement selon les contextes, les agents et les époques. Ensuite, ne sont prises en compte dans les statistiques de la délinquance juvénile que les affaires dites « élucidées », c'est-à-dire pour lesquelles l'auteur a pu être identifié (sans quoi il ne serait pas possible de savoir s'il est mineur ou majeur). Ce dernier point amoindrit fortement la représentativité de l'échantillon : d'une part, il le réduit de façon inhomogène (vu la variabilité des taux d'élucidation : moins de 5 % pour les vols de vélo à plus de 70 % pour les coups et blessures volontaires[9]) ; et d'autre part, il le biaise, dans la mesure où le taux d'élucidation est aussi utilisé comme indicateur principal de l'efficacité des services de police et de gendarmerie, et est donc soumis à de fortes pressions hiérarchiques. Pour être évaluées positivement, les forces de l'ordre ont donc « intérêt » à transmettre un maximum d'affaires dans lesquelles les auteurs sont connus. Dans ce contexte, on ne s'étonnera guère des fortes augmentations de la détention de stupéfiants et des outrages à personnes détentrices de l'autorité publique, qui sont des infractions faciles à constater lors des contrôles de police et dont la multiplication est de ce fait très « rentable ». Enfin, il existe un fort biais de sélection : on sait depuis les années 1970 que la délinquance des filles est sous-reportée en raison des stéréotypes qui les font considérer comme inoffensives[5] ; réciproquement, on sait aussi que la surreprésentation des jeunes des milieux populaires n'est pas sans lien avec la politique répressive de « tolérance zéro » qui cible particulièrement ces quartiers de relégation sociale[9]. Ajoutons à cela que les statistiques policières de la délinquance, quand bien même elles s'affranchiraient de tous ces biais, sont entièrement modelées par l'état du droit : c'est lui qui pénalise ou dépénalise les comportements au gré des évolutions sociales. C'est ainsi qu'avant 1958, les statistiques policières n'incluaient ni la conduite en état d'ivresse ni la conduite sans permis (alors absents du Code de la circulation routière) et qu'avant la loi Veil de 1975, les avortements illégaux étaient en revanche comptabilisés ; mais c'est aussi de cette façon qu'à partir de

1994 et l'avènement du nouveau Code pénal[10], de nouvelles infractions telles que les « appels téléphoniques malveillants » ou les « agressions sonores » sont venues grossir les chiffres de la délinquance, rejointes en 2003 par l'interdiction de se réunir dans les cages d'escalier des immeubles et l'outrage aux symboles de la République[11]. Une disparité qui réduit à néant la pertinence des comparaisons dans le temps.

Mais alors, comment avoir une idée fiable de l'évolution des comportements violents des jeunes? Plutôt que de s'en remettre à des chiffres établis par les institutions, l'idée des sociologues a été d'enquêter directement auprès des victimes et de leurs auteurs : on parle alors d'une part des enquêtes de « victimation » et d'autre part des enquêtes de délinquance « autorévélée ». Deux méthodes scientifiques utilisées de longue date outre-Atlantique et qui ont émergé en France à partir des années 1980*. Ces enquêtes ont apporté deux résultats essentiels. D'abord, la grande stabilité temporelle de la violence des jeunes avec le profil suivant : premiers actes délinquants reportés vers l'âge de 10 ans, multiplication de ces actes jusqu'à 15 ans avant une décroissance naturelle vers 20 ans. Cette stabilité, mise en évidence entre 2000 et 2005 par Véronique Le Goaziou et Laurent Mucchielli, est par ailleurs cohérente avec les résultats des autres enquêtes de délinquance autoreportée menées depuis plusieurs décennies aux États-Unis : leur comparaison avec des données remontant au XVIIIe siècle a même fait avancer à certains l'hypothèse d'une invariance historique de comportements délinquants à l'adolescence[9]. Ensuite, ces enquêtes révèlent l'ampleur insoupçonnée de la délinquance non reportée : « selon les études, les pays et les

* Ces enquêtes s'inscrivaient alors dans un contexte plus large portant sur la santé des jeunes. Voir par exemple M. Choquet, S. Ledoux, *Adolescents : une enquête nationale,* Inserm, 1994 (résumé consultable sur persee.fr).

questionnaires, de 70 à 90 % des jeunes déclarent avoir commis au moins un acte de délinquance au cours de leur vie »[5]. Songez aux bonbons volés, aux coups de fil anonymes passés, aux signatures de parents imitées, aux trajets de bus resquillés et vous mesurerez vite combien ces chiffres peuvent devenir astronomiques et s'étendre bien au-delà des seules catégories sociales les plus précaires.

La violence des jeunes est-elle pour autant un péril ? Pour la société, sans doute pas. Les sociologues estiment que la majorité des actes de délinquance juvénile causent un faible préjudice (outrages, incivilités, fraude aux transports) et entraînent plus souvent des atteintes aux biens qu'aux personnes*. Faut-il pour autant banaliser cette violence ? Il semble raisonnable de répondre par la négative. D'abord parce que ce tableau ne doit pas occulter la minorité de jeunes délinquants dont les comportements sortent du cadre modéré décrit plus haut et procèdent moins de l'entrée dans l'adolescence que du résultat d'importantes carences éducatives et affectives. Et aussi parce que si l'hyper judiciarisation ne semble pas une réponse constructive aux transgressions juvéniles, il serait non moins criminel de la part des adultes de faire la sourde oreille. Il est de leur responsabilité d'adultes d'offrir les outils et les espaces nécessaires aux enfants et aux adolescents pour exprimer leur mal-être, pour les éduquer dès le plus jeune âge à régler leurs conflits sans violence mais aussi d'ouvrir les yeux sur ce que ces violences révèlent du sexisme, du racisme et autres rapports de force inégalitaires en présence dans notre société. Enfin, cette action éducative ne doit pas nous empêcher de questionner les normes

* Lorsqu'il y a atteinte aux personnes, les jeunes eux-mêmes sont bien souvent les premières victimes, comme c'est le cas dans les bagarres, ou les « embrouilles ».

comportementales que fixe notre société qui tend à assimiler dans son décompte de véritables crimes (meurtres, viols) avec d'autres comportements relevant d'une transgression sociale, d'une affirmation de soi, d'un questionnement identitaire dont le préjudice porté à autrui est ténu et qui pourrait bien s'avérer une ventilation indispensable à toute société démocratique digne de ce nom. Car après tout, que serions-nous sans la jeunesse qui questionne, sans les artistes qui dérangent, sans les agitateurs qui bousculent ?

Au secours, les enfants ont pris le pouvoir !

Si l'expression « enfant-roi » est aujourd'hui devenue omniprésente sur la scène publique, elle n'en est pas moins curieuse : pourquoi avoir choisi spécifiquement le qualificatif « roi » pour désigner l'évolution contemporaine du rapport à l'enfant ?

Un petit détour par l'anecdote peut donner à réfléchir sur l'implicite que nous projetons au travers de cette expression. Car les véritables enfants-rois ont bel et bien existé dans l'Histoire. Dans le *Journal de Jean Héroard, médecin de Louis XIII*[12] datant de 1601, on peut lire la description détaillée des soins quotidiens qui ont été prodigués au Dauphin, le futur roi Louis XIII. On y découvre l'exotique pharmacopée de l'époque, à côté de laquelle la « naturopathie » moderne fait pâle figure : friction à l'huile d'absinthe, administration de vin ou de sucre Candy, beurre en friction sur le visage, cataplasmes de moutarde sur les reins, musc sur le nombril, sans oublier la fameuse « eau de licorne », très réputée, qui n'était autre qu'une préparation à base de corne de narval. Cet enfant, dont la santé était objet de tous les tourments, était pourtant très loin d'être un enfant

« tout-puissant », bien au contraire. Non seulement ses activités étaient continuellement scrutées et contrôlées, de nuit comme de jour, l'intense préoccupation pour son état de santé semblant largement occulter le souci pour l'individu qu'il était ; mais, plus encore, le journal rapporte qu'il subissait, en cas de désobéissance, de violents châtiments corporels, et ce dès l'âge de 2 ans… Quant à ses parents, qu'il ne voyait que deux heures par jour, ils semblaient surtout le considérer comme un petit animal mignon à la compagnie distrayante.

Dès lors, on peut s'interroger : le « roi » est-il celui qui a tout pouvoir et agit selon son gré, au mépris de son entourage, ou est-il plutôt celui sur qui reposent tous les espoirs et qui vit sous la tyrannie de ce joug ? Car la métaphore est riche et fréquemment filée : tantôt les pourfendeurs de l'enfant-roi fustigent la trop grande attention qu'il suscite, le trop-plein d'attentes parentales ; tantôt ils prophétisent le putsch des valeurs adultes au profit de l'instauration d'une dictature enfantine. Dans le domaine de la fiction, le pédiatre et écrivain du début du XXe siècle Janusz Korczak a brillamment exploité les diverses facettes de cette métaphore. Dans son roman jeunesse *Le roi Mathias 1er*, il met en scène un enfant devenu roi après la mort de son père et qui découvre, bien loin des fantasmes de toute-puissance, la rigidité du protocole monarchique, les écrasantes responsabilités et surtout l'ampleur des mécanismes de pouvoir qui viendront freiner la mise en place de son projet pharaonique de faire advenir une société où enfants et adultes auraient les mêmes droits. Car derrière la polémique de « l'enfant-roi », il y a d'abord une question philosophique : enfants et adultes doivent-ils être égaux ? Une question à laquelle la société contemporaine est tentée de répondre positivement, du moins sur le principe, puisqu'en pratique, ce n'est pas si simple et que personne ne sait vraiment où on en est : l'égalité entre enfants et adultes est-elle advenue ? Les enfants sont-ils toujours en position de domination ? Ou, au contraire, ont-ils totalement pris le pouvoir ?

Pour le sociologue François de Singly, l'enfant tel qu'il est compris aujourd'hui possède une double nature, à la fois « petit » et « grand »[13]. L'enfant qui vient de naître est entièrement dépendant de ses parents, il est fragile et vulnérable et donc à ce titre « petit », c'est-à-dire d'une certaine façon « dominé » au titre de sa protection. Mais il n'est pas que ça. Il est aussi une personne à part entière, qui a droit au respect au même titre que n'importe quel être humain. Il est donc aussi « grand ». Cette dualité irréductible génère dans les réflexions éducatives « une tension permanente entre « protection » et « libération » ». Pour F. de Singly, l'avènement de cette nature double de l'enfant est à comprendre au regard des changements qui ont traversé les sociétés contemporaines au XXe siècle, à commencer par les progrès de « l'individualisme ». Il n'est pas ici question d'égoïsme, ni même d'égocentrisme : « Selon l'histoire philosophique de cette notion en Occident, l'identité moderne est celle d'un individu qui a une « nature intime » qu'il ne découvre que par « l'expressivisme » [...] L'individu sait qui il est en rendant manifeste par des gestes, des comportements, sa propre voix intérieure, son élan intérieur. »[13] Cet individualisme a profondément transformé la mission du parent : d'une part, il tient le rôle d'« interprète de l'identité cachée de l'enfant qui ne se révèle que peu à peu tout au long de la vie et d'autre part, celui d'aide chargé de créer les conditions les plus favorables à cette invention de soi »[13]. Ce sont donc ces nouveaux objectifs éducatifs qui ont déterminé l'ouverture du cadre de liberté pour l'enfant, essentiellement entendu en termes de droit à l'autodétermination, et auquel la juridiction a donné corps : en 2002, les mineurs obtiennent, par la loi relative aux droits des malades, « le droit de recevoir eux-mêmes une information [médicale] et de participer à la prise de décision les concernant d'une manière adaptée [...] à leur degré de maturité »[14] ; un principe repris la même année dans la loi sur l'autorité parentale qui rappelle aux parents qu'ils doivent agir auprès de l'enfant « dans le respect dû à sa personne » et en l'associant « aux décisions qui le concernent, selon son âge et son degré de maturité »[15]. Mais ces concessions ne sont-elles pas de simples miettes au regard de la domination que subissent quotidiennement les enfants ?

Intéressons-nous tout d'abord au contexte familial. Dans le livre qui a inspiré la rédaction des Droits de l'enfant, Janusz Korczak soulignait : « Qui oserait traiter de la sorte un adulte ? Il faudrait que les circonstances soient exceptionnelles pour que celui-ci se voie brusqué, poussé, roué de coups. Alors qu'il nous semble naturel et innocent de donner une claque à l'enfant, de lui saisir la main pour qu'il nous suive docilement, de le serrer brutalement dans nos bras. »[16] En France, les fessées et les claques commencent tout juste à être fermement réprouvées par les institutions*, et ce n'est qu'en novembre 2016 qu'a été définitivement adopté le projet de loi relatif à l'égalité et à la citoyenneté dont l'article 68 achève d'exclure des prérogatives parentales « tout traitement cruel, dégradant ou humiliant, y compris tout recours aux violences corporelles »[36]. Mais plus généralement, qu'en est-il de ces minuscules gestes du quotidien, de l'habillage, du transport, de l'alimentation, des marques d'affection où l'enfant est contraint par la force

* En avril 2016, le « Livret des Parents » diffusé par la Caisse nationale des allocations familiales fait explicitement mention de la nocivité éducative des fessées. C'est un des premiers documents émanant des institutions françaises à condamner officiellement cette pratique. Il est disponible sur le site de la Caf.

des adultes à obtempérer, parfois pour sa protection, parfois au nom du confort des adultes, le plus souvent sans que son vécu ne soit pris en compte ? Attention, il ne s'agit pas là de remettre en question le bien-fondé de certains gestes – par exemple, ceinturer fermement un enfant pour lui éviter de se faire écraser par une voiture – ni de nier le droit des adultes de satisfaire leurs propres besoins ; il semble simplement nécessaire de prendre le temps de s'interroger sur l'impact de nos pratiques éducatives pour mesurer tout ce sur quoi, chaque jour de leur vie, les enfants n'ont pas voix au chapitre. Korczak disait encore : « Alors que même un mendiant dispose à sa guise de l'aumône reçue, l'enfant ne possède rien en toute propriété ; il lui faut rendre compte de chaque objet mis gratuitement entre ses mains : il ne peut ni déchirer, ni casser, ni salir, ni donner, ni refuser. »[16]. En tant qu'adulte, on oppose souvent aux enfants les contingences matérielles auxquelles nous sommes nous-même soumis : « Je n'ai pas le choix ! » leur disons-nous sans mesurer en réalité l'ampleur de notre capacité d'action. Observons par exemple les enfants, les jours où il leur est le plus difficile d'aller à l'école, ou à la crèche. Ces jours-là, ils pleurent et semblent désemparés et nous leur opposons que nous n'avons « pas le choix ». Avant de crier au « caprice », demandons-nous si nous-mêmes nous serions allés travailler en étant dans leur état ? Certains jours, sans doute, oui ; d'autres, peut-être aurions-nous négocié un retard, pris une demi-journée de congé, ou même demandé un arrêt de travail au médecin*. L'enfant n'a pas ce pouvoir, il peut crier,

* Pour prendre conscience de notre capacité de choisir, Marshall B. Rosenberg, psychologue et pionnier de la « Communication non violente » propose de reformuler les « je dois le faire parce que… » en « je choisis de le faire pour… » Voir à ce propos son ouvrage *Les mots sont des fenêtres (ou bien ce sont des murs)* (La Découverte, 2005).

hurler, taper, rien n'y fera et on pensera cette inflexibilité tout éducative. Cet exemple n'est pas isolé, ils sont légion dans le quotidien de l'enfant.

Lorsqu'ils parviennent à l'adolescence, la marge de manœuvre des enfants sur leur quotidien s'accroît nettement, mais cette fois, c'est leur avenir qui est mis sous tutelle parentale. François de Singly montre comment dans notre société (en particulier dans les catégories socioprofessionnelles supérieures), la liberté des adolescents résulte d'une étrange négociation : « les jeunes sont libres d'expérimenter une partie de leur vie à la condition qu'ils respectent l'autre règle du jeu, à savoir le fait de déléguer la gestion de leur intérêt ultérieur à leurs parents »[13], à commencer par l'organisation du travail scolaire et de l'orientation professionnelle. La reproduction sociale semble un sujet trop sérieux pour être confié aux enfants, même s'il en va de leur propre avenir. Comme on est loin de la toute-puissance !

Examinons à présent la condition enfantine à l'échelle sociale, et regardons pour cela quelle place matérielle et symbolique les enfants sont autorisés à occuper dans l'espace public. La récente multiplication des zones « kid-free » semble révélatrice d'une tendance à la ségrégation : depuis quelques années certains restaurateurs[37], hôtels[38] ou compagnies d'avion[39] interdisent l'entrée de leur établissement aux bébés et enfants. Est-on face au désespoir d'adultes envahis et harcelés par la présence enfantine à tel point qu'ils seraient obligés de se réfugier dans un lieu qui leur serait enfin réservé ? Ou ne sont-elles plutôt que le reflet d'une société où l'espace public serait taillé sur mesure pour les adultes actifs, plutôt de sexe masculin*,

* En 2014, le géographe Yves Raibaud a décrit les espaces urbains comme étant en réalité des territoires « construits par et pour les hommes ». Voir son billet « Une ville faite pour les garçons » sur lejournal.cnrs.fr.

et plutôt exempts de handicap*, les autres étant invités à se socialiser ailleurs, si possible loin du regard de cette catégorie dominante ? L'examen de l'évolution de la place des enfants dans l'espace urbain semble confirmer la seconde hypothèse : indésirables dans l'espace public, les enfants semblent de plus en plus confinés à des lieux où leurs activités sont entièrement contrôlées par les adultes. En 2007, un article a « fait le buzz »[17] en illustrant la réduction en 100 ans de l'espace de liberté des enfants : sur une carte, figuraient les zones de déplacement autonome de quatre générations d'enfants de 8 ans. Les résultats étaient effrayants : en 1919, l'arrière-grand-père pouvait parcourir seul l'équivalent de 10 km pour aller pêcher, en 1950, le grand-père ne pouvait déjà plus se déplacer que sur 1,5 km pour se promener dans les bois, en 1979, il restait à la mère la possibilité de parcourir les 800 m qui la séparaient de la piscine, quant au fils, il ne faisait plus que 300 m pour atteindre le bout de sa rue. Aussi surprenante soit-elle pour les parents du XXIe siècle habitués à penser que les libertés des enfants n'ont jamais été aussi colossales, cette évolution est pourtant parfaitement cohérente avec la stigmatisation de la présence d'enfants dans la rue, en vigueur dans notre société occidentale contemporaine[18]. Une stigmatisation dont l'ampleur ne semble pas justifiée par les faits : chaque année, le nombre de décès de piétons de moins de 15 ans est de l'ordre d'une centaine[19] (soit environ 50 fois moins que pour les personnes âgées), quant au nombre d'enlèvements, il faut se souvenir que le plan « Alerte Enlèvement » déclenché dans les situations où l'intégrité physique de l'enfant est menacée ne

* Si on tient compte par exemple de la lenteur de mise en place des normes d'accessibilité aux personnes en situation de handicap, prévues depuis la loi Handicap en 2005 et toujours inappliquées 10 ans après, l'Assemblée nationale ayant voté en juillet 2015 de nouveaux délais pour atteindre cet objectif.

dépasse pas deux à trois cas par an. Pour beaucoup d'adultes, la place des enfants dans l'espace public n'est pas dans la rue mais dans les squares. C'est d'ailleurs cette vision qui a permis de justifier en mai 2016 l'interpellation d'un groupe d'enfants de 10 ans qui jouaient dehors au titre qu'« il n'est pas normal que des enfants soient livrés à eux-mêmes sur la voie publique »[40]. Dès les années 1990, Gilles Brougère[20], professeur en sciences de l'éducation, expert sur la question du jeu, s'est attaché à analyser les enjeux de l'arrivée dans les territoires urbains de zones dédiées à la socialisation enfantine. Il montre comment l'urbanisation a petit à petit réduit à néant les territoires « non spécialisés » (adieu, terrain vague où se réunissaient le Petit Nicolas et ses amis), au profit d'espaces de jeux pour les enfants où le cadre de liberté est implicitement orienté par les adultes via l'ergonomie des dispositifs. Des lieux non plus déterminés *par* un jeu libre mais *pour* un jeu imposé. Au sein des squares se rejoue donc la même tension qui déchire les éducateurs : faut-il d'abord protéger l'enfant, au risque de le brimer ? Ou faut-il lui laisser la possibilité d'expérimenter mais aussi de se blesser ? L'examen des squares français, expurgés des tourniquets, balançoires et tout autre mobilier à la probabilité de chute trop élevée, ne laisse guère de doutes quant à l'option choisie. Mais les familles qui auront eu la chance de visiter le nord de l'Europe en seront souvent revenues hébétées devant l'audace des municipalités qui entretiennent des squares aux allures de déchetterie, où les enfants peuvent patauger dans l'eau même en plein hiver et reconquérir leur droit à l'aventure. Un petit tour sur Internet à la découverte du Rodovre Adventure Playground de Copenhague, de The Land au Royaume-Uni, ou encore du parc Skansen à Stockholm devrait vous convaincre que le risque zéro n'est pas la seule option envisageable, et peut-être même réveiller l'âme d'enfant qui sommeille en vous !

Terminons sur le statut des enfants dans la société par la question de « l'âgisme ». Ce terme désigne toutes les formes de discrimination liées à l'âge. S'agissant de l'enfance, on peut le voir comme le pendant négatif de la prise en compte des spécificités de l'enfant. L'âgisme est en effet inconnu des sociétés traditionnelles, où les enfants sont inclus dans les activités de la communauté et où leur âge exact n'est souvent connu qu'approximativement, autant d'éléments qui furent la norme en France jusqu'au XVIIIe siècle. Pour beaucoup, cette évolution est un progrès indéniable, fondement même du droit à l'éducation et à l'instruction pour tous les enfants. Pour d'autres, elle pose d'irréductibles problèmes éthiques* : en quoi serait-il légitime de désigner l'enfance comme une partie plus « spécifique » de l'existence qu'une autre ? Ne devrions-nous pas définir aux côtés de « l'enfance », une « adulescence », suivie d'une « maturité », puis d'un « troisième âge adulte » voire d'un « quatrième âge », chaque période pouvant être spécifiée selon ses besoins et aspirations propres** ? Pourquoi donc seules les périodes intermédiaires seraient-elles autorisées à se définir comme « l'humain universel » tandis que les autres (les enfants, les vieillards) seraient renvoyés à leurs spécificités ? Et la reconnaissance des caractéristiques de l'enfance ne conduit-elle pas, avec une légitimité contestable, à la décrédibilisation du point de vue des enfants, considéré par essence comme non valide ? L'Histoire nous fournit pourtant quelques brillants exemples de la richesse de la pensée et de l'action des jeunes. On peut citer le rôle spécifique des enfants au sein de la Résistance française,

---

* Certains militants vont jusqu'à réclamer l'abolition du statut de mineur, considéré comme un obstacle à la remise en question de la domination adulte. Voir en particulier *La domination adulte*, Yves Bonnardel (Myriadis, 2015).

** Pour plus de détails sur les différentes manières de définir les âges de la vie, voir le chapitre 9.

qui semble aujourd'hui bien attesté. Ce thème a d'ailleurs fait l'objet en 2015 d'une série de bandes dessinées *Les enfants de la résistance*[21] et a été mentionné la même année dans la série animée *Les grandes grandes vacances* diffusée sur France 3. On pense aussi à Malala Yousafzai, cette Pakistanaise prix Nobel de la Paix en 2014 à seulement 17 ans, militante en faveur des droits des femmes à la scolarisation et résistante au régime taliban dès l'âge de 11 ans. Faudra-t-il donc attendre une relecture des événements passés, comme elle peut être actuellement entreprise par les historiens, pour faire reconnaître la contribution des femmes ou celles des personnes racisées pour qu'on reconnaisse également la place des jeunes dans l'Histoire, et celle que leur doit dès lors la société ?

Le meilleur pour son enfant

Les paragraphes précédents ont pu vous faire l'effet d'une douche froide : quelle drôle d'idée de présenter la société comme un champ de bataille où s'affrontent les générations ! N'y a-t-il pas quelque chose de malsain à envisager les rapports entre adultes et enfants comme une lutte de pouvoir ? Car au fond, quel parent serait assez dérangé pour organiser sciemment la sujétion de son enfant, et pour son bon plaisir de surcroît ? Non, l'immense majorité des parents veulent « le meilleur » pour leur enfant, et c'est précisément de cela que nous allons parler. Plus que de savoir si les enfants d'aujourd'hui sont ou non pires qu'hier, s'ils ont ou non pris l'ascendant sur leurs parents, on peut s'interroger sur les raisons qui nous font penser qu'il serait utile, bénéfique voire essentiel de « mater » les transgressions de nos enfants. Dans cette partie, nous allons tenter d'analyser quelques-unes des missions que la vulgate éducative assigne généralement aux parents et qui les conduit à punir et sévir (ou se culpabiliser de ne pas le faire) afin d'en comprendre la filiation idéologique et d'en percevoir les intérêts et les limites.

Une des missions les plus importantes qui repose sur les épaules des parents est d'assurer l'insertion sociale de leur enfant, au présent comme au futur. Contrairement à ce qu'on peut penser de prime abord, cet apprentissage va bien au-delà de la maîtrise du « bonjour », « merci » et « s'il vous plaît ». Toutes les sociétés humaines sont emplies de codes de communication, parfois explicites mais le plus souvent implicites, qui assurent la cohésion du groupe, l'inter-reconnaissance de ses membres, mais peuvent aussi conduire à de cruelles exclusions*. Pour Alison Gopnik, chercheuse en psychologie du développement, les expériences auxquelles les bébés assistent leur permettent, un peu à la façon d'un scientifique, d'élaborer des théories sur la façon dont le monde fonctionne, qu'il s'agisse du monde des objets ou de celui des interactions entre individus[22]. C'est donc ainsi qu'ils intègrent ces fameux codes, à la façon dont ils apprennent leur langue maternelle. Et cela peut aller très loin. Les anthropologues ont par exemple pu montrer que la « proxémie »[41], c'est-à-dire la distance physique à laquelle on se place pour interagir avec une personne, varie selon la culture à laquelle on appartient : les distances sont ainsi plus courtes dans les pays latins que dans les pays nordiques. Plus explicites, les règles de « politesse » n'en montrent pas moins l'étendue des codes sociaux que les jeunes enfants doivent assimiler : alors que roter à table est proscrit en France, cette pratique est au contraire tout à fait

* En particulier, on pense à la situation des enfants avec autisme, dont la spécificité cognitive peut entraver l'acquisition naturelle des codes implicites de communication et qui sont souvent victimes d'exclusion sociale.

convenable dans beaucoup de pays d'Asie où se moucher dans un mouchoir serait en revanche le comble de l'incorrection.

Si la compréhension rapide et l'application efficace de ces règles est si vivement désirée par les parents, c'est aussi parce que celles-ci ont une grande importance dans notre société. Le philosophe Michel Foucault, dans *Surveiller et punir* (Gallimard, 1975), a pu en particulier montrer comment cette volonté de contrôler les comportements et surtout de les homogénéiser a pu se développer de façon très importante en France dès la fin du XVIIIe siècle. Selon lui, les récompenses et punitions scolaires furent à l'école l'outil majeur de cette normalisation. En stigmatisant les comportements non souhaités et en valorisant les autres, l'institution a pu exercer sur les élèves « une pression constante pour qu'ils se soumettent tous au même modèle, pour qu'ils soient contraints tous ensemble à la subordination [...]. Pour que tous, ils se ressemblent. » Certes, l'école a bien évolué depuis cette description rigoriste, mais il serait pour autant abusif de dire qu'elle a renoncé à son objectif de normalisation. Dans les programmes d'enseignement de l'école maternelle[23], on peut par exemple lire les comportements qui différencient pour l'institution l'attitude d'un « enfant » de celle d'un « élève » : c'est la fameuse « posture d'élève ». Ce savoir-être, dont l'acquisition est un objectif fondamental de l'école maternelle, dépasse largement le simple cadre du respect mutuel et du vivre ensemble. En particulier, elle vise la maîtrise d'un certain nombre de routines telles que des « habitudes de travail », l'intégration de « règles collectives », la connaissance des « fonctions des différents espaces dans la classe », la familiarité avec une « manière d'apprendre spécifique », etc. Autant d'éléments qui montrent qu'au-delà de l'objectif déclaré de l'école qui est celui de socialiser les enfants », l'exigence d'instruire collectivement un grand nombre d'élèves dans un espace matériel restreint et avec des moyens limités implique en réalité la nécessité de normalisation des comportements.

Ainsi, si une bonne compréhension des codes sociaux semble indéniablement favoriser le confort personnel et l'intégration dans le groupe, qu'en est-il d'une trop grande conformité, d'une trop parfaite adhésion ? Dans *Le drame de l'enfant doué*, la psychologue Alice Miller montre l'étendue des conséquences que peut subir à l'échelle de sa vie tout entière (et même de la génération suivante) un enfant qui aurait été poussé à se conformer trop parfaitement aux attentes de son entourage, et qui se trouverait prisonnier d'une « personnalité-comme si », d'un « faux-Soi » qui le rend étranger à lui-même[24]. De même, on peut aussi retrouver de façon récurrente dans les récits de personnalités intellectuelles issues de milieu social très populaire, la mention de nombreuses transgressions adolescentes, qui semblent avoir joué un rôle déterminant dans leur parcours, en leur ayant peut-être permis de rêver d'une émancipation au-delà des déterminismes sociaux. Le sociologue Didier Eribon évoque en ces termes son vécu de lycéen : « Je participais à tous les chahuts, j'étais insolent, je répliquais aux remontrances des professeurs et me moquais d'eux. »[25] Il rapporte pareillement la jeunesse du célèbre sociologue Pierre Bourdieu, autre « transfuge de classe », qui faillit se faire exclure du lycée avant de pouvoir passer le bac : « préadolescent et [...] adolescent en état de révolte proche d'une sorte de délinquance ». Enfin, citons Annie Ernaux, grande écrivaine également issue d'un milieu très modeste qui parle de sa jeunesse en ces termes : « j'étais un numéro ! Je me suis très vite opposée à l'autorité. Je ne pensais qu'à désobéir. »[42] Faut-il dès lors suivre le philosophe Ruwen Ogien lorsqu'il nous invite à repenser la question de la transgression des jeunes comme une forme de « lucidité populaire » face à un système qui « sert surtout à réduire les plus pauvres au silence parce qu'ils n'ont pas les bonnes manières »[26] ou, du moins, faut-il considérer avec plus de sérénité la capacité de nos enfants à expérimenter ponctuellement une certaine transgression des codes, voire nourrir leur capacité à les interroger, à les subvertir ?

Une deuxième mission parentale fortement identifiée est celle d'être un « cadre » pour l'enfant et ceci au-delà de la seule crainte de la non-conformité sociale. Les psychologues et éducateurs n'ont de cesse de le rappeler : les parents doivent « poser des limites », ils doivent être « cadrants », voire « contenants ». On peut voir dans cette injonction la trace des craintes anciennes de voir ressurgir, faute d'éducation, l'humain « animal ». Pour le philosophe du XVIIIe siècle Emmanuel Kant, « la discipline transforme l'animalité en humanité », car si « en sa jeunesse on abandonne l'homme à sa volonté et que rien ne lui est opposé, il conserve durant sa vie entière une certaine sauvagerie »[27]. Un projet civilisateur que l'on retrouve aussi dans la pratique ancestrale de l'emmaillotement dont la fonction au XVIIIe siècle est décrite en ces termes par l'historienne Marie-France Morel : « le corps du nouveau-né ressemble à celui d'un animal ; le maillot est une technique de façonnage, destinée à le tirer hors de la bestialité, pour le faire passer du côté de l'humanité »[28]*. Faut-il voir dans le rude affrontement quotidien

---

* L'emmaillotement, malgré sa grande popularité passée, a aussi été l'objet de nombreuses critiques au cours des siècles notamment en vue de « libérer » l'enfant de ses langes. Il est étonnant d'observer actuellement un regain d'intérêt pour cette pratique et une redécouverte de ses vertus apaisantes pour le nourrisson lorsqu'elle est utilisée avec modération. Il est aussi intéressant de remarquer que des formes d'emmaillotement sont aujourd'hui pratiquées dans le domaine de la psychiatrie, non sans controverse : c'est la pratique de la « contention » ou encore celle du « packing ».

de l'Homme et de la Nature l'origine de la hargne que les éducateurs ont pu mettre à faire « pousser droit » les enfants ? Une chose est sûre : cette croyance en une nature sauvage enfantine n'appartient pas qu'au passé ! Dans un long entretien publié en 2008 à propos de l'autorité, la psychanalyste Claude Halmos explique par exemple : « Tous les parents et tous les professionnels qui s'occupent de jeunes enfants connaissent cette sauvagerie. Sauvagerie très ordinaire et [...] très normale tant que l'enfant n'est pas éduqué. »[29]. Il faut dire que cette représentation philosophique de la nature barbare de l'enfant s'est trouvée une deuxième jeunesse avec la théorie psychanalytique de Freud qui décrit le fonctionnement psychique du nouveau-né comme entièrement dominé par le « Ça », instance pulsionnelle, inconsciente, ne connaissant ni normes, ni règles et régie par le seul principe de plaisir. Tout ceci nous ramène en définitive à la question philosophique de savoir si l'humain est ou non naturellement « bon » et il est amusant de mesurer à quel point les réponses qu'ont pu apporter les pédagogues à cette question ont façonné les modalités de leur intervention éducative. Citons à titre d'exemple, le philosophe du XVIIIe siècle, Jean-Jacques Rousseau, plus optimiste sur la nature humaine, qui préconisait une « éducation négative » de la prime enfance : « Si vous pouviez ne rien faire et ne rien laisser faire ; si vous pouviez amener votre élève sain et robuste à l'âge de douze ans, sans qu'il sût distinguer sa main droite de sa main gauche [...] Bientôt il deviendroit entre vos mains le plus sage des hommes »[30]. Pour extrême qu'elle puisse paraître, la pensée de Rousseau a néanmoins été à l'origine d'un courant pédagogique très important, appelé constructivisme, et pour lequel ce n'est pas la pensée de l'adulte et ses normes qui doivent « borner » l'action de l'enfant, mais la nature elle-même, par ses rétroactions, qui permet à sa pensée de se structurer et se restructurer au fur et à mesure des expériences. Le rôle de l'éducateur se bornant dès lors à proposer à l'enfant un environnement suffisamment riche pour que l'interaction soit féconde.

Mais alors, que penser de l'injonction faite aux parents d'être un « cadre » pour leur enfant ? Avant de la jeter aux oubliettes des diktats éducatifs, peut-être faudrait-il prendre le temps d'en identifier toutes les facettes. Être un parent « cadrant » ça veut dire quoi au juste ? D'abord, cela peut vouloir dire « interdire » ; c'est même le sens qui est le plus fréquemment attribué. Dans cette vision, l'espace de liberté de l'enfant se trouve alors clôturé par les « non » parentaux qui garantissent sa sécurité physique (l'interdiction pointant le danger) tout en assurant sa sécurité affective (« par ce "non", je suis présent dans ta vie puisque je modifie le cours de tes projets »). Mais cela peut aussi signifier « sécuriser ». Dans cette seconde vision, il s'agit de proposer à l'enfant un espace matériel, symbolique et émotionnel où il va pouvoir sans danger tester, expérimenter, y compris des situations pénibles ou inconfortables. La première vision peut alors paraître réductrice : n'est-il pas désespérant de réduire sa présence éducative à l'action d'interdire ? Ne puis-je réellement manifester à mon enfant que je suis là pour lui, que je suis un roc sur lequel il peut s'appuyer, qu'en lui disant « non » ? Pourquoi mon « oui, vas-y, je suis là, je t'encourage » ne serait-il forcément qu'une démission laxiste ? L'éducation par le « non », et uniquement par le « non », c'est justement ce que fustigent actuellement les tenants actuels de « l'éducation positive » qui y voient une perte de sens pour la relation parent-enfant.

L'éducation positive, une nouvelle mode?

Ce mouvement éducatif hétérogène s'est développé en France au début des années 2000 et regroupe à la fois des militants de la non-violence éducative, des psychothérapeutes engagés pour une interaction parents-enfants plus sereine et des pédagogues convaincus que l'enfant n'a pas besoin d'être « éduqué » pour apprendre. En France, de nombreux livres ont été écrits sur cette approche qui se décline désormais également en ateliers et groupes de paroles. On peut citer sur ce sujet la psychologue Isabelle Filliozat, qui invite à relire avec bienveillance les crises de colère et autres manifestations enfantines d'opposition ; Catherine Dumonteil-Kremer qui propose aux parents de nombreuses ressources pour identifier et s'affranchir de toutes les formes de violence éducative ; Olivier Maurel, militant contre les châtiments corporels ; André Stern, militant pour le droit aux apprentissages autonomes des enfants ; ou encore la pédiatre Catherine Guéguen qui s'appuie sur la vulgarisation de la neurobiologie pour plaider en faveur de la bienveillance éducative. Hors de France, on peut également parcourir les ouvrages du psychologue Thomas Gordon, à l'origine d'une méthode de communication gagnant-gagnant ; d'Adele Faber et Elaine Mazlish, qui proposent une méthode pas à pas pour communiquer plus efficacement avec les enfants ; du psychologue Marshall Rosenberg, pionnier de la communication non violente ; du thérapeute Jesper Juul, qui prône l'établissement d'une relation d'équité entre parents et enfants, ces derniers ne devant pas être « éduqués » mais seulement « accompagnés » ; de la psychanalyste Alice Miller, qui s'est attachée à révéler l'ampleur des violences éducatives, ou encore du pédagogue John Holt, qui plaide en faveur de la capacité des enfants à être autonomes dans leurs apprentissages. Rencontrant actuellement un assez large succès, cette approche éducative, qui entend jeter les bases d'une société meilleure, a le mérite de proposer une alternative au schéma manichéen parent autoritaire versus parent laxiste, et d'offrir des outils pratiques aux adultes pour gérer les situations de crise, favoriser une certaine qualité relationnelle et développer la confiance de l'enfant. Néanmoins, elle reste une proposition éducative ambitieuse, qui demande un fort investissement parental et qui peut être à l'origine, pour certains parents au bout du rouleau, d'un sentiment d'échec.

Pour autant, nombreux sont les éducateurs qui estiment aujourd'hui qu'il est trop réducteur (pour la fonction parentale et pour le développement de l'enfant) d'envisager l'intervention éducative comme étant uniquement structurée *par* et *pour* l'interdiction. Développer la sécurité de l'enfant, son estime de lui, la qualité de son attachement à ses parents, le voici le vrai défi ! Et il ne serait peut-être pas aussi insurmontable qu'on le croit ! Le psychiatre Philippe Aïm, spécialisé dans la gestion des vécus traumatiques, propose une méthode d'intervention éducative appelée CRAI (Corps, Relations, Actions, Intentions) entièrement basée sur la notion de sécurité[31]. Pour lui, contrairement à ce que les messages sociaux actuels nous invitent à penser, « la sécurité précède l'autonomie » et elle se développe chez l'enfant en quatre strates successives qui vont du corps aux valeurs identitaires en passant par la relation aux autres et au monde : « L'enfant dont le corps est en sécurité entre en relation, la relation sécurisée lui permet d'interagir avec l'environnement, d'essayer, de jouer [...], et la sécurisation de ses actions, en les maîtrisant mieux, en connaissant ses possibilités, lui permet de choisir et d'introduire ses intentions. » Le neurobiologiste John Medina n'écrivait-il pas : « L'apprentissage n'existe que pour satisfaire notre exigence première : survivre. [...] Nous ne survivons pas pour pouvoir apprendre, nous apprenons pour pouvoir survivre »[32] ?

Dernière mission parentale, et non des moindres : garder le contrôle ! Si cet objectif n'est pas sans lien avec les injonctions sociales à être « cadrant » dont nous venons de parler, elle n'en comporte pas moins un volet beaucoup plus terre à terre. Pour les parents, garder le contrôle de la situation ce n'est pas simplement un principe philosophique, c'est une question de survie ! De la fatigue des nuits hachées et des pleurs incompréhensibles au ballet incessant des tâches d'hygiène répétitives, pour beaucoup, devenir parent signifie d'abord mettre ses propres besoins entre parenthèses au nom de ceux de l'enfant et voir grandir chaque jour un peu plus la frustration : celle de ne pas avoir un instant à soi, de ne pas pouvoir manger quand on a faim, dormir quand on a sommeil, de ne pas pouvoir interagir avec d'autres adultes, celle d'avoir une charge mentale permanente tel un petit nuage noir sur la tête. Autant de privations qui nourrissent en définitive des sentiments ambivalents où l'amour et le désir de fusion se mêlent à la colère, l'exaspération, l'épuisement et le désir de fuir. Ainsi, le « travail » de parent pousse beaucoup d'adultes parfaitement sains d'esprit à l'épuisement généralisé, un état qui peut entraver leur capacité à apprécier au quotidien le bonheur de la compagnie de l'enfant qu'ils ont pourtant ardemment désiré. Violaine Guéritault, célèbre pour avoir dénoncé l'ampleur de l'épuisement maternel a montré dans *La fatigue émotionnelle et physique des mères*[33] que le « travail parental » présentait en réalité toutes les caractéristiques d'une activité à haut risque de *burnout** : surcharge de travail, faible contrôle sur les événements, imprévisibilité des temps de repos ou de travail intense, absence de récompenses ou de reconnaissance du travail accompli, absence de soutien moral et social, absence de formation préalable. Mais est-ce finalement si étonnant ? Découvre-t-on seulement aujourd'hui avec candeur que le travail parental est proprement et simplement harassant ? Alors qu'au milieu du XXe siècle déjà, on considérait la toute

* Le *burnout* ou syndrome d'épuisement professionnel se définit par trois composantes successives : épuisement émotionnel et physique, dépersonnalisation ou distanciation vis-à-vis des événements et de l'entourage, reniement des accomplissements passés, présents et futurs et baisse de la productivité. Son évaluation repose en milieu professionnel sur l'échelle Mashlach Burnout Inventory (MBI), dont on peut trouver des questionnaires sur Internet et qui peuvent aussi permettre aux parents de faire un point sur leur état d'épuisement.

nouvelle drogue qu'étaient les amphétamines comme potentiellement utile pour les militaires et… les mères de famille*.

Comment briser cette spirale infernale ? Tout d'abord, en acceptant de regarder la face obscure de la parentalité, non pour tenter un suicide par overdose de tisane d'allaitement mais simplement pour mieux connaître les symptômes du *burnout* et se rendre capable de les prévenir autant que possible. L'occasion aussi de cesser d'entretenir l'idée que la vie d'un « bon » parent est naturellement un océan d'extase, de sérénité, de paillettes et de pâquerettes et que si ce n'est pas notre cas, c'est forcément que nous en sommes de très mauvais. Et dès lors accepter qu'une action volontaire pour maintenir sa propre frustration et sa propre fatigue à un niveau acceptable soit une priorité pour le jeune parent, non seulement un exemple d'autobienveillance à donner à son enfant mais aussi une excellente prévention contre les violences physiques et verbales que la fatigue occasionne facilement. Ensuite, en interrogeant ses possibilités de lâcher-prise. Est-ce si grave si le dessert est consommé avant l'entrée ? Est-ce si grave si elle met trois jours de suite le même tee-shirt tyrannosaure qu'elle adore ? Est-ce si grave si au lieu d'aller jouer au square nous sommes restés sur le trottoir à commenter la couleur des voitures ? Est-ce si grave si le bain est zappé ? Si trois jours durant, ils n'ont mangé que des pâtes au beurre ? Vous répondez « oui » à l'une de ces questions ? Allez donc faire un tour dans le *best-seller* de Mei-Ling Hopgood *Comment les Eskimos gardent les bébés au chaud*[34]. Vous découvririez que les enfants de Buenos Aires se couchent bien plus tard que chez nous, que les Kényans n'ont pas de poussette et s'en sortent

* Voir en particulier une publicité pour la Déxétrine datant de 1956, publiée dans le *Journal of American Medical Association*, Vol. 160, n° 10, p. 79 (www.bonkersinstitute.org/medshow/femtired.html).

très bien, que les Japonais ne répriment pas les chamailleries et bagarres de la prime enfance, ou encore que les petits Polynésiens s'amusent sans parent dans les parages et sans que personne n'y trouve à redire. Évidemment, une fois parvenus à la section censée nous apprendre « Comment les petits Français apprennent à manger (et à aimer) ce qui est bon pour la santé (et bon tout court) », vous comprendrez qu'il y a dans ce propos une part indéniable de caricature, mais il n'en est pas moins rafraîchissant de se souvenir qu'il n'existe pas de recette unique pour faire des enfants heureux. Enfin, peut-être serait-il utile de prendre du recul face au cercle vicieux de la culpabilité parentale, en considérant que les humains ont sans doute évolué dans un cadre très éloigné de la famille nucléaire (deux parents + leurs enfants) que nous connaissons aujourd'hui. La primatologue Sarah Blaffer Hrdy[35] a avancé l'hypothèse que l'organisation « naturelle » des humains pour le soin aux enfants ait pu être une sorte de « coopérative de maternage ». Cette hypothèse est scientifiquement encore en débat, mais il n'en demeure pas moins que l'expérience d'une après-midi passée à plusieurs familles suffit souvent à convaincre les parents qu'il est bien moins difficile, éprouvant et désespérant de s'occuper de ses enfants en mutualisant leurs soins avec d'autres adultes.

Sachons donc sortir du cadre pour notre propre santé… mais aussi pour l'épanouissement de nos enfants ! Lorsque le sociologue François de Singly a demandé aux adolescents quels étaient pour eux les « bons moments » passés en famille, ils ont précisément évoqué ceux où les parents sortent de leur « rôle ». Lorsqu'ils s'autorisent à rire, à partager avec leurs enfants des moments qu'ils n'auront pas entièrement organisés et verrouillés. Lorsqu'ils ne sont pas que des vérificateurs de devoirs, des censeurs et gardiens de la morale, c'est dans ces moments-là que les jeunes ont le plus le sentiment « que leur taille « petite » [n'est pas] un obstacle à ce qu'ils considèrent comme une « vraie » communication »[13]. Qui n'a pas de souvenirs émus de voyages scolaires, où, enfant ou adolescent, nous avions plaisir à découvrir sous un jour nouveau les adultes, qui étaient un peu moins « enseignants » que d'habitude, et un peu plus « humains » ? Leur autorité et notre sécurité était-elle menacée par cette sortie de cadre ? Pas le moins du monde. Occupions-nous en tant qu'enfant une place illégitime, qui aurait pu nous laisser livré à nous-mêmes, abandonné ? Pas davantage. En refermant ce chapitre sur l'enfant-roi peut-être pourrions-nous nous laisser aller à rêver quelques instants à l'avènement de nouveaux rapports d'interaction et de communication entre adultes et enfants ; où la parole, le vécu et les choix des enfants pourraient être respectés sans que les adultes se sentent menacés. Des rapports où les adultes pourraient préserver leurs propres besoins sans éprouver de la culpabilité ; où ils pourraient sans crainte faire grandir leur confiance dans les capacités de leur enfant à apprendre et à puiser les ressources dont il a besoin pour s'épanouir ; et où le besoin de sécurité de l'enfant ne trouverait plus de réponse unique dans sa simple domination.

En bref

- L'expression « enfant-roi » est utilisée massivement depuis les années 1950 ; elle va souvent de pair avec une critique ou une anxiété face aux évolutions sociales.
- La délinquance juvénile est généralement médiatisée de manière alarmiste sur la base d'indicateurs non scientifiques et biaisés. De leur côté, les études scientifiques rigoureuses contredisent l'opinion commune : la délinquance juvénile serait stable depuis des décennies.

- Les transgressions comportementales sont fréquentes entre 10 ans et 20 ans, elles atteignent un maximum à 15 ans. Il se pourrait que ce fait constitue un invariant historique.
- En famille et dans la société, le statut de l'enfant est double, à la fois « petit » car vulnérable et « grand » en tant qu'individu à part entière. De ce fait, l'action éducative oscille entre protection et libération.
- Dans l'espace public, l'activité libre des enfants n'est approuvée que dans les lieux qui leur sont dédiés, tels que les squares. En 100 ans, leur rayon d'autonomie a été drastiquement réduit.
- La prise en compte des spécificités de l'enfance a conduit à une forme de discrimination appelée « âgisme » qui décrédibilise la capacité d'agir des enfants, même lorsqu'elle est manifeste.
- Comprendre, intégrer et utiliser les codes sociaux de communication facilite la bonne intégration dans un groupe, mais la conformation excessive à ces normes est nocive pour la construction de l'individu.
- Il est possible d'être un parent « cadrant » sans réduire son action éducative à « interdire ». Créer un cadre de sécurité, en particulier relationnel et émotionnel, est déterminant pour l'épanouissement de l'enfant.
- Prendre soin de soi et respecter ses besoins fondamentaux doit être une préoccupation essentielle pour les parents. C'est une leçon d'autobienveillance pour son enfant et une bonne prévention contre les violences éducatives.

CHAPITRE 8

Jouer ou apprendre, il faut choisir ?

Six ans, tel est l'âge que la société française a fixé pour l'entrée des enfants à la « grande école ». Un passage symbolique qui, s'il ne fait pas en France l'objet d'une cérémonie*, ne passe pas pour autant inaperçu. Adieu déplacements libres entre des îlots d'activités, place aux tables et chaises bien ordonnées qu'on ne pourra quitter sans l'autorisation de l'enseignant ; adieu poupons et voiturettes, chevaliers et dînettes, place au « lire, écrire, compter » piliers de l'enseignement primaire ; adieu insouciance et rêverie, place au matériel à gérer, aux cahiers à ne pas oublier, aux feuilles à bien encoller, aux crayons à bien tailler. Pour l'institution scolaire, l'enfant de six ans a suffisamment intégré le « métier

* En Allemagne, l'entrée à l'école primaire fait l'objet d'un rite de passage : les enfants reçoivent un cornet-surprise traditionnel appelé « Schultüte » et sont accueillis en classe par une cérémonie d'accueil.

d'élève »* pour ne plus avoir besoin d'être séduit par l'apparence du jeu, il est prêt pour que l'école lui dévoile son véritable projet : l'instruire, et faire de lui un citoyen digne de ce nom. Pour les parents, une fois une larme de fierté écrasée, commencent les longues soirées de révision des tables de multiplication, des listes de vocabulaire, parfois agrémentées d'une poésie. Alors on tente de bricoler des tableaux colorés à fixer au-dessus du lit ou on dégote sur internet de petits jeux pour s'entraîner aux multiplications. Et ça marche, un peu. Puis un jour, au hasard d'une discussion, on comprend que sans avoir jamais eu le moindre effort à faire, notre enfant connaît sur le bout des doigts la liste complète des 718 Pokémons. On se prend alors à rêver d'un enseignement aussi indolore, aussi fortuit et aussi plaisant que celui qui s'opère dans la cour de récré. Voilà illustré l'enjeu des liens entre jeu et apprentissage : comment diable exploiter cette disposition naturelle que les enfants ont pour le jeu pour promouvoir les apprentissages que nous, adultes, avons désignés comme nécessaires dans notre société ? Comment rendre l'écolier aussi déterminé à triompher du passé simple qu'à terminer son jeu vidéo ? Que manque-t-il à nos enseignements pour qu'ils aient l'attrait d'une partie de chat perché ?

Dans ce chapitre, nous tâcherons de jongler avec deux mots, *jouer* et *apprendre*, dont la signification est loin d'aller de soi, pour comprendre en quoi ils nous semblent tout autant des alliés que des antagonistes. Quelle place le jeu occupe-t-il à l'école ? Quelles ressources le jeu mobilise-t-il en chacun de nous, quelles vertus spécifiques recèlerait-il ? Enfin, quels apprentissages le jeu peut-il permettre à l'école mais aussi en dehors ?

---

* Pour plus de détails sur le « métier d'élève » ou la « posture d'élève », voir notre chapitre 7.

Apprendre en jouant, 150 ans d'innovation pédagogique

Un petit tour sur le site du réseau Canopé*, éditeur de ressources dépendant du ministère de l'Éducation nationale, suffit à s'en convaincre : le jeu n'est pas un tabou à l'école, il aurait même plutôt le vent en poupe ! Présenté comme un type de ressource à part entière, on ne cesse de vanter ses mérites et de tenter de convaincre les enseignants de son efficacité. Le jeu nous apparaît alors comme une innovation pédagogique insuffisamment exploitée, qui ne promet rien de moins que de réaliser le vieux rêve de l'enseignant et de l'élève : celui de rendre possible l'apprentissage sans effort. À se demander pourquoi on n'y a pas pensé avant ! Et c'est là que le bât blesse, car l'idée est loin d'être neuve : « Depuis des siècles [...], des idées nouvelles en pédagogie tentent un peu toujours la même chose : faire rentrer dans les salles de classe les moteurs naturels de l'apprentissage, c'est-à-dire le jeu, l'exploration de l'environnement et les interactions entre pairs. [...] nous avons tendance à oublier cela et redécouvrons régulièrement [...] les vertus de ces trois activités pour apprendre. »[1]. Les pédagogues manqueraient-ils de mémoire ? Ou est-ce plus simplement que l'évidence de l'utilisation du jeu à l'école n'en serait pas une ?

Gilles Brougère est, en France, un des spécialistes les plus reconnus de l'étude des liens entre jeu et apprentissage. Il a même été à l'origine de la création, au sein de l'Université Paris XIII, du premier master dédié aux sciences du jeu. En 1995, il a publié les principaux résultats de sa thèse d'État dans un ouvrage de synthèse[2] au sein duquel il revient sur l'histoire du jeu dans l'éducation. C'est ainsi qu'on apprend

* http://www.reseau-canope.fr.

qu'en France, pendant bien longtemps, le jeu était surtout vu comme une caractéristique de la nature enfantine avec laquelle le maître devait composer bon gré mal gré pour améliorer son efficacité pédagogique. Car cette même nature enfantine n'était pas regardée avec attendrissement : marquée du sceau du péché originel, elle se devait surtout d'être domestiquée. De la pensée philosophique de saint Augustin au Ve siècle après J.-C. jusqu'à celle de René Descartes au XVIe siècle, l'enfant est d'abord perçu comme « un adulte plus faible, plus fragile, un adulte en réduction »[2]. Ceci justifiait qu'on ne puisse se fier à sa nature et à ses aspirations propres : il était une sorte de « petit animal » dont la malléabilité faisait d'ailleurs son éducabilité*. Dans ce contexte, Gilles Brougère a pu indiquer trois utilisations pédagogiques principales pour le jeu. Tout d'abord, celle d'un délassement indispensable à l'effort, d'une contrepartie nécessaire à tout travail efficace, ce qui correspond à l'usage scolaire de la récréation. Cette fonction du jeu est très ancienne et se retrouve déjà chez les auteurs antiques comme Aristote, Sénèque, Socrate et Plutarque. Ensuite, celle d'une ruse pédagogique, pour donner une apparence plaisante au travail scolaire et éviter le découragement. On retrouve cette fonction du jeu dès le Ier siècle après J.-C. chez le pédagogue Quintillien, ainsi qu'au XVe siècle chez le philosophe et théologien Érasme. Ce principe est de nos jours à la base de nombreux jeux « éducatifs ». Enfin, celle qui s'attache à sa valeur intrinsèque et qui permet à l'élève de développer naturellement ses capacités physiques et motrices, et à l'enseignant de mieux comprendre l'enfant, ses goûts et ses aspirations propres et donc, d'optimiser sa pédagogie. Cet intérêt, mis en lumière dès le XVe siècle dans les travaux du

* Le philosophe anglais du XVIIe siècle John Locke considérait l'esprit de l'enfant comme une cire vierge sur laquelle l'éducateur pouvait écrire. On peut consulter ses *Pensées sur l'éducation* sur Gallica (gallica.bnf.fr).

pédagogue espagnol Jean Luis Vives, n'est pas sans rappeler la place que la psychanalyse accordera au jeu cinq siècles plus tard comme moyen privilégié d'accéder à l'inconscient infantile.

À la fin du XVIIe siècle, c'est une véritable révolution dans la manière de concevoir l'enfant qui commence. À la naissance du « sentiment de l'enfance » s'ajoute le développement de la pensée pédagogique de Jean-Jacques Rousseau, qui ancre sa critique de la société dans un discours de réhabilitation de la nature humaine. L'enfant est alors placé aux côtés du « bon sauvage » comme l'archétype du spontané, du naïf, non encore perverti par la civilisation. Mais c'est véritablement avec l'avènement de la pensée romantique en Europe au cours du XIXe siècle qu'émergera notre vision contemporaine du jeu de l'enfant. Pour ce courant, l'enfance représente l'âge d'or de l'être humain au sein duquel le jeu apparaît comme une activité à la fois spécifique de l'enfant, indispensable à son développement, mais aussi, on ne peut plus sérieuse[2]. Un pédagogue allemand, Friedrich Fröbel[3], à qui l'Allemagne doit le modèle de ses « jardins d'enfants », incarnera particulièrement cette vision romantique. Pour Fröbel, le jeu est à l'image de l'âme enfantine et lui permet d'exprimer la richesse de sa pensée intérieure. À ce titre, il doit être libre et respecté. Son *Manuel des jardins d'enfants** traduit en pratique ses principes philosophiques : dans ces établissements, un matériel de jeu spécifique et minimaliste (balle, boule, cube, cylindre, etc.) est proposé à l'enfant très progressivement sous forme de « dons ». Si Fröbel a connu une notoriété certaine en France vers la fin du XIXe siècle, force est de constater qu'il fait désormais partie des pédagogues oubliés, notamment en raison des tensions politiques d'alors entre la France et l'Allemagne,

* On peut consulter la version numérique gratuite de ce texte sur la Bibliothèque virtuelle des instituteurs de l'Université d'Artois (bibnum-bu.univ-artois.fr/items/show/423).

mais aussi à cause de divergences culturelles profondes dans la façon d'envisager l'éducation préscolaire. Car en France, dès 1833 et l'avènement des « salles d'asile »*, première appellation de l'école maternelle[4], règne une volonté d'interventionnisme pédagogique qui tranche avec le projet éducatif allemand. Cette obsession, nous sommes nombreux à la connaître tant elle est encore présente dans le discours relatif à l'école maternelle : l'école ne doit pas être une garderie ! Ainsi naît le paradoxe fondateur de l'éducation préscolaire en France[2] : ne jamais ressembler à un jardin d'enfants sans pour autant s'apparenter à une pré-école primaire. Pour cette raison, le jeu sera tout autant bridé dans sa forme libre qu'exploité sous sa forme dirigée pour donner aux exercices collectifs de l'école maternelle une apparence qui deviendra emblématique de sa rupture avec l'école primaire. En France, c'est Pauline Kergomard, inspectrice générale des écoles maternelles de 1879 à 1917, qui sera la principale avocate de la pédagogie du jeu. Elle défendra l'intérêt du jeu non dirigé et favorisera l'introduction de jouets à l'école, des objets auxquels elle attribuera une fonction de stimulation du jeu[2]. De nombreux freins institutionnels, encore à l'œuvre de nos jours, entraveront les ambitions pédagogiques de Pauline Kergomard, et parmi eux : le désir des enseignants de primaire de recevoir des enfants sachant déjà lire, écrire et compter ainsi qu'une forte attente parentale en faveur de la maîtrise précoce de ces compétences scolairement valorisées.

C'est dans ce contexte français de fort attachement à l'ambiance ludique, comme marque de fabrique de l'école maternelle, mais aussi de forte méfiance à l'égard du jeu libre, qu'a pu naître au début des années 1910 un drôle d'hybride au succès fulgurant : le jeu éducatif. Selon Gilles Brougère, s'il a

---

* Il faudra attendre 1881 pour que la « salle d'asile » devienne « l'école maternelle ».

pu se développer pour devenir le pilier de l'éducation familiale et scolaire que nous connaissons aujourd'hui, c'est grâce à une société commerciale bien connue; dont il est devenu, dès 1914, le produit phare: la maison Nathan*.

Pourtant, à l'issue de la Première Guerre mondiale, le jeu n'apparaît plus comme un élément central de l'innovation pédagogique. Cette dernière est désormais dominée par l'«éducation nouvelle», un courant de pensée hétérogène qui aspire à traduire en pratique les principes de la toute jeune psychologie de l'enfant. Cette approche pédagogique, qui accorde une grande confiance à l'activité spontanée de l'enfant en tant que révélatrice de ses besoins affectifs et cognitifs, laisse une part très variable au jeu. C'est ainsi par exemple que le pédagogue Roger Cousinet élabore le concept de *travail-jeu*, dont l'objectif est que les enfants ne puissent plus distinguer jeu et travail. Au contraire, pour Maria Montessori, l'importance du jeu dans la vie enfantine ne serait que l'expression de l'incapacité des adultes à leur proposer des activités ayant du sens et préfère donc substituer aux jouets du matériel permettant l'imitation des adultes.

Quoi qu'il en soit, le jeu conservera à l'école un statut profondément ambivalent: d'un côté, des textes vantant constamment les bénéfices du jeu, citant abondamment les pédagogues qui l'ont mis à l'honneur, et que personne n'oserait contester; et de l'autre, une pratique pédagogique quotidienne dont la spécificité n'est en rien fondée sur le jeu, celui-ci apparaissant même plutôt comme «une concession provisoire faite à l'âge des élèves, qui doit s'auto-supprimer»[2] lorsque l'enfant grandit. L'emploi massif du terme «jeu» dans le discours pédagogique ajoute encore à la confusion: «On

* Une expansion que l'entreprise Nathan arbore d'ailleurs fièrement sur son site à la rubrique «Notre histoire» (nathan.fr/en/histoire_3.asp).

parle de jeu, donc il y a jeu [...] mais dès que la réflexion s'affine pour présenter les intérêts éducatifs du jeu, il ne peut s'agir que de jeu dirigé»[2]. Une tendance qui s'est encore accentuée en France avec la crise économique des années 1980, et la tentation de recentrer l'enseignement sur les seuls «apprentissages fondamentaux», tels que le «lire, écrire, compter» qu'elle a suscité.

Le jeu ou les jeux?

Jouer des coudes, jouer le jeu, faire jouer son réseau, cacher son jeu, se jouer de quelqu'un, jouer avec le feu, la jouer serré, faire jouer la clé dans la serrure, jouer au chat et à la souris, avoir beau jeu, jouer du piano, jouer Molière, jouer aux échecs, jouer au loto, jouer en Bourse, jouer au papa et à la maman, jouer à la balle... comment est-il possible qu'un unique mot recouvre un champ d'expériences aussi varié, qui s'étend de la plus tendre enfance à l'âge adulte, de la plus grande inconséquence au plus grand sérieux, de l'innocence à la ruse, de la jouissance à l'effroi? Pourrions-nous seulement décrire ce qu'est le «jeu» à un extraterrestre en goguette?

Pour Roger Caillois, sociologue et auteur en 1958 d'un des premiers ouvrages de réflexion sur la sociologie des jeux[5], c'est la langue française qui, en ne disposant que d'un unique terme, serait trop pauvre pour permettre une réelle conceptualisation. En prenant exemple sur l'anglais, qui différencie le *game*, c'est-à-dire le jeu avec des règles, du *play*, ou activité ludique, il va puiser dans les autres langues de quoi cartographier le vaste continent des jeux. Il différencie alors: l'*Agôn*, tiré du grec, pour désigner les jeux de compétition; *l'Alea,* antique jeu de dés romain, pour regrouper les jeux de hasard; la *Mimicry,* empruntée à l'anglais pour désigner les jeux de «faire semblant»; et enfin l'*Ilinx,* nom grec du tourbillon d'eau, pour réunir les jeux basés sur l'ivresse d'un vertige, physique ou psychologique.

Au contraire, pour Gilles Brougère, la diversité des jeux est plutôt le signe du fort ancrage social de cette activité. Suivant l'approche du

philosophe Ludwig Wittgenstein*, il estime qu'il faut s'en tenir à l'identification d'un «air de famille» commun entre les jeux, sans chercher à le définir de manière univoque[2], ne serait-ce que parce que la posture de celui qui joue compte: qualifier une activité de jeu conduit à la considérer autrement, même si la tâche que nous effectuons est la même pour l'observateur.
Embrasser la diversité des jeux au travers de la diversité des langues n'en demeure pas moins rafraîchissant pour l'esprit. À ce titre, on peut se délecter des multiples significations du terme latin *ludus* qui désignait aussi bien le jeu avec des règles, que la salle de classe ou l'entraînement des gladiateurs, l'occasion de se souvenir que «faire semblant» permet de s'exercer en prévision d'une épreuve à venir. On peut aussi évoquer la séparation que les termes grecs matérialisent entre le jeu des enfants et celui des adultes en différenciant l'*athlos*, jeux de lutte et de combat ou l'*agôn*, réservé aux concours et jeux gymniques, de la *païda*, terme spécifique aux jeux d'enfant. On peut aussi se souvenir que chez les Aztèques, le jeu *Tlachtli* (sorte de jeu de paume) participait d'un rite religieux de régénération, où les joueurs n'étaient autres que les futurs sacrifiés[2]. Sans oublier le terme chinois *wan*, qui décrirait selon certains traducteurs, une expérience ludique que nous connaissons bien sans pour autant la nommer: celle de la méditation rêveuse qui laisse notre esprit libre de s'évader[5].

* Pour plus de détails, on peut se référer au concept de «Jeu de langage» développé dans le *Cahier Bleu* de Ludwig Wittgenstein.

De nos jours, la place du jeu à l'école maternelle semble n'avoir guère évolué. Au mois de septembre 2015, le ministère de l'Éducation nationale a édité à destination des enseignants une brochure de cadrage «Jouer et apprendre»[6] portant sur la place du jeu à l'école. L'école reconnaît au jeu une valeur intrinsèque et en espère quatre bénéfices principaux: contribuer à réduire les inégalités sociales par les échanges culturels qu'il implique entre enfants, favoriser la construction de savoirs intuitifs grâce à l'exploration de l'environnement, soutenir la socialisation des enfants, et permettre d'associer des émotions positives à l'expérience scolaire. Parallèlement à ce discours enthousiaste, on note toute la réserve qui s'exprime lorsqu'il s'agit d'évoquer le jeu libre, qui place l'enseignant dans une situation inconfortable d'inaction où il aurait le sentiment de ne pas pouvoir mobiliser les compétences pour lesquelles il estime être payé[2]. Coexistent alors sans cesse dans le discours la volonté de laisser s'épanouir le jeu de l'enfant et la tentation de le contrôler à des fins pédagogiques. On peut ainsi lire : « c'est toujours l'enfant qui choisit son jeu et sa manière d'y jouer, même si l'enseignant prend ponctuellement l'initiative d'amener du langage, de susciter l'imitation ou d'apporter un « coup de pouce » informel ». On peut d'ailleurs remarquer que la régularité des choix opérés pour organiser les espaces de jeux libres à la maternelle est telle qu'il semble difficile de ne pas y voir l'expression d'une culture institutionnelle : la très grande majorité des classes de maternelle disposent de puzzles, de poupées-bébés, de jeux de construction, de petites voitures, et de figurines d'animaux ; mais on ne trouve parallèlement quasiment jamais de poupées-mannequins, d'accessoires guerriers, et pas plus de véhicules de science-fiction ou de personnages Playmobil*[7]. Si on peut légitimement s'interroger sur l'éthique d'une introduction à l'école d'armes-jouets ou de poupées objectivant le corps des femmes, les chercheurs ont aussi rapporté des cas plus contestables d'enseignants ayant été jusqu'à interdire des jeux de construction après que les enfants les ont détournés pour en

* Selon Gilles Brougère, le jeu légitime en classe serait d'abord celui que l'enseignant a connu quand il était lui-même enfant, ce qui conduirait à exclure les jeux trop récents et interroge la capacité de l'école d'être en lien avec la culture contemporaine.

faire des pistolets factices[7]. Pour autant, rien d'aussi restrictif ne figure dans la brochure de cadrage « Jouer et apprendre » de l'Éducation nationale : au contraire, il est recommandé aux enseignants de toujours introduire les séances de jeu libre en insistant sur le « droit de faire », un rappel qui sonne comme une injonction (droit de faire, oui, mais quid du droit de ne rien faire ?) et qui montre combien ce droit est restreint pour les enfants dans le cadre scolaire. Ainsi, le jeu libre est bel et bien évoqué, mais c'est le « jeu structuré », en tant que destinée scolaire du jeu libre de l'enfant, qui reste la seule forme réellement légitime de jeu à l'école maternelle, au sein de laquelle il n'est toujours pas réellement acceptable de « jouer pour jouer ».

Dès lors, la véritable nouveauté de ces dernières années pourrait plutôt être d'avoir vu le discours pédagogique sur le jeu quitter le seul cadre de l'école maternelle qui l'a vu naître, pour investir l'enseignement primaire, secondaire mais aussi la formation universitaire et continue. Deux propositions pédagogiques symétriques illustrent ce mouvement : celle des *serious games*, ou « jeux sérieux », d'une part, et celle de la *ludification*, ou transfert de la mécanique des jeux (points, défis, niveaux à franchir) à l'éducation, d'autre part. À l'origine de ces approches, l'essor de la culture du jeu vidéo, qui a contribué à renouveler l'habillage du jeu éducatif et à ranimer la tentation de détourner l'énergie du jeu à des fins d'apprentissage. Car si on savait depuis longtemps les bébés capables de recommencer 445 fois l'ascension du toboggan jusqu'à parvenir à maîtriser leur geste, ce n'est que dans le courant des années 1980 qu'on a pris la mesure du fait que les adolescents (et les adultes !) étaient également capables de s'enliser des heures durant dans le bonheur d'un jeu solitaire et improductif. Ainsi, la rhétorique de promotion de ces jeux sérieux n'a rien de véritablement nouveau : comme à la maternelle, on retrouve le triptyque constitué de la valorisation des interactions entre élèves, de la valorisation des interactions avec l'environnement de type essais-erreurs, et du soutien de la motivation scolaire[1]. Dès lors, c'est sans surprise qu'on constate que les *serious games* comportent les mêmes travers que l'ensemble des jeux éducatifs. Comme eux, ils reposent sur l'illusion d'un transfert facile de l'expérience ludique à l'expérience pédagogique, alors même que la logique de ces deux univers diffère radicalement, ainsi que l'explique Gilles Brougère : « À la base du jeu à finalité de divertissement, il y a une logique ludique [...] que l'on va intégrer dans une histoire, un univers fictionnel adapté à celui-ci, alors que le *serious game* va procéder à l'inverse : à l'origine il y a un univers de référence [...] sur lequel on va greffer un *gameplay* plus ou moins adapté. »[8]. Ainsi, les objectifs pédagogiques font courir un risque élevé de sortir du domaine du jeu (et donc de ne pas pouvoir bénéficier de sa dynamique propre) : d'une part, parce qu'un jeu doit toujours comporter une part de second degré, de « faire semblant » ; et d'autre part, parce qu'un jeu ne peut fonctionner que s'il laisse suffisamment de liberté au joueur et d'incertitude dans le jeu ; autant d'éléments qui peuvent être mis à mal lorsque les attentes en matière d'efficience pédagogique sont fortes[8]. Le risque opposé, où les objectifs pédagogiques seraient si peu affirmés que le jeu deviendrait un divertissement parmi d'autres est également présent, preuve en est le grand nombre de *serious games* qui s'en tiennent à un objectif de diffusion d'informations. Mais l'implémentation des *serious games* à l'école se heurte également à des freins qui dépassent de loin ces enjeux pédagogiques[1] : ces freins sont logistiques (manque d'ordinateurs suffisamment performants, coûts pour l'institution), mais aussi liés à la pratique et la culture enseignante (crainte de ne pas pouvoir finir les programmes ; peur du regard des collègues, des parents ou des élèves eux-mêmes ; peur de la surcharge de travail, méconnaissance des outils informatiques et vidéoludiques, peur de perdre le contrôle de la classe), ou encore idéologiques (crainte d'introduire dans la classe des valeurs publicitaires, capitalistes, ou une frivolité, non compatibles avec le système scolaire).

C'est ainsi que ces nombreuses réticences et l'inertie subséquente contribuent à maintenir l'idée que les *serious games* sont bel et bien des innovations pédagogiques. À ce titre, ils sont vus comme menaçants par les enseignants qui craignent une précarisation professionnelle et un bouleversement de leurs habitudes, mais apparaissent toujours aussi désirables et inaccessibles pour tous ceux qui aspirent au changement. Les uns comme les autres étant alors dans l'impossibilité de voir en quoi les *serious games* pourraient bien n'être qu'un ravalement de façade du jeu éducatif.

« Arrête de jouer, va travailler », le jeu ce n'est pas sérieux

Le jeu est à lui seul un paradoxe : il est tout à la fois défini par son inconséquence et une activité qu'on retrouve dans toutes les civilisations connues[9], ce qui laisse penser qu'elle joue un rôle capital – et à ce titre tout à fait « sérieux » – dans la vie et le développement des humains*. Certains chercheurs ont été jusqu'à avancer, en s'appuyant sur l'analyse rétrospective du jeu dans l'enfance de jeunes meurtriers, que « l'absence de jeu imaginatif et non structuré [pouvait] empêcher l'enfant

* Mais aussi chez certains animaux. Pour plus de précisions, on peut se référer au travail de Karl Groos *The play of animals*, paru en 1898 et dont le texte, malheureusement non traduit, est disponible sur le site de l'ONG Internet Archive (archive.org).

de devenir un adulte heureux et bien adapté socialement »[10]. Comment le jeu peut-il être à la fois aussi nécessaire à l'espèce et si essentiellement futile ? Bien souvent, l'intérêt du jeu et sa place centrale dans la vie de l'enfant ont été considérés à l'école comme des postulats incontestables et ce, en dépit de notre incapacité à l'exploiter de façon efficace à des fins pédagogiques.

Ainsi, en considérant le jeu au-delà du seul cadre scolaire auquel il est loin d'appartenir, on peut examiner les hypothèses que la psychologie et neuropsychologie ont formulées pour tenter de décrire cette activité, et tenter de spécifier ce qui la rend tellement nécessaire à chacun de nous.

« Mon enfant est dans sa bulle » : le jeu pour exister face au monde

Commençons avec Donald Winnicott, pédiatre, psychiatre et psychanalyste britannique de la première moitié du XXe siècle. Il est resté célèbre pour son étude d'un objet enfantin bien particulier, le doudou ou *objet transitionnel,* ainsi que pour son concept de « *Good-enough mother* » ou « mère juste assez bonne »* visant à décrire le comportement parental minimal nécessaire au développement de l'enfant. Ce que l'on sait moins en revanche, c'est qu'il a été un des seuls psychanalystes à s'intéresser à la fonction du jeu chez l'enfant[11]. Là où ses contemporains, comme Sigmund Freud ou Melanie Klein, ont concentré leur travail sur l'exploitation du jeu dans la cure psychanalytique comme moyen d'accès privilégié à l'inconscient de l'enfant, Winnicott s'est attaché au contenu

* Un terme souvent improprement traduit par « mère suffisamment bonne », laissant penser qu'il s'agit d'un idéal difficile à atteindre au lieu d'un minimum en deçà duquel on tombe dans le défaut de soins.

même du jeu et à sa fonction dans le développement. Pour lui, le jeu doit être compris comme l'un des nombreux *phénomènes transitionnels,* ceux-ci regroupant l'ensemble des expériences qui se situent dans un espace-temps intermédiaire entre la vie psychique intérieure et la réalité extérieure: dans cet espace se côtoient aussi bien des objets matériels (tels que les doudous, mais aussi les jouets) que des croyances et des symboles issus du psychisme de chaque individu. Pour chacun, l'espace des phénomènes transitionnels est un lieu indispensable, où il est en sécurité, et qui permet de construire son rapport au monde: « nous supposons ici que l'acceptation de la réalité est une tâche sans fin et que nul être humain ne parvient à se libérer de la tension suscitée par la mise en relation de la réalité du dedans et de la réalité du dehors; nous supposons aussi que cette tension peut être soulagée par l'existence d'une aire intermédiaire d'expérience, qui n'est pas contestée. [...] Lors de la petite enfance, il faut que cette aire intermédiaire soit pour qu'une relation s'inaugure entre l'enfant et le monde »[11]. C'est ainsi que Winnicott regroupe dans les *phénomènes transitionnels* des expériences qui dépassent de loin le seul cadre de l'enfance: création artistique, goût pour l'art, sentiment religieux, rêve, origine et perte du sentiment affectueux mais aussi fétichisme, mensonge, vol, toxicomanie et superstitions. Pour Winnicott, le tout premier jeu de l'enfant est celui qui s'instaure dès la naissance avec son donneur de soins lorsque celui-ci répond avec une adéquation suffisante à ses besoins. Puis le jeu solitaire peut émerger, d'abord en présence du donneur de soins puis seul, avant de laisser place au jeu à plusieurs dans lequel les espaces transitionnels des protagonistes négocient leurs places respectives. Ainsi pour Winnicott, les vertus du jeu sont si essentielles que son absence doit être la première préoccupation d'un thérapeute. Pour lui « jouer est une thérapie en soi » qui place l'enfant dans un « état proche du retrait qu'on retrouve dans la concentration des enfants plus grands et des adultes. »[11]

Cet état particulier, de totale immersion mais aussi de grande énergie, où on est entièrement absorbé par son activité au point d'en oublier le temps qui passe, n'est pas sans rappeler le concept de *Flow,* ou « expérience optimale » décrite dans les années 1990[12]* par le hongrois Mihaly Csikszentmihalyi, un chercheur en psychologie s'inscrivant dans le courant de la « psychologie positive »**. Csikszentmihalyi a réalisé avec ses collègues près de 8 000 interviews de personnes*** très diverses (artistes, joueurs d'échecs, inventeurs, mais aussi moines dominicains, alpinistes himalayens, bergers navajos) qui avaient en commun de consacrer beaucoup d'énergie à des activités dont ils ne pouvaient pas forcément espérer de gratifications personnelles, dans le but de comprendre quel était leur « carburant ». C'est ainsi qu'il a découvert, à la base de l'action de toutes ces personnes, la récurrence d'un type de sensation particulière, une expérience qu'il a jugée « optimale » et qu'il a nommée *flow* (en français « flux »). Pour lui, l'humanité doit sans aucun doute sa survie à ce *flow*, en raison de l'incroyable énergie qu'il permet de mobiliser pour l'action, mais aussi car il semble être l'une des ressources les plus essentielles rapportées par les survivants de la barbarie concentrationnaire. L'état de *flow* se décrit du point de vue de l'individu par la perte de la perception du temps ; une sensation de bien-être ; l'absence de préoccupation à propos de soi-même (mais qui n'est pas une négligence, bien

* L'ouvrage initial a été traduit en français en 2005 sous le titre *Vivre : la psychologie du bonheur*.

** Une discipline née aux États-Unis à la fin des années 1980, qui cherche à comprendre ce qui rend les humains heureux, créatifs, mais aussi résilients face aux difficultés.

*** Voir sa conférence TED, « Flow, le secret du bonheur » (ted.com).

au contraire) ; mais aussi une absence de distraction et l'impression d'une totale concentration. Les tâches permettant la survenue du *flow* semblent toutes avoir pour caractéristiques de permettre aux individus un certain contrôle de l'action, de leur apporter des rétroactions immédiates et précises, de comporter une cible claire, mais aussi de présenter un certain équilibre entre défi et zone de confort[13]. C'est ainsi que chacun d'entre nous peut se souvenir d'avoir été happé dans un roman au point d'y passer une partie de la nuit, ou d'avoir fébrilement planché sur un travail ou une activité passionnante sans compter ses heures ni éprouver de fatigue, ou plus banalement de s'être laissé intensément absorber par un film ou une émission de télévision qui nous a particulièrement intéressé*. Parmi les expériences connues pour susciter le *flow*, figure évidemment le jeu, dans ses versions libres ou structurées, mais aussi d'autres expériences telles que l'art ou la religion, et pourquoi pas, l'étude. C'est ainsi qu'on voit naître des propositions pédagogiques dans lesquelles il ne s'agit plus seulement de détourner le jeu, mais plus largement de provoquer le *flow*, celui-là même dont les possibilités nous stupéfient. Reste que ce *flow* ne se décrète pas, et qu'il semble même que certains d'entre nous aient plus de dispositions que d'autres pour s'y plonger. On peut tout de même suivre avec intérêt les travaux de Jean Heutte, chercheur en psychologie de l'éducation à l'Université de Lille, qui s'est particulièrement intéressé à la mesure du *flow* en classe[14]

* L'occasion de rappeler, comme l'a fait Csikszentmihalyi, que l'expérience optimale n'est pas, en elle-même, éthiquement bonne [Traduction libre] : « L'expérience du Flow [...] est uniquement bonne en cela qu'elle a le potentiel de rendre la vie plus riche, intense, et de lui donner du sens. [...] Aussi longtemps qu'une part importante de la société aura peu d'occasions de se confronter à des défis qui ont du sens [...] nous devons nous attendre à ce que la violence et la criminalité continuent d'attirer ceux qui ne peuvent trouver leur chemin vers des expériences autotéliques plus complexes. »

ainsi qu'à l'étude des conditions de sa survenue. Il tient également un blog personnel dans lequel il vulgarise les concepts de la psychologie positive dans une perspective éducative*. Pour lui, ce n'est pas tant l'expérience ludique en elle-même qui serait à même de provoquer le *flow* mais plutôt le sentiment qu'on éprouve quand on comprend une notion ou qu'on résout une énigme, et qui peut particulièrement se retrouver dans le jeu : « si « apprendre » est rarement une partie de plaisir, « comprendre » [...] peut-être totalement jubilatoire »[14]. Une constatation qui recoupe celles qui ont été faites en neuropsychologie à propos de l'effet « eurêka », sensation éprouvée lorsqu'on résout un casse-tête, et qui semble corrélée d'une part à une augmentation des neurotransmetteurs liés au plaisir tels que la dopamine, les opioïdes endogènes (tels que les endorphines) ou encore les cannabinoïdes endogènes (responsables de la sensation d'euphorie)[15], et d'autre part à une augmentation significative de l'activité cérébrale (augmentation des ondes cérébrales gamma, traditionnellement associées à la résolution de problème ; augmentation de l'activité du cortex angulaire supérieur, jouant un rôle dans la résolution de conflit cognitif ; ainsi qu'une augmentation de l'activité de l'hippocampe, suggérant la formation de nouvelles connexions neuronales[16]). Dans un registre encore plus appliqué, on peut aussi consulter l'ouvrage d'Antonella Verdiani, *Ces écoles qui rendent les enfants heureux*[17], où sont répertoriées, depuis les Ashram indiens jusqu'aux écoles libertaires italiennes, les initiatives pédagogiques visant à potentialiser les expériences dites « autotéliques », c'est-à-dire motivées par le seul plaisir qu'elles procurent, telles que le *Flow*.

---

* www.jean.heutte.free.fr.

Imiter ou faire semblant, le jeu pour comprendre et changer le monde

Outre cette expérience immersive transitionnelle, le jeu peut aussi être regardé comme une activité permettant à l'enfant de s'engager naturellement et sans effort dans les tâches répétitives nécessaires, d'une part pour entrer en interaction avec son environnement matériel afin d'en découvrir les lois physiques, et d'autre part pour acquérir la maîtrise des gestes et des compétences qui seront requis de lui une fois adulte.

Cette vision est celle que l'on retrouve dans les travaux du biologiste, psychologue et pédagogue Jean Piaget, qui la développera tout au long du XXe siècle. En pédagogie, le nom de Jean Piaget est incontournable, particulièrement connu pour sa théorie des stades de développement de l'enfant et sa modélisation des mécanismes de construction du savoir. Il présente en particulier l'importance de l'équilibre entre processus d'« accommodation », dans lequel l'enfant adapte ses schémas de pensée et d'action au réel, et processus d'« assimilation », où l'enfant intègre le réel dans ses schémas de pensée existants. Pour lui, l'enfant construit sa connaissance en étant au contact avec son environnement* mais aussi grâce à ses structures biologiques de pensée, qui lui permettent d'ordonner et d'opérationnaliser cette expérience. À ce titre, Piaget récuse à la fois une modélisation de l'intelligence comme purement innée mais aussi comme purement acquise : elle serait avant tout un mécanisme d'adaptation au réel, un pur produit de l'évolution de l'espèce humaine où les contraintes environnementales viendraient bouleverser les structures internes[18]. C'est en 1945 que Piaget révèle la fonction supérieure qu'il attribue au jeu de l'enfant[19], à savoir permettre le développement d'un ingrédient essentiel de l'intelligence

* Piaget s'inscrit à ce titre dans le courant pédagogique dit « constructiviste ».

humaine, le symbole. Selon Piaget, c'est dès l'âge de 18 mois que l'enfant accède à la fonction symbolique : il devient alors capable de concevoir un objet ou une action en son absence en utilisant un symbole (onomatopée, mot, geste, objet, etc.) qui le représente à ses yeux. À partir de là, l'enfant va pouvoir commencer à reproduire des gestes et des comportements en l'absence d'un modèle*, preuve de leur intériorisation via un processus d'accommodation. Ceci constitue le germe du jeu symbolique, que l'enfant pourra ensuite déployer à sa guise pour construire son imaginaire au-delà des contraintes du réel, via un processus d'assimilation.

Ainsi, construire un monde imaginaire serait à la fois une façon de montrer qu'on a intériorisé et modélisé le réel, mais aussi qu'on s'autorise à façonner des alternatives. Une conclusion qui rejoint les constatations des chercheurs qui se sont intéressés à l'étude des universaux de la culture enfantine, dont le jeu de « faire semblant » fait partie : « les enfants ne se limitent pas à imiter les adultes dans leur jeu de rôle, mais en plus ils élaborent et embellissent continuellement les modèles des adultes de façon à répondre à leurs propres soucis. »[20]. C'est ainsi que des enfants peuvent jouer à punir violemment leurs poupées sans jamais avoir été punis simplement parce qu'ils ont compris la relation de pouvoir qui se joue dans notre société entre adultes et enfants, et se plaisent à l'expérimenter.

L'importance capitale pour le développement de l'enfant de cette infinité de « mondes possibles », encore appelés « contrefactuels », qu'ouvre le jeu, c'est aussi un des sujets de prédilection d'Alison Gopnik, professeure de psychologie et de philosophie à l'Université de Berkeley et spécialiste de la pensée des bébés.

* Dès la naissance, l'enfant est capable d'imiter le comportement d'un modèle (par exemple, de tirer la langue lorsqu'on lui tire la langue) mais il s'agit là d'un réflexe involontaire qui ne peut être reproduit en l'absence du modèle. Pour plus de détails, on peut lire *L'âge de l'empathie*, de Frans de Waal (Actes Sud, 2011).

Pour elle, la pensée contrefactuelle est omniprésente dans la vie de chacun de nous[21] : c'est elle qui nous permet d'avoir des regrets, c'est-à-dire d'imaginer ce qui aurait pu être, mais aussi de faire des projets et d'inventer l'avenir. Les expériences d'Alison Gopnik situent vers 18 mois l'émergence de la pensée contrefactuelle, présente dès les premiers mots (le « non » de l'enfant serait l'expression même de leur capacité à imaginer ce qui va arriver pour le refuser). Elle a également pu établir que contrairement aux idées reçues, les enfants ne confondent pas réel et imaginaire : lorsqu'un enfant tremble à l'idée qu'un monstre soit caché sous son lit, il n'y croit pas plus que nous lorsque nous croyons sentir la main du zombie sur notre épaule après avoir visionné un film d'horreur ; la seule différence est que ses sentiments sont beaucoup plus intenses et plus difficiles à gérer que les nôtres. Pour Alison Gopnik, si la pensée contrefactuelle est si importante pour l'humanité, c'est aussi en raison de ses liens avec la pensée causale : c'est parce que nous savons ce qui peut causer quoi, que nous pouvons imaginer les possibles. Émergeant dès 2 ans, de façon concomitante à la merveilleuse et non moins exaspérante période des « pourquoi », cette pensée nous permettrait de construire des cartes mentales de causalité qui modifieraient en retour notre capacité à générer des contrefactuels, et donc à agir sur le monde pour le transformer.

Gardons tout de même à l'esprit que si les enfants passent tant de temps à jouer, et donc tant de temps à produire des contrefactuels, c'est d'abord parce que nous les adultes, nous leur laissons le temps pour le faire : nous les libérons suffisamment des contingences matérielles pour qu'ils puissent enrichir leur pensée, la modeler et la remodeler sans inhibition (d'où leurs facultés incroyables d'apprentissage). Et c'est parce que nous acceptons de jouer ce rôle pour eux qu'il nous est plus difficile de nous reconnecter à notre imaginaire. Lorsque nous accompagnons nos enfants à l'école, ou que nous allons faire des courses, nous ne franchissons plus quatre précipices, trois ponts-levis et dix mares aux crocodiles: nous percevons notre environnement en fonction de nos buts dans une perspective d'efficacité. Mais ces contrefactuels peuvent aussi être une ressource incroyable pour les parents si toutefois nous acceptons de suivre un tant soit peu les enfants au Pays Imaginaire*. Dans un ouvrage dédié à la résolution des conflits intrafamiliaux, Adele Faber et Elaine Mazlish[22] proposent ainsi d'utiliser l'imaginaire pour gérer la frustration des enfants: «Quand les enfants désirent quelque chose qu'ils ne peuvent avoir, les adultes répondent d'habitude en leur expliquant logiquement pourquoi ils ne peuvent l'obtenir. Souvent, plus on explique, plus ils protestent.» En recourant à l'imaginaire pour leur donner «pour de faux» ce qu'ils souhaitent «pour de vrai», nous leur montrons que nous les comprenons et faisons la preuve de notre respect pour eux et pour leurs sentiments: «j'aimerais tant avoir une baguette magique pour faire apparaître tes céréales préférées!»; «Soleil! Soleil! Recommence à briller pour que mon petit garçon puisse sortir sans son imperméable qui lui colle aux bras!». De même, Catherine Dumonteil-Kremer, coach familiale et autrice de nombreux ouvrages consacrés à la non-violence éducative, propose aux parents d'exploiter les vertus du jeu dans la relation parent-enfant[23]. Le jeu est d'abord vu comme un temps privilégié avec son enfant, l'occasion de lui montrer qu'on l'aime et de l'emplir de confiance. Mais on peut aussi y avoir recours pour apaiser les tensions: après une rude journée, peut-être serez-vous tentés par un de ces «karaté-chaussettes» endiablés proposés par Catherine Dumonteil-Kremer, un jeu au but aussi simple qu'efficace: enlever les chaussettes des autres tout en gardant les siennes.

* En référence au célèbre personnage de James Matthew Barrie, Peter Pan.

Jouer en apprenant, vivre en apprenant, bravons les frontières!

Outre les enjeux liés au domaine ludo-éducatif, et au-delà de l'intérêt du jeu du point de vue du développement de l'individu, il reste à examiner plus spécifiquement les rapports du jeu à l'apprentissage et ce, en s'extrayant du seul contexte scolaire. Car si le jeu peine à potentialiser l'apprentissage scolaire, cela n'implique pas pour autant qu'on n'apprendrait rien en jouant. Mais alors, qu'apprend-on? Comment? À quelles conditions?

Une des premières manières de répondre à cette question est d'envisager le jeu comme une des activités de la vie quotidienne de l'enfant, et à ce titre, capable de générer des apprentissages dits «informels»[24]. La place et la légitimité des apprentissages informels est une question assez vive en pédagogie depuis les années 1970. Car si personne ne peut nier son importance dans l'histoire de l'humanité (l'école pour tous étant une invention relativement récente), l'apprentissage informel n'en apparaît pas moins déficient aux yeux de la majorité des pédagogues contemporains. Pendant des millénaires, tous les enfants ont acquis les connaissances et compétences nécessaires à leur insertion dans la communauté en dehors de toute forme d'école, au contact des adultes, en voyant faire, en participant et reproduisant. Il serait d'ailleurs bien audacieux de prétendre à la disparition de ce type d'apprentissage dans nos sociétés occidentales contemporaines. Dans les années 1970, des chercheurs ont élaboré la métaphore de l'iceberg pour illustrer cela: la partie émergée représenterait nos connaissances scolaires et la partie immergée nos connaissances informelles, ces dernières pouvant représenter 80% des connaissances d'un adulte[25]. Mais ceci n'a finalement pas grand-chose d'étonnant si nous songeons à la façon dont nous avons appris à parler et nous comporter en société, à résoudre nos problèmes du quotidien, à nous servir des technologies numériques ou des appareils électriques ; si nous énumérons tout ce que nous avons appris des livres, des journaux, ou d'internet. Reste qu'il n'est pas facile de différencier ce qui relève ou non de l'apprentissage informel. Ainsi, plusieurs caractéristiques ont été proposées pour éclaircir cette question[26] : dans l'éducation informelle, les activités seraient intégrées à la vie courante (respectivement : dans l'éducation formelle, elles en seraient séparées) ; l'enfant serait responsable de ses acquisitions (respectivement : l'enseignant serait responsable de leur transmission) ; l'apprentissage serait personnalisé et guidé par l'entourage (respectivement : l'apprentissage serait collectif et guidé par les programmes) ; les valeurs de la tradition seraient respectées (respectivement : elles seraient rejetées par une école valorisant le changement) ; l'enseignement serait basé sur l'observation et l'imitation sans que les connaissances mises en œuvre ne soient explicitées (respectivement : l'enseignement formel serait plutôt centré sur les interactions verbales) ; enfin, l'apprentissage s'appuierait sur l'inclusion des enfants au monde des adultes (respectivement : les enfants seraient au contraire instruits dans un lieu séparé)[25]. Néanmoins, pour certains chercheurs, cette dichotomie est trop caricaturale, formel et informel étant souvent imbriqués au sein d'un continuum[27] : par exemple, si l'informel se caractérise par l'absence d'intention éducative, il peut être présent en contexte scolaire lorsqu'un enfant apprend quelque chose qui n'a pas été prévu par l'enseignant ; si on l'étend à l'absence de tout cadre institutionnel, alors il permet d'inclure du côté du formel tout dispositif de formation, depuis les activités « périscolaires » que nous connaissons en France jusqu'aux pratiques ancestrales de formation des conteurs traditionnels (appelés griots) en Afrique de l'Ouest[45].

Ceci n'empêche pourtant pas l'apprentissage informel d'avoir encore assez largement mauvaise réputation et d'être vu comme inadapté aux besoins d'une société moderne, qui produit beaucoup de savoirs et qui attend de ses membres qu'ils les maîtrisent rapidement. Cette survalorisation *a priori* du formel sur l'informel n'en est pas moins contestée par certaines données de la psychologie du développement qui ont pu mettre en exergue l'acquisition très efficace de nombreuses compétences allant du savoir-faire artisanal de tissage en Côte d'Ivoire à des algorithmes mathématiques nécessaires aux enfants des rues brésiliens pour maximiser leurs gains aux jeux de loterie dont leur survie dépend[25]. Ainsi, la supériorité d'un mode d'apprentissage sur un autre ne pourrait être absolue, mais plutôt jaugée au regard de l'utilité qu'il aurait dans un milieu donné à un moment donné. Dès lors, les savoirs informels domineraient plutôt les savoirs scolaires par leur meilleure adéquation au réel, là où les savoirs scolaires domineraient plutôt les savoirs informels quant à leurs possibilités de généralisation et de transfert à d'autres situations.

Aujourd'hui en Occident, peu de parents pourraient nier la réalité des apprentissages informels que leurs enfants ont réalisés au sein de leurs jeux, à commencer par les jeux d'écran. Car si les enseignants n'ont pas encore trouvé comment les rendre utiles pour obtenir de meilleurs résultats au baccalauréat, les enfants et adolescents, eux, n'ont pas attendu pour développer leurs compétences en leur sein : maîtrise de l'anglais, connaissances liées à l'univers du jeu, qui peuvent inclure de l'histoire, de l'économie ou de la culture générale, connaissances en informatique et programmation, mais aussi compétences sensorielles (dextérité, réactivité, perception globale, sens de l'orientation, coordination) et psychosociales (persévérance, développement de l'imaginaire, gestion de la frustration, adaptation)[28]. Pour autant, l'intérêt des écrans pour le développement des enfants reste extrêmement polémique et suscite au moins autant de craintes qu'il ne soulève d'espoirs. Il va en effet de pair avec la reconnaissance d'une évolution de la société, de la mutation de notre rapport au monde, et cristallise ainsi le fossé entre les « Digital natives »* et les générations précédentes. On en veut pour preuve les échanges houleux qui ont suivi la publication en 2013 du rapport de l'Académie des Sciences *L'enfant et les écrans*[29], jugé bien trop dangereusement optimiste par certains scientifiques**. S'agissant des 0-2 ans, Olivier Houdé, directeur du Laboratoire de Psychologie du Développement et de l'Éducation de l'enfant de la Sorbonne et membre du comité de rédaction de ce rapport, estime par exemple que « la question de savoir s'il faut ou non exposer les bébés aux écrans ne peut recevoir une réponse générale en tout ou rien. C'est clairement « non » [...] pour un apprentissage passif du langage oral avec des DVD, même dits « pédagogiques », mais « oui » – ou « pourquoi pas ? » – pour s'initier visuellement et tactilement à la catégorisation des formes, des couleurs, des sons, des mouvements des doigts et de leurs effets sur une tablette numérique. »[30]. En 2015, des chercheurs américains invitaient d'ailleurs les développeurs à concevoir des applications qui favoriseraient les interactions sociales, où les enfants seraient cognitivement actifs et apprendraient à utiliser les spécificités et le potentiel de ces nouveaux supports d'apprentissage[46] sans pour autant délaisser les médias traditionnels (livres, jeux, journaux).

Néanmoins, aussi fondamentaux que soient les apprentissages informels dans la vie de chacun, ils restent d'irréductibles

---

* Expression employée pour désigner les enfants qui ont grandi avec les nouvelles technologies de l'information et de la communication, typiquement nés après l'an 2000.

** Pour consulter un avis contradictoire, on peut se référer à une tribune publiée sur lemonde.fr le 8 février 2013, « Laisser les enfants devant les écrans est préjudiciable ».

indomptables. Car en situation d'apprentissage informel, rien n'est garanti, tout dépend de l'individu, de l'intensité de son contact avec une situation, de l'utilité des apprentissages dans son quotidien, de sa relation affective à l'environnement[24]. En situation d'apprentissage informel, le maître, les parents et l'institution tout entière ne contrôlent plus grand-chose, tout est entre les mains de l'enfant… pour le pire, et pourquoi pas pour le meilleur? Actuellement, plusieurs mouvements en faveur d'alternatives pédagogiques militent pour une revalorisation des apprentissages informels et du droit de l'enfant à plus de libertés vis-à-vis de ses apprentissages, à commencer par celle de s'y engager volontairement. À la base de ces revendications, on peut trouver les écrits de l'Autrichien Ivan Illich[31], qui prône une « déscolarisation de la société », voyant l'école comme une institution de contrôle social incapable de relever les défis qui lui sont posés, à commencer par la réduction des inégalités sociales. Il propose de lui substituer un apprentissage ancré dans l'environnement de chaque élève, valorisant les ressources et les défis qui lui sont propres. On peut également trouver la référence à John Holt[32], pédagogue américain qui a tenté de montrer la fréquence et la nocivité des trop nombreux apprentissages « non sollicités », au travers desquels les adultes font acte d'ingérence, et qui tueraient à petit feu la motivation des enfants. Pour John Holt, la position de l'adulte ne doit pourtant en rien être celle d'une démission : « ce que les adultes peuvent faire pour les enfants c'est leur rendre ce monde et ses habitants plus accessibles et plus évidents », c'est-à-dire répondre à leurs questions, mettre à leur disposition des ressources, montrer l'exemple, sans jamais se départir de la confiance dans les capacités de chaque enfant à apprendre. Ces différentes pensées ont en particulier inspiré en France le mouvement du « *unschooling* » ou « non-scolarisation », une forme particulière d'instruction en famille[33]. D'autres mouvements, dont l'essor renouvelle actuellement en France l'offre en matière d'écoles alternatives, se reconnaissent également dans ce projet de respecter l'autonomie de l'enfant, son rythme d'apprentissage, et de revaloriser les apprentissages informels. On peut citer les écoles dites « dynamiques » inspirées par la pédagogie Sudbury* ou encore les écoles « démocratiques » plutôt issues de la pédagogie Summerhill[34].

Instruire en famille

En France, l'école n'est pas obligatoire[35], c'est l'instruction qui l'est, et ce de 6 ans à 16 ans[36]. Avant 6 ans, il n'y a aucune obligation scolaire : chacun peut décider d'inscrire ou non son enfant à la maternelle. À partir de l'année civile où l'enfant atteint l'âge de 6 ans, les parents qui souhaitent ne pas scolariser leur enfant doivent effectuer avant la rentrée une déclaration faisant mention de leur décision auprès de la mairie de secteur d'une part, et auprès de l'inspection académique d'autre part[37]. Dès lors, pour s'acquitter de l'obligation d'instruction, les familles ont plusieurs choix : celui de rémunérer un organisme de formation (privé ou public, tel que le Centre national de l'enseignement à distance (Cned)), ou d'assurer elles-mêmes l'instruction de son enfant. Lorsque la décision de non-scolarisation est imposée par une situation particulière (problèmes médicaux, pratiques intensives d'activités sportives ou artistiques, parents itinérants ou éloignement géographique d'un établissement scolaire), l'inscription au Cned peut être gratuite à condition d'avoir obtenu l'autorisation de l'inspection académique. La situation de l'enfant ne dépend alors plus de la législation relative à l'instruction en famille puisque le Cned est considéré comme un établissement de rattachement à part entière. Lorsqu'un

* Voir le site ecole-dynamique.org. On peut aussi consulter un des ouvrages princeps *Free at last : The Sudbury Valley School* (1995), malheureusement encore non traduit en français.

enfant âgé de plus de 6 ans est instruit à domicile, sa situation fait l'objet de deux types de contrôles réguliers[38] : une enquête de la mairie tous les deux ans, qui a pour objectif de vérifier que les conditions dans lesquelles l'enfant grandit sont satisfaisantes ; et un contrôle pédagogique, mené une fois par an par l'inspection académique qui a pour but de vérifier que le droit à l'instruction de l'enfant est respecté. Ces contrôles pédagogiques font actuellement l'objet de tensions entre les familles ayant choisi l'instruction à domicile et les pouvoirs publics. Avant 2009, ces contrôles ne faisaient aucune référence aux programmes de l'Éducation nationale, l'obligation d'instruction ne se mesurant pas en ces termes. Ce cadre de liberté permettait de convoquer des savoirs peu présents en milieu scolaire (par exemple : jardinage, travail du bois, soins aux animaux, etc.), et de proposer des approches pédagogiques très différentes de celles qu'on trouve à l'école (telles que le *unschooling*, où l'enfant est le seul guide de ses apprentissages). L'avènement du socle commun, ensemble de connaissances et de compétences exigibles par l'ensemble des élèves à la fin de la scolarité obligatoire, a pour la première fois restreint ce cadre de liberté[39], chaque famille devant faire la preuve lors des contrôles pédagogiques que les progrès de leur enfant sont en adéquation avec l'objectif de maîtrise du socle. Une exigence qui apparaît pour l'institution comme une action en faveur de l'égalité des chances et de la prévention des dérives sectaires ; et pour les familles non-scolarisantes, comme une volonté de contrôle étatique et de subordination aux seuls contenus désignés comme « utiles » par l'institution. Récemment, dans le contexte de la montée des inquiétudes relatives au terrorisme djihadiste, la liberté de choix des parents s'est encore réduite. Depuis octobre 2016, un décret ministériel[47] oblige désormais les enfants à satisfaire aux exigences du programme de l'Éducation nationale à la fin de chaque cycle (fin de CE2, de 6e, et de 3e) et à se soumettre obligatoirement à des tests lors des contrôles pédagogiques. Autant de mesures qui signent la fin du *unschooling*, en imposant à tous et toutes non seulement les contenus, mais aussi les normes (évaluation régulière, apprentissages formels) de l'école.

Mais alors, si le jeu libre de l'enfant est contrôlé, si son activité libre est sans cesse suspectée d'être improductive ou dangereuse, si les apprentissages informels sont ignorés et renvoyés à la marge honteuse de l'éducation, si le droit de l'enfant à participer pleinement au guidage de son apprentissage est considéré comme une hérésie qui confine à l'anarchie, il semble légitime de se demander : de quoi les adultes ont-ils peur ? Quelle est donc la panique qui les traverse à l'idée de laisser trop de place à la liberté de l'enfant ? Ont-ils peur du vide ? Il faut reconnaître que la crainte que les enfants « s'ennuient » est assez présente chez les parents, même si elle est assez rarement exprimée en ces termes. Il n'en reste pas moins impensable pour la majorité d'entre eux de ne pas chercher activement des activités de loisirs extrascolaires pour leurs enfants*. Pourtant, nombreux sont les spécialistes de l'enfance qui tirent la sonnette d'alarme, pour rappeler l'utilité de laisser aux enfants des temps d'oisiveté (à ne pas confondre avec l'ennui provoqué par un environnement inadéquat, par exemple l'ennui en classe qui peut être source de souffrance et de dépression[40]) et qui vont jusqu'à craindre une épidémie de *burnout* infantile[41]. Autant d'avertissements qui restent lettre morte, tant les adultes sont pétris de la certitude que sans un contrôle étroit, la société des enfants est vouée à être le lieu de la sauvagerie, voire de l'immoralité. On se rappelle peut-être le roman de William Golding *Sa majesté des mouches*, qui met en scène la survie d'un groupe de jeunes garçons livrés à eux-mêmes sur une île déserte après le crash d'un avion et le décès de tous les adultes,

* En 2007, une enquête de l'Union Départementale des Associations Familiales d'Ille et Vilaine portant sur 200 familles d'enfants de 6 à 14 ans a montré que 9 enfants de primaire sur 10 pratiquent des activités extrascolaires, 4 sur 10 en pratiquant deux, et 1 sur 10, trois et plus. Voir « Le temps libre des enfants et des adolescents », *Observatoire des Familles*. Cahier n° 7. 2008 (consultable sur unaf.fr).

et qui sombre peu à peu dans la tyrannie, la sauvagerie et la violence. C'est la même image qui s'impose à nous lorsque nous apprenons avec effroi la pratique de jeux « dangereux » dans un grand nombre d'écoles primaires: « jeux » d'agression où un enfant peut être désigné pour recevoir des coups ou « jeux » d'asphyxie, dans lequel les enfants provoquent volontairement une sous-oxygénation du cerveau à visée hallucinogène, autant de pratiques très préoccupantes et dont l'épidémiologie est encore très mal connue[42]. Pour le médecin canadien Gabor Maté, les sociétés occidentales auraient commis l'erreur de valoriser beaucoup trop l'attachement des enfants à leurs pairs au détriment de l'attachement aux adultes, les premiers n'ayant pas la maturité suffisante pour assumer pleinement ce rôle[43]. Pourtant, la sociologie des cultures enfantines apporte un tout autre regard et montre au contraire la grande richesse sur le plan tant psychologique que linguistique ou social de ces interactions entre pairs. La culture enfantine serait une culture à part entière avec ses savoirs propres, ses croyances propres, ses règles, ses usages et ses coutumes, et qui présente un si grand nombre d'invariants à travers les temps et les lieux qu'il faut lui concéder une dimension universelle[10]. Parmi ces invariants[44], on retrouve l'idée que la culture enfantine est d'abord une tradition orale (les structures langagières répétitives des formulettes et comptines sont là pour faciliter la mémorisation, un procédé présent dans d'autres traditions orales), qui privilégie l'interaction en face-à-face entre pairs (les enfants interagissent plus facilement avec d'autres enfants), où l'activité physique occupe une grande place (peu d'adultes, même athlètes, pourraient supporter une telle dépense d'énergie), de même que la curiosité, le désir d'explorer, l'espièglerie, le jeu, l'imagination, la créativité, la superstition, l'humour, autant de valeurs que nous leur reconnaissons sans mal. Mais les chercheurs ont aussi pu montrer que les enfants avaient un sens aigu de l'ironie devant la culture des adultes, qu'ils savent imiter, critiquer et transgresser, mais aussi de la justice et de l'équité. Aussi paradoxal que cela puisse nous sembler, les cultures enfantines semblent tout autant dotées d'une étonnante capacité de révolte* que d'un besoin intense de conservatisme (comme en témoigne la grande stabilité des rites et coutumes que les enfants se lèguent de générations en générations avec bien peu de variations). À tel point que la culture enfantine peut apparaître comme le lieu d'un apprentissage fondamental. Selon Carole H. Carpenter, professeure à l'université York au Canada, « lorsque les enfants sont en interaction avec d'autres enfants, ils apprennent les uns des autres, enseignent les uns aux autres, se moquent et contestent le monde adulte prétentieux, exercent un certain contrôle sur eux-mêmes, ils prennent possession de leur vie, ce qui est nécessaire pour devenir des citoyens ».

Ainsi, il semblerait que, dès lors que nous offrons aux enfants un cadre de sécurité affectif solide et inconditionnel, ainsi qu'un espace-temps libéré de la plupart des contingences matérielles, ceux-ci soient en retour capables de l'investir pleinement pour prendre, avec le sens et la richesse qui sont les leurs, le plein contrôle de leur existence. Le jeu serait dans ce cadre, une des nombreuses activités dans lesquelles ils pourraient décider librement de s'engager, qu'ils sauraient naturellement exploiter pour développer leur rapport aux autres et au monde, c'est-à-dire pour apprendre.

---

* Pour un exemple étonnant de révolte enfantine, on peut se référer à la « guerre du chocolat », qui a eu lieu à Vancouver en 1947. De très nombreux enfants se sont groupés dans tout le Canada pour protester contre l'augmentation du prix du chocolat. Une histoire que l'on peut lire dans le roman *Maggie and the chocolate war* de Michelle Mulder (Second Story Press, 2008).

En bref

- Avant le XIXe siècle, le jeu de l'enfant avait trois fonctions pédagogiques : reposer l'enfant pour permettre l'effort ultérieur, le séduire pour le faire travailler, ou exercer ses capacités motrices.
- C'est au courant romantique que nous devons notre vision contemporaine, et optimiste, du jeu de l'enfant. De nombreuses propositions pédagogiques en ont été issues, laissant plus ou moins de liberté à l'enfant.
- Dès l'origine, le jeu est la marque de fabrique de l'enseignement préscolaire en France, lui permettant de se différencier du primaire sans faire de la maternelle une simple garderie.
- Seul le jeu ludo-éducatif est véritablement légitime à l'école. Le jeu libre est renvoyé à la marge. Actuellement, les *serious games* et la *ludification* sont deux formes de renouvellement du jeu éducatif.
- Le jeu de l'enfant lui permet de se placer dans un état spécifique d'immersion, de grande activité, de grande sécurité et de grande créativité.
- Le jeu de l'enfant lui permet de construire son rapport au monde et aux autres, d'imaginer les possibles.
- Le jeu est un lieu privilégié de l'apprentissage informel, indispensable à l'être humain, mais aussi difficilement exploitable pour des objectifs pédagogiques.
- La culture enfantine est une culture à part entière, riche et complexe, dont le jeu est un des piliers et au sein duquel les enfants construisent des compétences indispensables à leur future vie d'adulte.

CHAPITRE 9

Survivrons-nous à la bombe A[dolescence] ?

« Vous avez semé un bébé, vous récoltez une bombe » écrivait le psychiatre D.W. Winnicott[1] pour qualifier le sentiment de désarroi des parents à l'adolescence de leur enfant. À en croire médias et psychologues, cette période de la vie, aussi nécessaire soit-elle, aurait des allures d'apocalypse. Le ton général est martial et alarmiste : c'est la « crise », le « bombardement hormonal » de la puberté, le temps de la « révolte » ! L'adolescent serait dominé par ses pulsions agressives et morbides, tiraillé par sa quête d'absolu, torturé par sa libido, il mettrait à mal l'autorité des adultes menaçant ainsi les équilibres séculaires. Mais pas de panique, hein ! C'est nor-mal, nous dit-on ! C'est ainsi que dès les premiers mois de l'enfant, on persuade les parents que leur pire épreuve, celle devant laquelle les nuits blanches et les poussées dentaires feront pâle figure, à laquelle nul ne saurait dire comment ils en réchapperont, sera sans aucun doute l'adolescence. Que votre bambin se roule par terre de rage ; qu'il expérimente le pouvoir des mots et des petits arrangements avec la vérité ; qu'il demande sans cesse « pourquoi » et vous trouverez toujours une âme charitable pour vous lancer : « Eh bien, qu'est-ce que ce sera à l'adolescence ?! » La prophétie est dite : profitez bien chers parents de ses joues fraîches, de ses boucles délicates, de sa voix cristalline, et des étreintes spontanées dont il vous gratifie car bientôt, la Bête sauvage retournera votre maison.

Dans ce chapitre, notre but n'est pas de clamer que tous les jeunes et leurs parents marchent main dans la main sur un chemin de pétales de roses, mais de retracer l'histoire des idées qui ont pu amener à forger, jusqu'à la rendre hégémonique dans notre société, cette représentation de l'adolescence comme un « mal nécessaire ». L'adolescence souffre-t-elle effectivement des maux que les adultes lui attribuent ? Et au-delà de cette déconstruction, quels éléments la sociologie, l'histoire, les neurosciences, la médecine, ou l'ethnologie peuvent nous apporter pour questionner le statut de cette période de la vie et poser les jalons d'un autre regard sur la jeunesse ?

Comment se porte son Surmoi ? L'adolescence psychanalysée

Un rapide examen des ouvrages disponibles sur l'adolescence suffit à montrer que de toutes les disciplines, c'est la psychologie, fortement imprégnée de psychanalyse freudienne, qui s'empare le plus largement de ce sujet. On en veut pour preuve le succès de l'ouvrage *Paroles pour adolescents*, écrit en 1989 par la pédiatre Catherine Dolto-Tolitch avec sa mère, la célèbre Françoise Dolto, et qui, malgré son propos daté et très conservateur*, apparaît toujours parmi les meilleures ventes des librairies en ligne. Pourtant, rien ne prédestinait *a priori* la psychanalyse à dominer ce sujet.

Au XIXe siècle, l'adolescence était d'abord l'affaire des pédagogues[2]. La raison en est simple : tous les enfants devenaient certes pubères, mais tous ne devenaient pas adolescents. Seuls ceux qui ne passaient pas brutalement des bancs de l'école – quand ils avaient eu l'occasion de les fréquenter – aux entrepôts de l'usine ou à la réclusion du mariage pouvaient goûter aux affres de ce temps de transition. C'est ainsi qu'il est revenu aux éducateurs des garçons de la bourgeoisie, de poser les jalons d'une théorie de l'adolescence. Parmi eux, on compte des professeurs de pédagogie comme Gabriel Compayré ; des hauts fonctionnaires de l'École de Jules Ferry comme Ferdinand Buisson ; mais également des hommes d'Église, alors en charge de nombreux établissements scolaires.

À la fin du XIXe siècle, deux nouvelles disciplines des sciences humaines émergent : la psychologie et la sociologie. Les deux sont à même de prendre en charge la question de l'adolescence, pourtant la sociologie y renonce d'emblée : pour elle, l'enfant et l'adolescent ne sont pas encore suffisamment « socialisés » pour être des objets d'études valables[3]. C'est donc la psychologie qui s'y attellera avec la volonté de proposer une vision scientifique, en rupture avec les préceptes moraux des pédagogues

* On peut par exemple y lire des propos renforçant la culture du viol (« les garçons, pour faire l'amour, ont besoin d'une certaine violence ») ou encore stigmatisant l'homosexualité (« Il arrive qu'on éprouve des émois physiques face à quelqu'un du même sexe. Parce qu'on se sent coupable, on garde cela pour soi, on croit qu'on est homosexuel et qu'on ne va plus oser aller vers l'autre sexe […] on a besoin d'aide, on peut en parler à des adultes de confiance ou un médecin. »).

du siècle précédent. Dès lors, pédagogie et psychologie vont s'hybrider : l'école devient le terrain d'observation privilégié de la psychologie, ce qui permet en retour à la « science de l'éducation » d'y gagner une forme de scientificité[2], un métissage qui marquera profondément en France le mouvement pour l'Éducation Nouvelle. Pourtant, au début du XXe siècle, la psychologie de l'enfant n'a rien de celle que nous connaissons aujourd'hui : très intéressée aux liens entre physiologie et psychologie, elle est également majoritairement tournée vers les enfants « déficients » censés présenter de manière exacerbée les traits cognitifs de l'enfance[2]. Ce n'est qu'en 1920 que les théories freudiennes commenceront à être diffusées en France, et il faudra attendre la fin de la Seconde Guerre mondiale pour qu'elles prennent leur essor, jusqu'à devenir hégémoniques au sein des instances médico-psychologiques de prise en charge de l'enfance en difficulté. Dans la théorie de Freud, le développement de l'enfant est décrit en « stades » (que sont successivement le stade oral, anal, phallique, la phase de latence et le stade génital). Ce découpage n'est pas sans rappeler les autres tentatives de modélisation des capacités cognitives des enfants par des contemporains de Freud, tel que Jean Piaget. On peut supposer que ce découpage de la vie en classes d'âge, très en vogue à l'époque en raison de la fascination pour la théorie évolutionniste de Darwin (où il s'agissait de décrire l'évolution de l'individu comme on décrirait l'évolution des espèces), a pu faciliter l'émergence d'un propos spécifique sur l'adolescence. Il reste qu'à l'heure actuelle, la psychologie d'orientation psychanalytique est régulièrement mise à mal par d'autres courants de la psychologie, ainsi que par la neuropsychologie et les sciences cognitives. Ces remises en question universitaires accompagnent par ailleurs une crise de confiance populaire : on reproche à la psychanalyse d'avoir stigmatisé les mères d'enfants avec autisme*, d'avoir fermé les yeux devant des troubles pathologiques des apprentissages, ou encore de véhiculer une image négative de l'enfant envisagé comme un « pervers polymorphe ». Ces diverses contestations ont abouti à l'élaboration d'un nouveau paradigme éducatif qui fonde sa scientificité sur les neurosciences et entend se situer au plus près des besoins cognitifs « naturels » de l'enfant. Pourtant, si ce mouvement d'éducation dite « positive » prend actuellement une ampleur notable dans le domaine de l'enfance (où les ouvrages grand public sur le sujet fleurissent), force est de constater qu'il est encore bien timide s'agissant de l'adolescence. Ne faut-il y voir qu'un simple effet de retard, qui ne devrait pas tarder à être comblé par l'arrivée des écrits venus d'outre-Manche** ? Ou serait-ce la marque du fossé qui sépare, dans l'esprit des adultes, l'enfance (dont la nature fondamentalement bonne devrait être choyée) de l'adolescence (qui, sauvage et dangereuse, devrait d'abord être domptée) ?

Avant d'aller plus loin, examinons attentivement les principaux traits que psychologues et psychiatres actuels – dont la majorité a reçu une formation d'orientation psychanalytique – accordent à l'adolescence. Comment la définissent-ils ? Comment

* On peut se reporter au documentaire *Le mur*, réalisé en 2011 par Sophie Robert, accusé de discréditer à tort les psychanalystes. Les polémiques ont flambé avec la parution en 2012 du rapport de la Haute Autorité de santé « Autisme et autres troubles envahissants du développement : interventions éducatives et thérapeutiques coordonnées chez l'enfant et l'adolescent » indiquant que « L'absence de données sur leur efficacité et la divergence des avis exprimés ne permettent pas de conclure à la pertinence des interventions fondées sur les approches psychanalytiques » (consultable sur has-sante.fr).

** Comme l'indiquerait la récente traduction en français du best-seller américain de Frances E. Jensen et Amy Ellis Nutt, *The Teenage Brain : A Neuroscientist's Survival Guide to Raising Adolescents and Young Adults* sous le titre *Le cerveau adolescent* (JC Lattès, 2016).

l'analysent-ils au regard de la société qui est la nôtre ? Malgré leurs nuances et leurs différences, ces praticiens semblent s'accorder autour de ce qui apparaît comme deux paradoxes.

« L'adolescence, c'est naturel mais c'est culturel »

L'adolescence est-elle d'abord un phénomène d'ordre physiologique (et donc candidat à l'universalité) ou est-ce plutôt un phénomène à dominante culturelle, que des éléments civilisationnels viendraient renforcer ou atténuer ? Le discours psychologique-psychanalytique soutient conjointement les deux thèses. Pour nombre de praticiens, l'adolescence, c'est d'abord la puberté : « La physiologie et la biologie sont le moteur. Le reste suit »[4], nous dit Patrice Huerre, psychiatre et psychanalyste. La thématique du « corps qui change » est d'ailleurs un leitmotiv du discours des praticiens, le point de départ évident de toutes les difficultés de l'adolescence, un peu comme si les autres changements corporels de la vie (croissance, grossesse, vieillesse) étaient secondaires. Dans ce cadre, le psychiatre et psychanalyste Alain Braconnier écrit : « La première caractéristique du processus d'adolescence réside dans l'image et la relation que l'adolescent établit avec son corps en transformation. »[5]. De même, pour Daniel Marcelli, professeur en psychiatrie, la survenue de la puberté serait pathogène : « L'éveil pubertaire et l'excitation qui en découle créent un moment de fragilité et de déséquilibre transitoire dans le fonctionnement psychique, le moi et le surmoi du sujet se retrouvant bien vulnérables face à l'explosion des pulsions. »[6]

Mais ces propos « naturalisant » l'adolescence n'empêchent pas le développement d'un argumentaire conséquent selon lequel l'adolescence est d'abord un problème de société, le signe d'une civilisation en perte de repères. Car si l'amorce de l'adolescence est naturelle, son issue serait culturelle : « La fin de l'adolescence, et c'est le problème de nos sociétés contemporaines, n'existe plus. Elle n'est plus déterminée par quoi que ce soit de partagé» nous dit Patrice Huerre. Un constat que soutient aussi Daniel Marcelli : «la difficulté des jeunes à s'insérer dans le monde du travail [...] se combine à une absence d'échéance instituée pour faire durer une incapacité sociale caractéristique de l'adolescence.» Pour tous, la crise d'adolescence sonne comme une crise générationnelle : «Après 1968, ces rapports intergénérationnels se sont un peu dilués dans une bienveillance apparente des adultes, qui souhaitaient rompre ainsi avec la période antérieure et favoriser le dialogue et l'épanouissement de chacun, refusant l'opposition et le conflit. Ce mouvement de balancier a déstabilisé [...] les adolescents qui sont à la recherche de référents, de figures adultes consistantes et fiables»[4]. Néanmoins, qu'elle soit physiologique ou imposée par la société, le résultat semble le même : l'adolescence serait inéluctable.

«L'adolescence, c'est terrible mais ce n'est pas grave»

Dès les premières pages du *Complexe du homard*, Françoise et Catherine Dolto écrivent ces paroles sentencieuses : «Il n'y a pas d'adolescence sans problèmes, sans souffrances, c'est peut-être la période la plus douloureuse de la vie.» Un point de vue largement partagé par les autres auteurs qui contribuent à ce que les parents se préparent au pire. Patrice Huerre nous met en garde contre les transgressions adolescentes, prétendument inévitables : «Le besoin de transgression est réel et normal à cet âge : que faire des pulsions sexuelles et agressives que l'on connaît quand on devient pubère ?»[4]. Daniel Marcelli enfonce le clou en établissant un lien naturel entre adolescence et barbarie : «On le constate au travers de ces exemples historiques, la dimension de la délinquance, de la violence, des limites, de la loi, en un mot du respect de l'autorité, est inscrite dans l'acte de naissance de l'adolescence. »[6] Les mots de la psychiatre Nicole Catheline sont non moins terrifiants : pour elle, l'adolescent est en proie à un « big-bang identitaire », dans lequel il expérimente « l'étrangeté à soi-même »[7]. À ces épreuves terribles, s'ajoutent des missions qui semblent le travail de toute une vie : « pouvoir accepter son histoire, accepter ses ascendants tels qu'ils sont et non tels qu'on les a rêvés, et en même temps avoir envie d'aller vers d'autres et avoir la curiosité et la possibilité d'accepter les surprises, la nouveauté, sans que ça soit trop angoissant. »[4] Sans oublier que l'adolescent doit pouvoir « accéder à la possibilité de ne compter que sur lui-même dans le cas où ses besoins vitaux (sécurité, subsistance matérielle) sont en danger »[5].

Malgré la démesure de ces objectifs, malgré le ton prophétique, l'éducation parentale est identifiée comme la principale responsable. Pour Daniel Marcelli, « la question de l'autorité à l'adolescence représente le révélateur […] des conditions de l'éducation de l'enfant, laquelle résulte des idéologies et des pressions culturelles que les parents adoptent ou subissent ». Ainsi se met en place un discours ambigu où l'adolescence devrait être considérée comme un mal nécessaire et ses difficultés acceptées comme inéluctables, mais sans jamais oublier qu'elles sont la marque de nos défaillances éducatives.

Débunkons l'adolescence !

Sur internet, le mot « débunker » est un anglicisme utilisé pour désigner l'action de « démystifier », de « dévoiler », c'est-à-dire concrètement de déconstruire les rumeurs infondées. S'agissant de l'adolescence, nous avons pris comme point de départ deux énoncés majeurs, considérés dans notre société comme des certitudes. Notre but est d'en comprendre l'origine et de tenter d'en évaluer la validité au regard des autres connaissances disponibles sur le sujet. La première affirmation est que l'adolescence serait généralement pour les individus l'occasion d'une « crise » aux dimensions sociales, identitaires, sexuelles, idéologiques ; et la seconde, que notre société manquerait de rituels de passages, notamment entre l'enfance et l'âge adulte, ce qui serait à l'origine de carences.

Il me cherche ! Elle fait sa « crise d'ado » !

C'est par ces mots que les parents d'adolescents manifestent souvent leur désarroi ou la volonté de se désolidariser face à un comportement de leur enfant qu'ils ne comprennent pas ou qui leur fait honte, et devant lequel ils n'ont plus les moyens matériels pour lutter, ni l'excuse de son âge à convoquer. Nous souvenons-nous avoir nous-même fait notre « crise » ? Beaucoup diraient que oui, en songeant aux disputes et portes claquées, aux petites et grandes transgressions, mais aussi à la réticence des adultes à les voir faire leurs propres choix. Beaucoup d'autres diraient que non, se demandant parfois un peu hébétés comment ils ont bien pu échapper à ce passage qu'on dit obligé. Pensons-nous que nos parents ont fait leur « crise » en leur temps ? Parfois. Et nos « grands-parents » ? Quasiment jamais. Nous avons pour la plupart intégré l'idée que la « crise » d'adolescence était un concept récent, réservé à la jeunesse contemporaine qui n'aurait connu ni les affres de la guerre, ni celles de l'usine, ni le poids des conventions sociales, ni les malheurs qui fauchent parfois l'existence. Pourtant, l'idée que l'adolescence est avant tout un moment de « crise » n'est pas née des dernières revendications libertaires soixante-huitardes, ni même de la « culture jeune » promue par la société de consommation. Bien au contraire, la crise d'adolescence serait née au cœur du XIXe siècle.

L'historienne Agnès Thiercé a publié en 1999 un important ouvrage inspiré de sa thèse de doctorat portant sur l'histoire de l'adolescence entre 1850 et 1914[2]. Elle y montre comment le concept de « crise d'adolescence » se développe dès le début du XIXe siècle, sous des traits étonnement voisins de ceux que nous lui connaissons aujourd'hui. En figure de précurseur, Jean-Jacques Rousseau est le premier à parler de l'adolescence comme d'un moment de « crise » dans lequel le rôle de l'éducateur est primordial. Contrairement à la période de l'enfance durant laquelle il prône une éducation « négative » qui consiste surtout à « tout faire en ne faisant rien », l'heure est désormais au contrôle strict. Pour Rousseau, l'adolescence est une « seconde naissance » qui ne se fait pas sans heurts : « Un changement dans l'humeur, des emportements fréquents, une continuelle agitation d'esprit, rendent l'enfant presque indisciplinable. [L'enfant] devient sourd à la voix qui le rendait docile ; [...] il méconnaît son guide, il ne veut plus être gouverné. »[8]. Mais pour Agnès Thiercé, si ce concept de « crise » fait florès, c'est d'abord à cause du contexte historique du XIXe siècle. La France connaît alors son « siècle des Révolutions » : l'ordre ancien a été terrassé par le régicide et il s'agit de jeter les bases de l'ordre nouveau. Tout au long du XIXe siècle, une importante série de régimes politiques se succèdent : deux empereurs, trois monarques, et deux républiques, le tout entrecoupé de deux révolutions et de nombreuses tensions. Ainsi, l'adolescence sera théorisée au moment même où la société connaît violences, espoirs et incertitudes du renouveau : « les définitions de la crise adolescente [focaliseront] ainsi quelques-unes des grandes hantises du siècle. »[2]

Dans les discours des éducateurs du XIXe siècle, la crise de l'adolescent est d'abord une crise sexuelle, annoncée comme chez nos contemporains, par la puberté. C'est même l'avènement de la capacité reproductrice qui confère à l'adolescence son statut de « deuxième naissance » : « Nous naissons [...] en deux fois, l'une pour exister, et l'autre pour vivre ; l'une pour l'espèce et l'autre pour le sexe. »[8]. Mais ce changement naturel n'en est pas moins accueilli avec une grande méfiance. À l'époque, les pratiques sexuelles sont fortement contrôlées par les mœurs que la société bourgeoise a imposées : on craint l'homosexualité, les naissances hors mariage, les déviances, les excès ; mais surtout, on pleure « l'innocence » et la « pureté » perdue de l'enfant. Ainsi, la crise sexuelle et pubertaire semble plonger l'adolescent dans un « entre-deux » dont l'issue paraît incertaine aux adultes (le doux enfant se révélera-t-il finalement une brute perverse ?) et qui n'est pas sans rappeler la métaphore du homard employée par Françoise Dolto*. Pour Ferdinand Buisson, elle est « l'heure douteuse, où la nature hésite entre l'enfance et l'adolescence, entre un sexe et l'autre, et semble avoir perdu avec le sens de sa vraie direction, sa grâce primitive. »[2]

À la crise sexuelle et pubertaire s'ajoute une crise morale et individuelle, où pour l'éducateur, « tout se joue ». À ce sujet, les discours du XIXe siècle se font volontiers ambivalents : d'un côté on salue l'éveil de l'intelligence, l'accession au raisonnement abstrait ; et de l'autre on s'inquiète de l'affirmation des idées juvéniles, de la distanciation d'avec la pratique et la croyance religieuse, de la remise en cause des figures d'autorité. On ne craint pourtant pas encore la délinquance juvénile. En effet, celle-ci est déjà associée aux seules classes populaires, qui ne jouissaient pas encore du statut d'adolescent car elles étaient

* Françoise Dolto est restée célèbre pour avoir comparé l'adolescent au homard en train de faire sa mue : ayant abandonné sa carapace d'enfants sans avoir encore construit sa carapace d'adulte.

intégrées au monde des adultes, sans période de transition. On craint en revanche l'insubordination. C'est ainsi qu'en 1869, le moraliste Ernest Legouvé écrivait : « En même temps que le duvet leur pousse au menton, voilà que leur poussent au cœur tous les défauts propres à la jeunesse, l'amour de paraître, l'outrecuidance, l'esprit d'indépendance, tout ce que j'appelle enfin la lignée de la vanité. Le fils ne croit plus au père, le père ne croit plus en lui-même. »[2]. Ainsi la prise de conscience de la capacité intellectuelle de l'adolescent à penser par lui-même terrorise les adultes : l'éducation qu'ils ont dispensée jusqu'alors suffira-t-elle à assurer la pérennité de leurs valeurs ? Mais alors, la crise d'adolescence ne serait-elle pas plutôt une crise parentale ? C'est l'opinion que partage le sociologue Michel Fize. Dans un ouvrage de 2005, *Le bonheur d'être adolescent*[9], il montre que l'adolescence est un concept plus souvent utilisé par les parents que par les enfants pour désigner ce qu'ils vivent. Il ajoute : « Ce qu'on nomme encore abusivement et illégitimement la “crise d'adolescence” n'est en réalité qu'un problème relationnel, à savoir la non-satisfaction chez l'adolescent de ses besoins capitaux, le principal d'entre eux étant l'autonomie. [...] Lorsque [...] dans une famille, les parents veulent continuer à gérer leurs enfants comme avant, sans prendre en compte leurs nouveaux besoins et capacités d'affirmation, alors se produit nécessairement la rupture, le conflit. »[10]

Il reste à évoquer la crise sociale, celle qui placerait l'adolescent dans une immaturité ambivalente : déjà capable du pire mais encore inapte à la société des adultes, capable de faire surgir la révolte et le chaos. Dès le XIXe siècle, on crie au naufrage civilisationnel : si on ne fustige pas encore les événements de Mai 1968 et ses slogans libertaires, c'est la Révolution française qui est accusée de tous les maux, et dans des termes très voisins de ceux qui nous sont aujourd'hui familiers : affaiblissement du pouvoir de la religion, mais aussi et surtout de celui des maîtres et des pères. De là se structurent les piliers de l'éducation secondaire au XIXe siècle, faite de rigueur, de rudesse et de brimades. À cette époque, seuls les garçons des classes favorisées pouvaient continuer de s'instruire après l'âge de 13 ans* : ils entraient alors au « collège »**, où la majorité étaient internes. Pétris de leurs craintes, les éducateurs avaient assigné à cette institution la mission de retarder au maximum la survenue de l'adolescence, avec le fol espoir que l'enfant en ressorte directement adulte. Pour cela, professeurs et « pions » s'ingéniaient à détourner les jeunes esprits des préoccupations sexuelles et de l'influence de leurs pairs par une étude intensive – jusqu'à 15 heures par jour en 1887[2] – des langues anciennes, grec et latin, considérées comme suffisamment austères et dépassionnées pour calmer les ardeurs, ainsi que suffisamment « inutiles » pour permettre la distinction des classes sociales supérieures. La vie dans ces institutions était alors une vie de réclusion, loin du monde extérieur, où régnait une discipline de fer : silence imposé du lever au coucher, violence constante dans les rapports entre adultes et enfants, et surveillance continue, même lors des récréations qui devaient garder « un caractère moral »[2]. Ce n'est qu'à la fin du XIXe siècle que l'oppression de la « geôle lycéenne » a pu s'assouplir, grâce à l'effet combiné des nombreuses dénonciations du système par d'anciens élèves, écœurés d'avoir tant souffert pour une formation si peu adaptée à la vie réelle ; des condamnations de médecins et psychologues inquiets de cette existence si sédentaire à un âge où on déborde d'énergie ; et

---

* Âge de fin de l'instruction obligatoire fixée par la loi Ferry du 28 mars 1882.

** Institution qui accueillait les enfants de 12-13 ans à 18-20 ans et qui regroupait les tranches d'âges de nos collèges et lycées actuels. Les élèves étaient tout de même appelés « lycéens ».

également des révoltes lycéennes violentes et récurrentes qui ont suivi les remous politiques du siècle. Le récit de celles-ci aurait d'ailleurs de quoi rassurer les adultes d'aujourd'hui sur une éventuelle « montée » de la violence contestataire adolescente : à l'époque, il ne s'agissait pas de poubelles renversées, ni de vitres brisées, mais de véritables insurrections. Dans la nuit du 15 au 16 novembre 1874, une division d'élèves va jusqu'à séquestrer un de ses enseignants, pour l'étrangler et le battre à coups de chaise[2].

Aujourd'hui, l'enseignement secondaire n'a plus grand-chose de commun avec les institutions d'autrefois. Pourtant, il semble que l'on n'ait pas renoncé totalement à ce principe d'autorité arbitraire, censé permettre aux adultes de ne pas perdre le contrôle. L'échelle des sanctions des collèges et lycées, souvent digne d'un mini-code pénal, et appliquée rubis sur l'ongle, étonne régulièrement les tout jeunes collégiens tant ces principes semblent rompre avec la confiance joyeuse qu'on leur avait témoignée à l'école primaire. Ainsi, le développement de l'enseignement secondaire au XIXe siècle a contribué à forger l'image contemporaine de l'adolescence : il lui a légué une part de sa vision de cet âge de la vie, mais a aussi contribué à rendre visible cette tranche d'âge en l'isolant du monde des adultes et des enfants ainsi qu'en démocratisant l'accès de toutes et tous à ce temps de « latence » entre l'enfance et l'âge adulte.

Au moins avant, il y avait le service militaire ! Rendez-nous nos rituels !

Le propos est séduisant et maintes fois répété : les problèmes des adolescents d'aujourd'hui s'expliqueraient par la disparition contemporaine des rituels de passage. Les partisans de cette approche en veulent pour preuve le déclin du mariage comme préalable à la vie de couple, la fin du service militaire, ou encore celle des remises de prix scolaires. Deux maux adolescents trouveraient particulièrement leur fondement dans cette évolution : d'une part, la fin des rituels expliquerait l'attrait des jeunes pour les pratiques à risque, vues comme l'expression d'une volonté viscérale de s'auto-infliger les rites de passage dont on les aurait privés. Et d'autre part, elle aurait donné naissance au phénomène de l'« adulescence » ou adolescence à durée indéterminée, qu'a dépeint avec un humour acide en 2001 le film d'Étienne Chatiliez, *Tanguy.* Sans rituel de passage, les jeunes se complairaient à vie dans la dépendance inconséquente propre à l'enfance qui deviendrait alors le stigmate d'une déliquescence sociale*. Plusieurs questions méritent dès lors d'être éclaircies. Quels rites de passage et d'initiation aurions-nous effectivement « perdus » ? En avons-nous « gagné » de nouveaux ? En quoi les rituels seraient-ils utiles à la société ? Et en quoi pourraient-ils être bénéfiques pour l'équilibre psychologique des individus ?

Pour l'ethnologue et sociologue Martine Segalen[11], l'omniprésence du discours public sur la fin des rituels est liée à l'imprégnation de la société contemporaine par les éléments de l'anthropologie du début du XXe siècle. En particulier, il semble que cette discipline ait profondément marqué l'histoire de la psychanalyse[12], ce qui explique qu'il en subsiste des traces dans le discours des praticiens contemporains. Pour elle, l'analyse du renouvellement des pratiques rituelles dans notre société contemporaine est une question délicate qu'il faut aborder avec prudence : éviter de croire qu'on a tout perdu, ou au contraire, qu'on a tout réinventé. Quoi qu'il en soit, plusieurs rites de

* Le 31 août 2016, l'essayiste Michel Onfray s'emportait sur ce thème au micro de la radio Europe 1 fustigeant « ces grands adultes sur des trottinettes en train d'écouter des trucs avec des écouteurs et des tatouages », signes, selon lui, d'une société où « plus personne n'est adulte ».

passage autrefois importants ont manifestement été profondément modifiés. Le baptême est le premier d'entre eux: il était autrefois une cérémonie indispensable d'agrégation à la communauté. À ce titre, ceux qui mourraient avant d'avoir eu le temps de recevoir ce sacrement étaient privés du statut d'être humain. Aujourd'hui, le baptême chrétien est bien moins fréquent, plus souvent le fruit d'un engagement individuel, contracté plus tard dans l'enfance ou à l'âge adulte. De leur côté, les rites d'agrégation à la société ont évolué, sortant de la sphère du religieux, mais sans réellement perdre de leur valeur. On s'en rend compte particulièrement lorsqu'on écoute la douleur des parents confrontés au deuil périnatal pour qui obtenir de la société le droit de donner un nom, une sépulture, ou d'inscrire leur enfant sur le livret de famille est fondamental[13]. De son côté, l'école a abandonné les remises de prix et autres couronnes de laurier, ainsi que « tout ce qui faisait de l'institution scolaire un lieu du sacré laïque et républicain dont le dieu était l'éducation »[11]. Mais dans le même temps, il semble que l'action d'enseigner n'ait jamais été autant considérée comme un « agir rituel »: classe à l'organisation spatiale et temporelle stéréotypée, rôles codifiés, répétitions des scénarios pédagogiques*. Pour Martine Segalen, ces rituels sont même absolument indispensables au projet de l'école, en cela qu'ils servent à « inculquer au jeune son « métier d'élève ». » Vient ensuite le mariage, qui ne marque plus comme autrefois le passage à l'âge adulte et l'entrée dans la sexualité mais qui est toujours vécu comme un événement permettant d'inscrire le couple dans la constellation familiale. Dans son *Histoire de l'adolescence*, Agnès Thiercé pointe également la disparition

* Le mot « rituel » figure actuellement en toutes lettres dans les programmes de l'école maternelle.

contemporaine de deux pratiques coutumières d'entrée dans l'adolescence au XIXe siècle. La communion solennelle, réalisée à l'âge de douze ans et qui augurait une première forme d'autonomie de l'enfant vis-à-vis de la religion catholique, était l'une d'elles. Pour les jeunes filles, cette cérémonie ouvrait droit à « l'appellation de jeune personne, [qui était] autorisée à relever ses cheveux et à porter des jupes longues »[2], en signe de maturation morale. Du côté laïque, c'est le certificat d'études, créé en 1886, qui marquait la fin de l'enfance. Dans la mesure où tout élève qui en était titulaire se voyait exempté de l'obligation d'instruction primaire[14], cette étape représentait pour beaucoup d'enfants des classes populaires la sortie du système scolaire et l'entrée dans le monde du travail. D'autres rites consacraient ensuite l'entrée dans l'âge adulte : le mariage pour les filles et le service militaire pour les garçons. L'importance de ce dernier doit néanmoins être relativisé au regard du fait qu'avant 1905, tous les hommes ne l'effectuaient pas : les exemptions étaient nombreuses, notamment pour les bacheliers, les fonctionnaires et les élèves des grandes écoles.

Parallèlement à l'affaiblissement de certains rituels de l'enfance et l'adolescence, d'autres pratiques semblent d'invention récente. Martine Segalen évoque le cas de la fête des anniversaires, héritée des coutumes bourgeoises du XIXe siècle et témoin de la place grandissante accordée à l'enfant dans notre société ; ou encore les traditions qui entourent la perte des dents de lait, un rite privé qui marque une étape de la maturation enfantine. Du côté de l'entrée dans l'âge adulte, elle signale l'invention récente des « enterrements » de vie de jeune fille et jeune garçon, fréquents dans les milieux bourgeois à partir des années 1960, avant de se démocratiser à partir des années 1980. Si le mariage n'a plus statut de rite de passage, ces « enterrements » le conservent assez largement : ils créent un lieu « en marge » où les excès, les transgressions et les ruptures avec l'ordre social sont momentanément autorisés, afin de symboliser le passage « entre le monde social de l'amitié et celui de la conjugalité »[11]. Sont également évoqués à la marge les « rites personnels » : parmi les mutilations, souffrances, ou expériences que s'infligent parfois les jeunes, il semble que certaines reposent sur une forme de superstition selon laquelle « si l'individu réchappe aux dangers auxquels il s'est exposé, il pourra peut-être s'intégrer dans l'ordre social. »[11].

L'adolescence pathogène ?

Dépression, anorexie, addictions, mutilations, autant de termes inquiétants qui, pour beaucoup de parents et d'éducateurs, sont profondément liés à l'adolescence. Cette période serait-elle particulièrement vulnérable et pathogène du point de vue de la psychiatrie ?
En 2013, l'Institut national de la santé et de la recherche médicale (Inserm) a lancé une importante enquête, par autoquestionnaire, destinée à dresser un portrait de la jeunesse d'aujourd'hui, avec des résultats plutôt surprenants[15] : « [les adolescents] s'éloignent dans leur grande majorité de l'image qui est véhiculée d'eux, inconscients, désenchantés, et dépendants des objets plus que des liens. ». D'autres éléments sont plus inquiétants : 7,8 % des jeunes ont déjà effectué une tentative de suicide, 16,8 % des filles déclarent avoir connu un épisode de dépression (contre 7 % des garçons), et 37,6 % connaissent régulièrement des épisodes d'alcoolisation importante.
Pourtant, l'épidémiologie des pathologies psychiatriques ne semble pas particulièrement désigner la période 13-18 ans comme « à risque ». Selon la Haute Autorité de Santé, les troubles anxieux apparaîtraient plutôt entre 7 et 12 ans, les troubles bipolaires principalement entre 15 et 25 ans. Selon l'Institut national de prévention et d'éducation à la santé (Inpes), la majorité des épisodes dépressifs surviendraient entre 19 et 38 ans tandis que les débuts de schizophrénie se situeraient entre 15 et 25 ans. Dès lors, on peut se demander si, plutôt que

de constituer une période pathogène, l'adolescence ne correspondrait pas simplement au moment où les jeunes commencent à mener une vie semblable à celle des adultes, qui les exposerait alors aux mêmes risques qu'eux. C'est ce que pourrait indiquer l'évolution genrée de la courbe de mortalité : selon l'Institut national d'études démographiques (Ined), si la mortalité des filles et des garçons de 5 à 10 ans est globalement similaire (autour de 1/10 000 par an), l'écart se creuse brutalement vers 15 ans (passant de 3/10 000 pour les filles et 8/10 000 pour les garçons), pour ne plus jamais se combler[16]. Ceci pourrait être la marque d'un mode de vie masculin globalement plus violent auquel les jeunes commenceraient à être exposés à l'adolescence.

Enfin, deux rituels contemporains de passage à l'adolescence, aux traits apparemment proches des rites des sociétés traditionnelles ont particulièrement attiré l'attention des ethnologues : il s'agit d'une part des bizutages estudiantins et d'autre part des rites de célébration des premières règles d'inspiration néopaïenne qui se développent actuellement en Occident[17]. Ces nouveaux rituels contemporains seraient-ils à même de remplir les fonctions sociales et psychologiques qu'on attribue aux rites des sociétés traditionnelles ?

Avant de décrire en détail ces nouvelles pratiques, il faut se demander à quoi servent les rituels : sont-ils véritablement indispensables aux humains ? Pour Martine Ségalen, les rituels sont l'expression de notre besoin de symbolisation, ils ont une efficacité sociale permettant de lier temps individuel et collectif, et structurent la société en cela qu'ils impliquent une adhésion mentale de tous au système de valeurs sociales. L'anthropologue Michael Houseman, spécialiste du sujet, se montre de son côté moins catégorique : « le constat que les rituels ont des effets variables selon les circonstances et d'un individu à l'autre, ainsi que leur caractère facultatif [...] [m'ont] conduit à relativiser les fonctions psychologiques ou sociologiques que l'on pouvait leur attribuer. À y regarder de plus près, le rituel n'apporte pas de réponses à des problèmes personnels ou "de société". »[18] À la suite du sociologue Pierre Bourdieu, il s'interroge même sur la fonction sociale réelle des rituels d'initiation : est-elle véritablement de souder les membres d'une communauté et de réaffirmer les valeurs qu'ils partagent ? Ou bien, au contraire, s'agit-il d'anoblir symboliquement ceux qui ont été initiés et de les distinguer de ceux qui ne le seront jamais ? C'est avec cette interrogation que Michael Houseman a entrepris d'analyser les rites contemporains de bizutages estudiantins, en les confrontant à sa connaissance approfondie du rituel d'initiation *So* des Beti du Sud Cameroun. Chez les Beti, le *So* est un ensemble d'épreuves exclusivement masculines requises pour accéder aux prérogatives de l'âge d'homme : se marier, mais aussi participer aux décisions de la communauté et obtenir le droit de consommer les nourritures interdites aux non-initiés (les femmes, enfants, serviteurs et esclaves). Contrairement à l'image commune des rites traditionnels, le *So* ne s'adresse pas à de jeunes garçons, mais à des hommes adultes plusieurs années après leur puberté. De même, il ne consiste pas en une cérémonie unique, spectaculaire et publique, mais s'étale sur près de deux ans, alternant les épreuves et manifestations visibles par l'ensemble de la communauté avec d'autres dissimulées. En France, le bizutage est une pratique qui remonte au XIXe siècle. Condamnée en vain par des décrets ministériels successifs dès les années 1920 et déclarée illégale depuis 1998[19], elle est aujourd'hui largement remplacée dans les établissements d'enseignement supérieur par des « week-ends d'intégration ». Seules certaines institutions conservatrices continuent de perpétuer, malgré l'interdiction, cette violente tradition*. Plusieurs éléments semblent rapprocher le rituel d'initiation *So* avec le bizutage estudiantin. La ressemblance de certaines brimades est frappante : accomplissement d'actes dégoûtants, comme feindre l'acte sexuel avec des cadavres d'animaux chez les Beti, ou être bombardé par des excréments pour les bizuts. Deux éléments caractéristiques des rituels se retrouvent également dans les deux situations : d'une part, l'enchâssement des secrets (les novices et bizuts croient recevoir les secrets ignorés par les non-initiés tandis qu'ils restent dans l'ignorance des secrets détenus par leurs instructeurs) et d'autre part la « condensation rituelle », c'est-à-dire le fait que chacun est investi d'une multitude de rôles sociaux en principe contradictoires (par exemple : être à la fois élève et bizuteur, enseignant et complice de bizuteur). Enfin, dans les deux cas, il s'agit moins de créer un esprit de corps (même si cela le favorise) que de distinguer les initiés des non-initiés. Cet effet est particulièrement visible chez les étudiants par la mise à l'écart de ceux qui refusent le bizutage ou qui le vivent de manière traumatisante. C'est ainsi que le bizutage, tel qu'il est actuellement pratiqué au sein des écoles prestigieuses d'enseignement supérieur, contribue à asseoir la légitimité des élites : par ces épreuves édifiantes, qui ne sont pas sans rappeler la rudesse des concours que ces jeunes gens ont dû réussir, le bizutage alimente l'idée que la réussite professionnelle n'est que le résultat d'un travail acharné et de dispositions individuelles exceptionnelles, passant notamment sous silence les mécanismes de reproduction sociale.

---

* Un des hymnes de l'École Nationale des Arts et Métiers, connue pour ses pratiques de bizutage éprouvantes, proclame : « Les trad's mourront quand mourront les gad'zarts [les élèves des Arts et métiers] ! »

De la même manière, Michael Houseman a pu comparer un rite d'autrefois de célébration des premières règles qu'est la « gifle rituelle » avec les cérémonies *New Age* contemporaines d'entrée dans la féminité. La gifle rituelle est une tradition actuellement en déclin dont l'origine est incertaine mais qui était fréquente en France au cours du XXe siècle : lorsqu'une jeune fille annonçait à sa mère la survenue de ses règles, celle-ci la giflait, avant de la couvrir de félicitations. Cette façon d'agir incongrue n'était généralement pas justifiée par les « gifleuses » autrement que par l'autorité de « la coutume », même si les femmes tentaient néanmoins de lui donner un sens a posteriori (référence au péché originel, aux souffrances de la vie de femme, etc.). À ce titre, les rituels néopaïens se situent aux antipodes de cette pratique rituelle. Durant ces cérémonies exclusivement féminines, plusieurs étapes se succèdent : l'abandon d'un jouet ou symbole de l'enfance, la prise d'un bain, l'observance d'un temps de réclusion, la remise de dons à la jeune fille, le récit d'histoires d'autres femmes. À chaque étape, l'explicite règne en maître : chaque symbole est compris et reconnu comme tel par l'assemblée sans aucune forme d'opacité. Pas de secret enchâssé, ni de condensation rituelle. Pourtant, une chose est sûre, la cérémonie « fonctionne » et agit symboliquement sur les participantes. Son efficacité semble reposer sur le fait qu'elle est présentée comme faisant référence à des traditions anciennes, amérindiennes ou préchrétiennes. Mais qu'on ne s'y trompe pas, le but n'est pas de répliquer fidèlement des rites traditionnels : il s'agit plutôt de se les approprier, c'est-à-dire de tenter de se rapprocher de l'état d'esprit dans lequel ils auraient été initialement accomplis, tout en favorisant l'expression des individualités. Pour Michael Houseman, il s'agit de « fournir à la jeune femme nouvellement réglée

[…] les moyens d'assumer sa féminité naissante de la façon la moins traumatique et la plus créative possible. »[18]. De ce fait, ce qui est en jeu serait moins une fonction psychologique sous-jacente de ce rite que sa parfaite adéquation aux valeurs de notre temps. En effet, « l'individuation », qui implique que « le "moi" ne se réduit pas à ses appartenances, à ses positions, à ses statuts [et que] l'individu dispose d'un pouvoir sur lui-même qui l'autorise à juger ce qui est pertinent pour lui »[20], est au cœur de notre vision de l'épanouissement et du bonheur.

Ainsi l'individualisme de notre société ne suffirait pas à enterrer la ritualisation, il conduirait néanmoins à en reformuler profondément les contours pour mieux s'adapter à nos valeurs contemporaines, à notre façon de nous relier aux autres et d'exprimer notre attachement à nos valeurs. Il n'en reste pas moins que cet individualisme, qui transforme nos rites de passage et donne aux individus la première place, les met aussi face à des vertiges existentiels : l'injonction à « devenir soi-même » concentre à la fois l'espoir d'un avenir qui nous ressemble, et la crainte de voir le temps passer et avec lui, les possibilités de choix se réduire.

Il faut bien que jeunesse se passe, mais vieillir : pas question ! Comment redéfinir positivement l'adolescence ?

« *Live young!* » (Vivez jeune !) Tel est le slogan d'une célèbre marque d'eau minérale qui résume à merveille l'injonction jeuniste omniprésente sur la scène publique. À en croire les publicitaires et les journalistes, vieillir serait bien la pire chose qu'il puisse nous arriver. Il faut dire qu'avec le déclin du culte des morts, le « dernier voyage » n'a plus vraiment l'attrait de l'ultime promotion sociale qu'il pouvait avoir autrefois. La vieillesse repoussoir, la jeunesse triomphante, on y croirait presque… si dans le même temps, les offres d'emploi n'affichaient pas leur recherche de profils de « débutants » dotés de quinze ans d'expérience ou qu'on ne considérait pas comme terriblement normal d'élire un président de la république de plus de 70 ans. Pour Éric Deschavanne et Pierre-Henri Tavoillot, enseignants de philosophie à l'Université de la Sorbonne et spécialistes des âges de la vie, il se pourrait qu'il faille révoquer nos anciennes catégories de l'enfance, de l'adolescence, de la maturité et de la vieillesse pour décrire le cours de nos vies contemporaines. Elles se découperaient dès lors en une adolescence interminable, suivie d'une « jeune vieillesse » vue comme un âge d'or capable de condenser maturité biologique et créativité juvénile, elle-même bientôt tourmentée par une crise du milieu de vie annonciatrice du déclin[21]. Ainsi, la jeunesse biologique, renvoyée à son immaturité, se verrait confisquer ses valeurs par les adultes, inquiets de leur propre finitude et en pleine possession de leurs moyens.

Dès lors, comment est-il possible de redéfinir l'adolescence dans ce nouvel équilibre ? Quelle nouvelle place les adolescents sont-ils amenés à jouer dans notre société ? Quels rapports intergénérationnels cela augure-t-il ? Comment construire une nouvelle représentation de cet âge, plus performante et positive, c'est-à-dire plus conforme à la réalité ?

Suis-je adolescent ? Préadolescent ? Post-adolescent ?

Nombreux sont les ouvrages discutant des limites d'âge de l'adolescence, de l'existence d'une « préadolescence » et d'une « post-adolescence ». Si le projet procède d'une volonté de comprendre, on peut tout de même se demander si une telle division en « classes d'âge » ne confine pas au cadre scolaire, qui n'est qu'un des pans de la vie des « adolescents » ? Par ailleurs, pourquoi continuer à prétendre à une continuité de l'adolescence puisqu'il y aurait tant de sous-étapes ? Imaginerions-nous rendre compte de l'âge adulte comme d'une période de développement ponctuée par les unions et désunions, les naissances et départ des enfants, le décès de ses propres parents, la réalisation de projets personnels ou professionnels, la ménopause ou andropause, etc. ? Ainsi que le soulignent Éric Deschavanne et Pierre-Henri Tavoillot, les définitions des âges de la vie par les différentes sociétés ont toujours eu cette double dimension naturelle et culturelle, mais plus encore, « les modalités de cette scansion existentielle varient presque à l'infini »[21], de sorte qu'il est difficile d'y trouver trace d'une base universelle.

L'évolution séculaire du terme « adolescence » est à l'image de ces variations[2] : pour le médecin grec Hippocrate, *adolescentia* s'étalait de 14 à 21 ans à la suite de *pueritia* (de 7 à 14 ans) ; à Rome, l'adolescence désignait la période d'apprentissage de la vie publique et militaire, exclusivement masculine, qui s'étalait de 16 à 30 ans ; tandis qu'au Moyen Âge, *adolescens* évoquait aussi bien le nouveau-né que le jeune pubère. Mais à cette variabilité historique répond une autre diversité temporellement fixée : depuis des siècles, on ne devient pas adulte du jour au lendemain, il n'y a pas une majorité mais des majorités. Au XIXe siècle par exemple, la majorité civile s'acquérait à 21 ans contre 18 ans depuis 1974[22]. La majorité pénale, âge auquel un mineur est jugé au même titre qu'un adulte, est passée de 16 à 18 ans par la loi du 12 avril 1906. Elle est toujours fixée à 18 ans de nos jours, sauf pour les adolescents récidivistes.* Concernant la majorité sexuelle, le Code pénal du XIXe siècle réprimait les « attentats à la pudeur » commis sur des mineurs de moins de 13 ans, les filles étant par ailleurs considérées comme « responsables » de leurs relations sexuelles dès l'âge de 15 ans. L'âge minimum pour se marier était alors de 15 ans pour les filles et de 18 ans pour les garçons (contre 18 ans pour toutes et tous aujourd'hui[23]) mais il fallait néanmoins obtenir le consentement des parents jusqu'à l'âge de 25 ans. De nos jours, filles et garçons doivent avoir atteint l'âge de 15 ans pour entretenir une relation sexuelle consentie avec une personne majeure sans que celle-ci tombe sous le coup de la loi[24], un âge repoussé à 18 ans si le majeur est détenteur d'une autorité de droit ou de fait[25]. Du côté du droit du travail, il fallut attendre la loi Joubert-Tallon en 1874[26] pour qu'interdiction soit faite aux enfants de travailler avant l'âge de 10 ans, et qu'un âge minimum limite le travail de nuit et les jours fériés. Aujourd'hui, le travail des mineurs est totalement interdit jusqu'à 14 ans, et il ne peut être effectué ponctuellement de 14 à 16 ans que sur dérogation de l'Inspection du travail. D'autres « majorités » méritent d'être signalées, telles que l'âge auquel l'État français cesse de venir en aide aux orphelins ou enfants placés, qui est passée de 12 ans en 1823 à 21 ans de nos jours[27], ou encore l'âge minimum pour l'éligibilité qui a récemment été abaissé à 18 ans[28] pour les élections présidentielles et législatives, et est toujours fixé à 24 ans pour les sénatoriales.

Ainsi, depuis des siècles, on quitterait l'enfance à petit pas, pour se sentir pleinement intégré dans l'âge adulte seulement vers 30 ans. Doit-on y voir le résultat d'une inflation séculaire des compétences sociales requises, qui n'aurait cessé de creuser

---

* Voir chapitre 7.

l'écart vis-à-vis d'une maturité physiologique supposément de plus en plus précoce ?

Entre puberté précoce et cerveau tardif

De l'avis des spécialistes, la puberté des filles surviendrait aujourd'hui bien plus tôt qu'autrefois. Génération du réchauffement climatique, de l'agonie des ours polaires et de l'invasion du moustique tigre, nous sommes habitués à voir en tout changement le signe de notre fin prochaine, causée par les excès humains. C'est ainsi que d'aucuns évoquent pêle-mêle la pollution, les perturbateurs endocriniens, ou même « l'érotisation » de la société pour expliquer cette « épidémie »[42]. Cette puberté plus précoce serait alors l'expression d'un corps en danger qui chercherait à assurer au plus tôt la survie de l'espèce. En se penchant sur ce phénomène dans les années 1980, l'historien Edward Shorter a étudié les données françaises disponibles à partir de 1750[29]. Elles consistaient d'une part, en une cinquantaine d'observations de médecins entre 1776 et 1891 donnant leurs impressions sur l'âge moyen de survenue des premières règles dans leur région ; d'autre part, en une vingtaine d'enquêtes menées par les internes de gynécologie de 1800 à 1914 auprès des femmes accueillies dans leur service. Même en tenant compte de l'imprécision de ces données, le constat de l'historien est sans appel : « Le résultat le plus important [...] est la baisse lente mais constante de l'âge d'apparition des premières règles en France [...] Si l'âge moyen de la puberté approchait les 16 ans en 1750-1799, il tombe à 15,5 ans en 1800-1849, puis 15 ans en 1850-1899. Une accélération majeure de cette baisse [ayant eu] lieu dans la première moitié du XXe siècle ». Edward Shorter va même jusqu'à situer le début probable de ce phénomène entre 1750 et 1800. Ces conclusions sont cohérentes avec le récent rapport de l'Inserm[15] qui annonce même la fin de cette évolution : « Globalement, il semble que cette évolution séculaire tende à se stabiliser, voire à s'arrêter. En Grande-Bretagne, Suède et Belgique, une petite augmentation de l'âge de la ménarche (c'est-à-dire des premières règles) est observée (+0,14, +0,05 et +0,03 année par décennie [...]). Aux États-Unis, Danemark, Finlande, Pays-Bas, Russie, France et Grèce, l'évolution reste négative (-0,12 année par décennie) mais modérée ». Comment expliquer alors cette baisse séculaire spectaculaire ? Depuis deux siècles, chacun y voit la responsabilité des peurs de son temps : de nos jours, on invoque les agents polluants et la fin des interdits, hier on avançait le préjugé colonialiste que la puberté survenait plus tôt sous les climats « torrides »[30], ou encore qu'elle était liée au développement des villes et à la dépravation des mœurs qui y régnerait. Aucun de ces préjugés ne résiste pourtant à l'analyse des données historiques[29]. Malgré ces fantasmes, le consensus semble aujourd'hui bien établi : c'est d'abord la nutrition qui détermine d'une manière cruciale l'âge de survenue des premières règles[15]. Ainsi, les filles qui souffrent de sous-nutrition sont pubères bien plus tardivement que celles qui peuvent s'alimenter suffisamment, tandis que celles qui ont été privées de nourriture durant leur prime enfance ont un risque accru de puberté précoce lorsque leur alimentation redevient suffisante. Ceci explique à la fois les évolutions séculaires, le fait que les fillettes issues de milieux privilégiés des pays en voie de développement soient réglées au même âge que dans les pays riches, ou encore que les cas de puberté précoce se retrouvent principalement chez les enfants issus de l'adoption internationale dont un certain nombre ont pu souffrir de malnutrition. C'est également cohérent avec ce qu'on sait de la forte sensibilité des cycles menstruels aux conditions de vie – la plupart des femmes souffrant d'anorexie ou pratiquant le sport à haut niveau n'ayant plus leurs règles – et qui peut apparaître comme un avantage évolutif certain si on se souvient qu'une grossesse pouvait être fatale en cas de disette. Ainsi, ce que nous prenons pour un sombre présage de notre agonie civilisationnelle pourrait bien être au contraire le témoin de notre immense chance de pouvoir manger chaque jour à notre faim. Dès lors, qu'est-ce que « l'humain naturel » ? Est-ce celle qui n'a pas ses règles avant 16 ans car elle est « naturellement » mal nourrie ? Ou au contraire le scientifique qui entreprend d'utiliser la technologie médicale pour aider les enfants pour qui la puberté intervient trop tôt, que ce soit pour des raisons physiologiques ou psychologiques* ? Achevons de tordre le cou à nos derniers préjugés en précisant que malgré cette avancée séculaire de l'âge de la puberté féminine, il semble dans le même temps que les comportements sexuels des jeunes n'aient que peu varié : si on prend pour référence l'âge masculin, qui n'était pas limité comme pour les femmes par les normes sociales et morales du mariage, on constate que depuis les années 1930, le premier rapport sexuel a lieu entre 17 et 18 ans, confirmant s'il le fallait encore que les relations sexuelles ne sont pas qu'affaire de gonades opérationnelles[31].

À l'opposé de ce corps supposément trop précoce, le cerveau ferait-il figure de grand attardé ? C'est ce que semblent indiquer les études neuropsychologiques portant sur la question. Alors qu'elles tentaient d'expliquer biologiquement les traits

* Un centre d'Amsterdam propose désormais aux enfants qui ne se sentent pas en adéquation avec l'identité de genre qu'on leur a assignée à la naissance de stopper leur puberté pour prendre le temps de s'affirmer. Voir l'article du 26 janvier 2015 signé par Lise Barnéoud sur lemonde.fr, « Transsexuels : donner le temps de choisir ».

comportementaux traditionnellement attribués à l'adolescence (tels que le goût pour la prise de risque) et de contribuer à la détermination de la responsabilité pénale des jeunes[32], elles ont abouti à deux résultats majeurs : d'une part, que la croissance des différentes parties du cerveau ne se faisait pas au même rythme, et que cela pouvait induire des difficultés que ne connaissent ni l'enfance (où les éléments sont encore immatures) ni l'âge adulte (où tous seraient matures)[33] ; et d'autre part, que les structures cérébrales n'arrêtent pas de se développer à l'âge de 20 ans[34]. De là a été formulé le concept d'« adulte émergent » pour décrire la période de la vie entre 20 et 30 ans. Selon les chercheurs, cinq éléments spécifieraient cet âge[35] : la centration sur soi, l'instabilité, l'exploration de l'identité, le sentiment d'être partagé entre deux moments de sa vie, et celui de pouvoir faire des choix. Dès lors, doit-on faire le deuil d'un idéal de société où les jeunes seraient autonomes dès le début de la vingtaine ? Par ailleurs, ne risque-t-on pas de voir dans ce nouvel âge intermédiaire une justification essentialiste de notre domination adulte sur les jeunes (plus si jeunes), dont on disqualifierait d'emblée le point de vue ? Et qu'adviendrait-il si les scientifiques venaient à découvrir de nouvelles évolutions du cerveau intervenant seulement après 30, 40 ou 50 ans ? En réalité, on pourrait y voir simplement le reflet des valeurs de notre temps où le désir d'atteindre la maturité a été remplacé par le désir de pouvoir continuer toute sa vie d'évoluer. Ceci rejoint une des hypothèses formulées par les philosophes Éric Deschavanne et Pierre-Henri Tavoillot, selon laquelle notre société contemporaine n'aurait pas tant créé des adolescents qui refuseraient de grandir, ni des adultes qui souhaiteraient rester toujours enfants, que simplement promu un nouveau modèle pour l'âge adulte : « il n'y a plus d'*homme fait*, l'homme est toujours *à faire.* »[21] Mais alors, c'est quoi devenir adulte ?

Voler de ses propres ailes

De l'avis général, on serait pleinement adulte lorsqu'on serait capable de subvenir à ses propres besoins. Pourtant, tout n'est pas clair : de quels besoins parle-t-on ? Des besoins physiologiques : manger, boire, avoir un abri, prendre soin de son corps ? Ou également des besoins psychologiques : prendre ses propres décisions et en assumer les conséquences, ne pas trop souffrir de la solitude, se procurer à soi-même un cadre de sécurité ? Et que veut dire « subvenir » à ses besoins dans une société grégaire comme la nôtre en principe basée sur l'interdépendance et la mutualisation des moyens ? « Si l'on suit les enquêtes d'opinion sur le passage à l'âge adulte, les événements existentiels [caractérisant] le mieux [le fait d'être adulte] sont dans l'ordre chronologique : le départ de chez les parents (soit 21 ans, en moyenne [...]), l'accès à un logement autonome (22,5 ans) ; l'entrée dans une vie professionnelle stable (23 ans) ; l'installation en couple (23,4 ans) ; la naissance du premier enfant (28,6 ans) »[21]. Des éléments très sensibles au contexte économique*, qui peuvent également masquer des inégalités majeures en termes de soutien familial, mais qui sont néanmoins régulièrement convoqués pour dénoncer cette adolescence interminable qui se complairait dans une vie de patachon chez ses parents. Il faut dire que la psychologie s'est souvent montrée réticente aux situations

* Une étude de la Direction de la recherche, des études, de l'évaluation et des statistiques (Drees), intitulée « Quitter le foyer familial : les jeunes adultes confrontés à la crise économique », montrait en 2014 l'impact de la crise économique de 2009 sur le taux de départ des jeunes du domicile parental (consultable sur drees.social-sante.gouv.fr).

de cohabitation intergénérationnelle*. Pourtant, c'est avoir bien courte mémoire que d'oublier que celle-ci était commune il y a quelques décennies : avant la Révolution française, les contrats de mariage prévoyaient souvent que le jeune couple aille s'installer chez les parents de l'un d'entre eux. Ils étaient alors nourris et entretenus, ainsi que leurs enfants, en échange de leur travail dans l'exploitation familiale[36]. De là à dire que cette situation était idéale, nous en sommes loin ! Elle correspondait simplement aux normes de son temps : un pouvoir paternel écrasant, un mariage envisagé comme alliance économique, et la famille vue comme une mini-entreprise. Mais ceci contribue tout de même à nous préserver de la tentation de fixer un âge « naturel » au-delà duquel la cohabitation entre ascendants et descendants serait « anormale ». De même, s'agissant de la capacité des jeunes à subvenir à leurs besoins, l'anthropologue et sociobiologiste Sarah Blaffer Hrdy rappelle que : « Chez certains chasseurs collecteurs [...] la femme a en moyenne vingt-cinq ans lorsqu'elle commence à cueillir toute la nourriture qu'elle consomme elle-même [...] Même lorsqu'elles se lancent dans un travail dur – comme biner des tubercules – les femmes entre l'âge de dix-huit et vingt-quatre ans produisent moins de nourriture que les femmes plus âgées, de quarante ans ou plus. »[37] Ainsi la justice intergénérationnelle ne se fonderait pas sur le devoir des jeunes de voler de leurs propres ailes le plus rapidement possible pour libérer leurs parents mais plutôt sur la capacité de chacun de contribuer à la communauté à hauteur de ses possibilités, sans y voir l'exploitation d'une génération par une autre. Cette logique d'échange évolue d'ailleurs au

* Beaucoup de psychologues condamnent *a priori* la possibilité pour les parents d'autoriser les jeunes à avoir des relations sexuelles sous leur toit.

gré des mutations sociales : dans les années 1970, le capital économique était plutôt dans les mains des jeunes, tandis que les normes sociales rendaient les parents moins souvent isolés. De nos jours, ce sont les parents qui sont en mesure d'offrir un soutien financier à leurs enfants devenus grands (aide pour l'achat d'une voiture, d'une maison, pour la garde d'un enfant) en échange des contacts sociaux dont la retraite les prive[38]. Mais cet échange intergénérationnel repose aussi sur d'autres impératifs. Selon la professeure de philosophie et de psychologie Alison Gopnik : « En termes d'évolution, il y a comme une division du travail entre enfants et adultes. Les enfants constituent le département Recherche et Développement de l'espèce humaine [...] tandis que les adultes se chargent de la production et du marketing. »[39] Ainsi, les adultes acceptent de dégager les enfants des contingences matérielles de l'existence, pour que ceux-ci puissent apprendre et inventer l'avenir commun. Ce dégagement des contingences matérielles, qui est le propre de l'enfance, se retrouve aussi dans d'autres activités de création intellectuelle intense : le mathématicien Cédric Villani, lauréat de la médaille Fields en 2010, décrit par exemple l'expérience d'une immense maison perdue au fond des bois où les mathématiciens du monde entier se retrouvent, nourris, logés, n'ayant momentanément plus d'autres soucis que de confronter leurs problèmes et d'élaborer leurs démonstrations[40].

Reste enfin à s'intéresser à la question de l'autonomie vis-à-vis des besoins psychologiques. Si les psychologues du développement tels que John Bowlby se sont attachés à montrer que le petit enfant avait besoin pour grandir de construire un attachement de qualité avec les adultes qui prendraient soin de lui, il faut encore se demander ce que devient cet attachement une fois l'enfant grandi. Deviendrait-on adulte seulement quand on se serait « détaché » de ses parents ? Contrairement à l'autonomie matérielle que tous appellent de leurs vœux, l'opinion publique fustige régulièrement ces jeunes qui n'en font qu'à leur tête, et entendraient décider pour eux-mêmes. Pourtant, les sociologues ont pu mettre en évidence l'importante mainmise des parents sur les choix de leurs adolescents, notamment concernant leur avenir professionnel. Un fait particulièrement marqué dans les milieux favorisés, au sein desquels se joue la pérennisation d'une culture dont dépend leur statut social dominant : « [Les adolescents] peuvent choisir leurs vêtements, le type de musique, la radio qu'ils écoutent. Des éléments qui, aussi importants soient-ils, engagent peu leur avenir, leur devenir. »[20] Malgré cela, le discours psychologique dominant a tendance à assigner les parents d'adolescents à se mettre en retrait pour permettre au jeune de développer son attachement à ses pairs, une injonction que d'autres psychologues contestent vivement. Pour le psychologue Gordon Neufeld et le médecin Gabor Maté[41], tout enfant serait programmé pour s'attacher mais non pour déterminer si sa figure d'attachement est apte à assumer ce rôle. Pour eux, six façons de s'attacher existent, de la plus simple à la plus complexe*, l'équilibre entre toutes n'étant accessible qu'à la condition que les parents conservent assez longtemps leur statut de figure d'attachement sans l'abandonner à des individus eux-mêmes immatures (les pairs des adolescents). Un point de vue cohérent avec l'approche de Bowlby pour qui, loin d'être la caractéristique de l'immaturité, le système d'attachement

* On peut s'attacher par le biais de la proximité physique, par le mimétisme et l'identification à l'autre, par l'appartenance et la loyauté ; on peut aussi s'attacher en s'efforçant de compter pour quelqu'un, par les sentiments qu'on entretient avec lui ou encore en lui révélant nos secrets et nos fragilités.

des êtres humains serait au contraire actif « du berceau à la tombe ». Autant d'éléments qui rappellent que l'attachement à nos parents (ou aux personnes qui comptent pour nous) n'est pas d'abord une question de dépendance, ni de domination des uns sur les autres, mais parle de notre façon de prendre soin les uns des autres, et de construire pour ceux qui nous sont chers, un cadre de sécurité qui sera bien moins qu'une prison, un vaste horizon d'exploration.

Ainsi, il semble nécessaire d'opposer à la consensuelle « crise d'adolescence » l'hypothèse d'une « crise parentale » qui naîtrait d'abord de notre stupéfaction devant le tourbillon des années. Souvenons-nous des mots de l'écrivain Terry Pratchett : « Dans chaque vieux, il y a un jeune qui se demande ce qu'il s'est passé », qui s'appliquent si bien aux parents d'ado, stupéfaits de découvrir que leur bébé chausse désormais du 43. Alors que la société nous propose de nous préparer aux conflits, aux ruptures, aux mises en danger, ne devrions-nous pas au contraire nous préparer à une belle et importante rencontre, celle que nous avons espérée depuis sa naissance, avec notre enfant devenu grand ? Puissions-nous découvrir une belle personne, avec laquelle nous ne serions pas toujours d'accord mais que nous respecterions non moins et en qui nous pourrions avoir confiance ; dont nous n'aurions pas dénié les choix lorsqu'il était jeune en échange de quoi il pourrait ne pas dénier les nôtres lorsque nous serons vieux ; et avec qui, nous inventerions une nouvelle façon d'être parent, de le soutenir, de l'aimer, de l'accompagner.

En bref

- L'essentiel de la parole publique sur l'adolescence relève de nos jours de la psychologie d'inspiration psychanalytique, ce qui est lié à l'histoire des disciplines universitaires aux XIXe et XXe siècles.
- Pour les psychologues et les psychanalystes, l'adolescence est un phénomène lié aux transformations physiologiques de la puberté, mais c'est à cause de la société qu'elle pose problème de nos jours.
- L'histoire montre que la description de l'adolescence comme une « crise » a émergé au XVIIIe siècle pour se développer au XIXe siècle, la société se vivant alors elle-même politiquement comme « en crise ».
- Les rituels traditionnels de passage se sont affaiblis ou ont été reformulés au cours du XXe siècle, mais rien n'indique que notre société ait perdu au change. Les nouveaux rituels sont porteurs des valeurs de notre temps, où l'individu est placé au centre.
- L'âge adulte a été profondément reformulé par notre société contemporaine : le but n'est plus d'atteindre une maturité cristallisée mais de continuer chaque jour à devenir soi-même, ce qui semble cohérent avec les possibilités d'apprentissage de notre cerveau.
- De tout temps, adultes et jeunes ont échangé leurs ressources dans une interdépendance profitable à toutes et tous.
- Devenir adulte n'est pas se « détacher » de ses parents, mais construire de nouvelles formes d'attachement propres à renouveler notre cadre de sécurité et de liberté.

CONCLUSION

*Vers l'***evidence-based parenting***?

Nous voici arrivés au terme de ce petit voyage au cœur des polémiques parentales. Y avez-vous trouvé une réponse à toutes vos questions ? Nous ne saurions y prétendre ! Peut-être refermerez-vous ce livre avec de nouvelles interrogations, des anecdotes amusantes à partager avec vos plus fidèles donneurs de bons conseils, le désir de découvrir par vous-même certaines des ressources que nous avons évoquées, le tout assorti d'un goût retrouvé pour la lecture critique des prêts à l'emploi éducatifs et autres articles pièges à clics parentaux. Mais ne nous y trompons pas : ces neuf questions n'étaient qu'une petite excursion au cœur du vaste champ de bataille de l'éducation où s'affrontent depuis des millénaires les espoirs des uns, les craintes des autres, les représentations et valeurs de chacun. Une de nos ambitions reste pourtant de vous avoir donné l'envie de continuer seul-e ce voyage, et autant que le permet un outil de papier, les moyens de vous y atteler.

* C'est-à-dire, une parentalité basée sur les preuves scientifiques.

En guise de conclusion, nous vous proposons donc quelques conseils de lecture, inspirés de la méthodologie que nous nous sommes appliquée pour la rédaction de ce livre. Autant d'éléments pratiques, qui seront aussi des prétextes à partager avec vous ce qui nous semble être des enjeux sociaux majeurs de la mise en circulation et de l'accessibilité des connaissances dans le domaine de la parentalité et de l'éducation.

Trouver l'info, traquer l'intox

Loin de nous l'idée de prétendre qu'en plus de sa casquette de chauffeur, répétiteur, psychologue, cuisinier, coach, agent d'entretien, le parent devrait en plus s'en acheter une de journaliste scientifique ! Pourtant, force est de constater que les connaissances relatives à l'éducation et la parentalité circulent de manière très inégale, a fortiori si elles traitent de récentes découvertes : non seulement le passage de l'information depuis les sphères universitaires jusqu'au grand public se fait rarement sans son lot d'infidélités et de simplifications inhérent au bouche-à-oreille*, mais plus encore, au sein même du public non-expert, les inégalités d'accès à l'information sont majeures. Rares sont les articles des magazines parentaux qui incluent la référence exacte à l'étude scientifique ou au rapport qu'ils relaient, et lorsque c'est le cas, il est fréquent que seul un résumé soit consultable gratuitement**. S'ajoutent alors les barrières culturelles qui handicapent la lecture de celles et ceux qui ne sont pas familiers avec le style académique et

* Pour un exemple des problèmes liés à la transmission de l'information scientifique, voir cet article « Comment un rapport sur l'allaitement se transforme en info anxiogène », Slate, 21 novembre 2016.

** Dans ce cas, il suffit d'envoyer une demande à l'auteur principal de l'article, rares sont ceux qui refusent alors de vous faire parvenir le texte intégral de leur publication.

les concepts convoqués, peu coutumiers de la langue anglaise généralement utilisée, et finalement condamnés à devoir croire sur parole ceux qui les relaient avec plus ou moins de bonheur. Le privilège de revenir « à la source » appartenant dès lors aux parents et éducateurs qui ont non seulement le capital culturel nécessaire mais plus encore, disposent du temps pour le faire*. Comme vous l'aurez peut-être remarqué, nous avons tenté tout au long de ce livre de contrer ces différents obstacles : d'une part, nous avons privilégié – chaque fois qu'il était possible – les informations qui nous ont semblé les moins accessibles, les moins visibles dans l'espace public, parce qu'elles étaient enfouies sous une épaisse couche d'idées reçues (les chiffres de la délinquance juvénile traités au chapitre 7 par exemple), parce qu'elles s'étaient vues diluées et déformées par des décennies de vulgarisation (comme les concepts de la psychanalyse évoqués au chapitre 3), ou encore parce qu'elles impliquaient l'intégration de nombreux champs disciplinaires (on songe à la question de la conciliation entre vie familiale et vie professionnelle abordée au chapitre 5). De même, nous avons cherché le meilleur moyen de vous faciliter l'exploitation de la bibliographie : dans de nombreux ouvrages destinés aux parents, celle-ci est soit embryonnaire, soit au contraire tellement détaillée qu'elle sert uniquement de caution scientifique et agit comme un argument d'autorité. Ceci nous a conduites à privilégier une bibliographie relativement succincte, constituée autant que possible d'ouvrages disponibles facilement en librairie ou en bibliothèque, ou de ressources consultables en ligne. Ces dernières en particulier méritent qu'on s'y attarde un moment.

* Autant de freins à l'égalité d'information des parents que nous avons pu mesurer depuis 2012 avec la création et le développement du site associatif et participatif *Les Vendredis Intellos,* qui invite tout un chacun à venir commenter ses lectures en lien avec l'éducation et la parentalité : lesvendredisintellos.com.

Nul besoin de longues explications pour rappeler à quel point, sur internet, les sources sont nombreuses et que l'enjeu, pour l'internaute, est moins souvent de trouver une information que de choisir celle qui sera pertinente. Dans notre approche, les sources d'information ne se classent pas en « bonnes » ou « mauvaises » : chacune a ses propres avantages et ses propres limites. La consultation d'un forum pourra par exemple renseigner sur les questions et tensions qui animent la communauté des parents (ou du moins la part d'entre eux qui fréquentent les forums !) mais il serait très imprudent *a priori* de considérer que les informations qui y sont relayées ont une forte pertinence scientifique. De même, la consultation d'un site institutionnel permet de prendre connaissance des éléments qui font consensus au sein de cette institution compte tenu de sa mission (existence ou non d'un intérêt lucratif ? d'objectifs militants, corporatistes ou prosélytes ?) et de ses valeurs (quelle est l'histoire de cette institution ? quelle communauté la fait vivre ? quel groupe d'intérêt représente-t-elle ?) mais, là encore, même si vous en partagez les valeurs, il faudra garder à l'esprit que vous n'avez pas forcément affaire à une information totalement impartiale. Inversement, la consultation d'une publication scientifique permet *a priori* d'attendre une plus grande fiabilité de l'information, mais ceci ne doit pas pour autant laisser penser que ses conclusions ont vocation à bouleverser votre quotidien : une recherche peut avoir été menée sur un tout petit groupe d'individus, et nécessiter de nombreuses confirmations avant d'être considérée comme valide, ou encore, elle peut avoir été conduite de manière déconnectée des conditions de vie et problématiques quotidiennes des individus, ce qui peut la rendre pertinente à l'échelle des politiques publiques mais stérile et anxiogène à l'échelle individuelle (c'est par exemple le cas des recherches visant à déterminer les conséquences possibles sur le futur bébé d'un terrain dépressif chez la mère, que nulle prévention ni action ne pourraient réellement endiguer). Enfin, rappelons que la science ne contient pas en elle-même son éthique : elle tente de comprendre quelles causes sont à l'origine de quels effets, elle n'est *a priori* pas légitime pour proclamer ce qu'il est « bien » ou « mal » de faire.

Si vous consultez la bibliographie des différents chapitres de ce livre, sans doute remarquerez-vous la redondance de certaines sources d'informations. Il s'agit pour la plupart de bases de données que nous considérons comme des incontournables de la besace du lecteur averti. Citons tout d'abord le portail Cairn (www.cairn.info), créé en 2005 par quatre maisons d'éditions scientifiques – Belin, De Boeck, Erès, et La Découverte – confrontées aux défis du numérique : ce site regroupe actuellement de très nombreuses publications universitaires en sciences humaines et sociales. Tous les contenus ne sont pas en libre accès, mais il est toutefois possible de les consulter gratuitement dans les nombreuses bibliothèques qui y sont abonnées ou de payer pour une somme modique la consultation des articles à l'unité. Vient ensuite le site Légifrance (legifrance.gouv.fr), bien connu des juristes et avocats, qui n'en est pas moins utile à tous les parents-apprentis-chercheurs : sur ce site de service public, sont consignées l'ensemble des lois, décrets, publications au journal officiel, ainsi que leurs versions antérieures. Tout au long de ce livre, nous avons veillé à indiquer précisément les références des textes officiels que nous citions afin que vous puissiez facilement les retrouver sur ce site. Dans le registre des bases de données historiques, citons le site Gallica (gallica.bnf.fr), partie numérique de la Bibliothèque nationale de France. On y trouve la numérisation de très nombreux ouvrages anciens mais aussi de journaux ou de gravures. Enfin, la base de données médicales de la collaboration Cochrane (france.cochrane.org), organisation à but non lucratif, a pour but de regrouper et diffuser des données scientifiquement validées, de manière accessible et résumée.

Quelques perspectives d'avenir...

Au-delà des curiosités, questions de société et autres gourmandises de l'esprit que nous avons pris plaisir à débattre avec vous tout au long de ces chapitres, ce livre entend formuler une proposition intellectuelle et citoyenne. Celle-ci s'adresse non seulement aux acteurs de la mise en circulation des connaissances, mais aussi aux institutions chargées des politiques de santé publique, aux professionnels de la santé et de l'éducation, ainsi qu'aux universitaires dont le domaine de recherche inclut les thématiques de la parentalité et de la périnatalité et, bien entendu, à tous les parents et éducateurs, qui sont autant d'usagers directs ou indirects de ces experts.

Moins de simplisme, plus d'accessibilité

Vous l'aurez compris, trouver la « bonne » information, suffisamment représentative de l'état des connaissances scientifiques, pertinente et applicable à sa propre vie, est bien souvent un vrai défi. Mais pour les pouvoirs publics et les médias, diffuser cette « bonne » information en est un autre ! Car bien souvent, les conclusions des études scientifiques sont loin d'être réellement tranchées. Lorsque les faits étudiés sont d'ampleur, la science peut tirer des conclusions avec un bon niveau de preuve. On sait par exemple avec certitude que les maltraitances et les carences éducatives peuvent causer des dommages psychologiques non équivoques aux enfants. Mais lorsqu'il s'agit de comportements plus subtils, relevant davantage de variations dans les styles éducatifs (faut-il féliciter ou récompenser un enfant pour ses efforts ? Faut-il habituer un bébé à dormir seul dans sa chambre ? Faut-il stimuler activement ses capacités intellectuelles ?), les liens de causalité sont plus difficiles à établir et la science ne peut pas réellement dire quel comportement l'emporte sur l'autre. Cette inévitable complexité n'est pas toujours satisfaisante pour des institutions chargées de diffuser des consignes éducatives ou sanitaires simples, efficaces et applicables à la majorité des familles. C'est ainsi que bien souvent, la diffusion au grand public des connaissances en éducation et parentalité se fait au prix d'une simplification importante de l'information. C'est ce genre de dilemme que pose par exemple la pratique controversée du « cododo » (ou partage du lit entre parent et bébé) : d'un côté, les preuves scientifiques montrent la dangerosité de certaines situations (par exemple : lorsque l'enfant et le parent cododotent sur un canapé), de l'autre, elles montrent aussi l'intérêt de ce mode de couchage pour faciliter l'allaitement maternel, élément protecteur contre la mort subite du nourrisson. Dès lors, vaut-il mieux diffuser la longue liste des règles de couchage permettant de sécuriser le cododo, au risque que certains parents en oublient ou en négligent ? Ou bien est-il plus simplement préférable de diaboliser ce choix parental* par une campagne ne laissant aucune place à la nuance, au nom du « risque zéro » ? Notre jugement est sans appel : peu importe la force de persuasion des points de vue simplistes et manichéens, ils sont une escroquerie intellectuelle qui infantilise les individus et grignote la confiance accordée aux institutions

* En 2011, une campagne d'information américaine avait diffusé des images d'un bébé endormi près d'un énorme couteau afin de dissuader les parents de partager le même lit que leur enfant.

de production de la connaissance et aux soignants. À ce titre, ils sont donc indéfendables. Nous plaidons au contraire pour une diffusion d'information qui ferait une large place à la complexité, non pas celle qui exclut d'emblée les parents qu'elle considère comme trop peu instruits (et contribue ainsi à les maintenir dans cette position), mais celle qui ouvre à la diversité et replace la science au cœur de sa véritable mission : proposer un nouveau regard sur le monde pour nous permettre d'en inventer les futurs possibles.

Développer l'*evidence-based parenting*

Dans le domaine de la santé, l'*evidence-based medicine* désigne un modèle visant à intégrer les preuves scientifiques aux décisions médicales, c'est-à-dire impliquant de questionner sans cesse les routines des professionnels et des usagers. Mais ce modèle ne prône en rien l'hégémonie de la science, bien au contraire, puisqu'il entend la mettre au service des individus. À ce titre, les décisions médicales relevant de l'*evidence-based medicine* doivent se construire dans le respect de trois réalités : les données probantes de la science, l'expertise du praticien ainsi que les préférences et les valeurs du patient. Nous faisons l'hypothèse qu'un modèle identique pourrait s'appliquer au champ de l'éducation et de la parentalité.

Pourtant, nous en sommes encore loin. Du côté des professionnels de la petite enfance et de la périnatalité, la remise en cause des habitudes se fait souvent péniblement. Dans notre société, la position du professionnel de santé ou de l'éducation est une position d'autorité : ils sont ceux dont on sollicite l'aide et l'expertise et vis-à-vis du professionnel desquels les attentes sont très fortes. Pour cette raison, il leur est souvent difficile d'envisager que des études scientifiques puissent invalider les certitudes qu'ils ont acquises au cours de leur pratique. Pourtant, la rigueur d'une enquête correctement menée permet de dépasser les nombreux biais que recèle l'expérience quotidienne d'un praticien : biais de sélection (lorsque l'échantillon considéré n'est pas représentatif de la population générale), biais de confirmation (lorsque l'on préfère considérer les avantages de « ce que l'on fait toujours » plutôt que d'en voir les inconvénients), ou autres biais cognitifs liés aux défaillances physiologiques de la mémoire, ou à notre tendance naturelle à voir des causalités là où il n'y a que de fâcheuses coïncidences. Ce type de résistance a par exemple été à l'œuvre lorsqu'a été questionnée la pratique de l'épisiotomie (incision du périnée au moment de la naissance) ou celle de l'injection d'ocytocine pour accélérer l'accouchement*.

D'un autre côté, grande est également la peur de remettre entre les mains des premiers concernés, parents et enfants, le pouvoir de savoir et de faire valoir leurs choix. La première fois que nous avons présenté le projet des *Vendredis Intellos* à des acteurs institutionnels de la petite enfance, leur exprimant notre ambition de développer un lieu virtuel où les parents pourraient partager leurs expériences quotidiennes en lien avec leurs lectures, nous avons entendu : « Ce n'est pas possible : vous n'avez pas de médecin pour vous encadrer ! ». Avant de tenter de nous convaincre de réorienter le projet : « Vous voulez faire lire les parents ? C'est bien trop élitiste ! Vous ne vous rendez pas compte du niveau de *ces gens-là*. Pourquoi

* Il fallut attendre décembre 2016 pour que le Collège National des Sages-Femmes de France publie un document de recommandations visant à modérer l'injection d'ocytocine de synthèse pour accélérer l'accouchement : les recherches médicales montraient pourtant depuis des années que la dilatation du col de l'utérus ne se faisait pas forcément au rythme d'un centimètre par heure comme le pensaient alors les médecins.

ne commenteriez-vous pas plutôt des livres pour enfants ? ». Nous avons alors pris conscience d'un aspect insoupçonné de ce projet : qu'il puisse comporter une part de transgression. Car le domaine de la périnatalité et de l'éducation est encore largement traversé de la certitude qu'il existe une « bonne » parole à diffuser, une « bonne » manière de faire, la seule qui puisse aboutir – selon les normes de notre société – à l'avènement d'un adulte équilibré et bien inséré. Cette croyance conduit pourtant d'une part à stigmatiser certains choix parentaux considérés comme trop excentriques, ou trop éloignés des normes sociales ; et d'autre part à renforcer chez les parents l'illusion que la panacée éducative existe bel et bien, mais qu'ils sont simplement trop incompétents, trop maladroits ou trop inexpérimentés pour l'identifier. Dans ce cadre, l'*evidence-based parenting* pourrait permettre de faire reculer la part des préjugés sociaux dans l'évaluation des pratiques éducatives. Elle contribuerait en même temps à identifier plus clairement les éléments indispensables à l'épanouissement d'un enfant, et à les séparer de ceux qu'on pourrait qualifier de « gadgets éducatifs », parfois utiles, parfois efficaces, mais jamais déterminants. Car en définitive, il vous semblera sans doute un peu candide, voire niais, de prétendre que les enfants n'ont guère besoin d'autre chose pour grandir que d'amour bienveillant et d'un cadre où ils se sentent en sécurité. C'est pourtant la conclusion qui semble émerger de l'extraordinaire diversité éducative qui peut et a pu exister sur le globe et au cours des siècles.

La parentalité et la périnatalité, un nouveau champ de savoirs à structurer ?

Reste que le modèle de l'*evidence-based parenting* ne tient que s'il existe un corpus cohérent de données probantes scientifiques dans le champ de la parentalité, celles-là mêmes qui sont censées pouvoir éclairer la pratique des professionnels et des parents. S'il est difficile de nier l'ampleur des recherches s'intéressant à la petite enfance, il nous semble pour autant que la structuration disciplinaire et académique de cette thématique de recherche souffre encore d'importantes lacunes, principalement dues à un manque d'interdisciplinarité. Tout au long de ce livre, nous avons tenté de ne pas restreindre *a priori* les disciplines que nous convoquions et nous sommes laissées guider par notre curiosité. C'est donc avec un certain plaisir que nous nous sommes donné champ libre pour citer tour à tour les apports de la sociologie, de l'histoire, de la médecine, de la psychologie, du droit, de l'économie, des neurosciences, de la philosophie, de l'ethnologie ou de la pédagogie et que nous avons pu constater par la même occasion à quel point ces domaines peinaient encore à dialoguer les uns avec les autres.

D'aucuns nous rétorquerons sans doute que ces disciplines n'ont pas toutes pour objectif d'établir des «*evidences*»*, c'est-à-dire des données scientifiques validées telles que celles que l'on tire de la comparaison de deux échantillons d'individus ayant ou non reçu un traitement médical. C'est une bonne objection (valable pour l'histoire, le droit, la philosophie, etc.) mais nous pensons pourtant que l'apport de ces disciplines est indispensable au bon fonctionnement d'une *evidence-based parenting*: comment aborder de manière pertinente le rapport bénéfice/risque de la technicisation de l'accouchement sans s'intéresser au vécu psychologique des femmes, sans évaluer le bouleversement des rapports sociaux et des représentations

* La traduction du mot anglais «*evidence*» en français est délicate: il se traduit souvent par «preuve» mais il a pourtant un sens plus concret mais aussi moins fort que le mot anglais «*proof*». C'est la raison pour laquelle on préfère souvent le traduire par «données probantes», c'est-à-dire l'ensemble des indices validés qui pourront servir de support à une preuve.

que celle-ci peut impliquer, sans prendre en compte les apports de l'éthique médicale et de l'économie de la santé, sans considérer les pratiques d'ailleurs et d'autrefois, etc. ? À ce titre, les disciplines qui ne produisent pas elles-mêmes d'« *evidences* » permettent de donner un statut social à ces éléments de connaissance, c'est-à-dire contribuent à éclairer ce qu'il convient de faire (ou non) de ces fameuses « *evidences* ». Par ailleurs, l'exploitation de leurs propres usages méthodologiques pourrait conduire à l'élaboration d'autres types de données, également aptes à questionner les pratiques des usagers et professionnels : il s'agirait par exemple de tirer parti de la consultation des archives (dans le cas de l'histoire), du recours aux expériences de pensée (dans le cas de la philosophie) ou encore de la richesse des observations de terrain (dans le cas de la sociologie, de l'ethnologie). Autant de données dont l'intégration nouvelle à cet objectif pragmatique d'éclairer les choix individuels et professionnels pourrait conduire à accroître la scientificité de leur exploitation et consolider les discours épistémologiques en sciences humaines, si souvent décriés. À ce titre, il ne s'agit pas uniquement de juxtaposer les apports disciplinaires, bien au contraire ! La constitution d'un point de vue intégrant sciences expérimentales et sciences humaines nous semble un objectif primordial dans le domaine de l'éducation et de la parentalité. L'exemple traité au chapitre 6 est emblématique : alors même que sociologie et neuropsychologie tentent toutes deux d'éclairer la question de l'échec et de la réussite scolaire, l'une et l'autre semblent renoncer d'emblée à toute forme de dialogue. Certes, leurs présupposés divergent, leurs filiations intellectuelles également, leurs concepts et grilles de lecture non moins ; mais il faut admettre que leur démission face à ce défi ne fait que reporter la résolution du problème. La responsabilité de produire une synthèse retombe dès lors sur les acteurs du quotidien – professionnels et parents – confrontés à la nécessité de mettre en œuvre des actions efficaces.

En France, le concept d'*evidence-based parenting* n'existe pas encore réellement tandis que celui d'*evidence-based education* en est encore à ses balbutiements. Et lorsque ce dernier est évoqué, ce n'est d'ailleurs pas pour défendre un point de vue interdisciplinaire : il intervient souvent pour marquer du sceau des sciences expérimentales la démarche qu'il désigne, celles-ci étant envisagées comme plus fiables, plus raisonnables, plus performantes que les sciences humaines. C'est ainsi que les tentatives d'*evidence-based education* se réduisent généralement à une proposition d'application des seules découvertes des neurosciences au quotidien des parents et éducateurs. Un champ de recherche effectivement passionnant, indispensable, qui réjouit notre neurophilie et nourrit nos espoirs les plus fous, mais qui pêche aussi souvent par orgueil et peine à reconnaître ses limites*. En particulier, cette perspective restreinte a tendance à occulter l'existence des sciences de l'éducation. Ce champ disciplinaire, né dans les années 1970 de la volonté de réunir philosophes, sociologues, psychologues et historiens autour des questions d'éducation et de formation, a peu à peu su intégrer les apports de l'économie, de la didactique des disciplines, des sciences cognitives ou encore de la médecine. Il semble même encore prêt à s'ouvrir aux apports disciplinaires et méthodologiques des sciences expérimentales, dès lors qu'ils ne se font pas exclusivement sur un mode hégémonique**. De leur côté, les thèmes de la parentalité et de la

* Pour une critique des mauvaises vulgarisations des neurosciences et de leurs implications, on peut se reporter à l'ouvrage d'Elena Pasquinelli *Mon cerveau ce héros,* paru en 2015 aux Éditions Le Pommier.

** Voir à ce sujet la lettre d'information n° 18 (mai 2006) de la Cellule de veille scientifique et technologique de l'Institut Français d'Éducation (IFE), discutant périnatalité sont actuellement pris en charge de manière assez étanche disciplinairement par la psychologie, la médecine, les neurosciences, la linguistique, etc. mais demeurent encore assez marginaux au sein des sciences de l'éducation – le domaine d'intervention de cette discipline restant fortement marqué par le cadre scolaire. À tel point qu'on en vient à se demander si ce n'est pas d'une nouvelle discipline dont nous aurions besoin pour fonder l'*evidence-based parenting*: une discipline construite sur le modèle des sciences de l'éducation mais qui, peut-être, aurait pris le temps de mûrir encore davantage les difficiles, nombreuses et complexes questions épistémologiques que la large interdisciplinarité qu'elle ambitionne de construire requiert. Une discipline qui serait également à même d'intégrer les questions des parents et des professionnels, ainsi que leur expertise du quotidien, pour devenir non pas un instrument de domination mais une voie d'*empowerment*.

Alors pour finir, est-il réellement possible de devenir parent sans se fâcher avec la Terre entière ? Assurément oui ! Mais devenir parent sans débattre, échanger, discuter, s'enrichir, changer d'avis, écouter, se tromper, recommencer, inventer… ce serait tout de même manquer une belle partie du voyage !

---

spécifiquement de la mouvance « *evidence-based* » dans le cadre de l'éducation (consultable sur ife.ens-lyon.fr).

BIBLIOGRAPHIE

Soucieuses de faire de cette bibliographie une ressource supplémentaire de ce livre, nous avons souhaité proposer en majorité des ouvrages en langue française, disponibles facilement en librairie ou bibliothèque municipale, ainsi que des sources électroniques accessibles gratuitement ou à prix modeste. Certains titres font toutefois exception. Vous trouverez, dans notre conclusion, quelques conseils méthodologiques de lecture pour contourner ces derniers obstacles.
Les liens vers des sources consultables en ligne gratuitement sont identifiés par le signe 🖳.

Introduction – Urgent : Recherche désespérément mode d'emploi pour être un bon parent (p. 9-17)

1. « Qu'est-ce qu'être parent en 2011 ? ». Sondage IPSOS, 2011. 🖳 ipsos.fr.
2. Boltanski, Luc. *Prime éducation et morale de classe*. Éditions de l'EHESS, 1969.
3. Parseval, Geneviève Delaisi de et Lallemand, Suzanne. *L'art d'accommoder les bébés*. Odile Jacob, 2001.
4. Debest, Charlotte. « Quand les « sans-enfant volontaires » questionnent les rôles parentaux contemporains ». *Annales de démographie historique*, 1/2013 (n° 125), p. 119-139. 🖳 DOI : 10.3917/adh.125.0119.

5. « Troubles des conduites chez l'enfant et l'adolescent ». inserm.fr.
6. « Convention relative aux droits de l'enfant ». Haut-Commissariat des Nations Unies aux droits de l'homme, 20 novembre 1989. ohchr.org.
7. Korczak, Janusz. *Comment aimer un enfant*. Robert Laffont, 2006.
8. Gopnik, Alison. *Le bébé philosophe*. Le Pommier, 2010.
9. Stern, André. *Semeurs d'enthousiasme*. L'Instant Présent, 2014.

Chapitre I – 35 ans et toujours pas d'enfant ? Attention, il sera bientôt trop tard ! (p 19-46)

1. *Maison des femmes de Paris* [en ligne]. mdfparis.wordpress.com.
2. Le Bras, Hervé. « Infans Economicus ». In Fournier, Martine et Bedin, Véronique, *La parenté en question(s)*, Sciences Humaines, 2013.
3. Morel, Marie-France. *Histoire de l'avortement*. Société d'Histoire de la Naissance. societe-histoire-naissance.fr/spip.php?article43.
4. Van Der Lugt, Maaike. « L'animation de l'embryon humain et le statut de l'enfant à naître dans la pensée médiévale ». In Brisson, L., Congourdeau, M.-H. et Solère, J.-L., *L'animation de l'embryon humain et le statut de l'enfant à naître dans la pensée médiévale*, Vrin, 2005, p. 234-254. halshs-00175587.
5. « Article 725 du code civil des Français », dit code Napoléon, 1804. gallica.bnf.fr/ark:/12148/bpt6k1061517.
6. *Manuel de la classification statistique internationale des maladies, traumatismes et causes de décès (Volume 1)*. Organisation mondiale de la Santé, 1977.
7. « Circulaire interministérielle DGCL/DACS/DHOS/DGS/DGS/2009/182 du 19 juin 2009 ». sante.gouv.fr.
8. Van De Walle, Étienne. « Pour une histoire démographique de l'avortement ». *Population*, 53e année, n° 1-2, 1998. p. 273-289. DOI : 10.2307/1534245.

9. Riddle, John M. « Oral contraceptives and Early-term abortifacients during Classical Antiquity and the Middle Ages, Past and Present Society ». *Past & Present*, No. 132 (Aug., 1991), p. 3-32. 🖳 rbedrosian.com/Sex02/Riddle_1991_Contraceptives.pdf.

10. « Arrêté du 25 novembre relatif au dossier-guide prévu par l'article L162-3 du code de la santé publique ». Annexe : Les conditions de l'IVG. 🖳 legifrance.gouv.fr.

11. Copy, Andréa. « Le déni de grossesse appréhendé par les sages-femmes en 2012 : étude qualitative auprès de sages-femmes réalisée entre le 15 juillet et le 31 août 2012 au sein de CH et de la PMI du département du Finistère ». Mémoire de fin d'études, École de sage-femme Brest, 2012. 🖳 dumas.ccsd.cnrs.fr/dumas-00861330.

12. « Loi du 23 décembre 1980 relative à la répression du viol et de certains attentats aux mœurs ». *JORF*, 24 décembre 1980, p. 3028. 🖳 legifrance.gouv.fr.

13. Bruguière, Jean-Michel. « Le devoir conjugal, Philosophie du Code et morale du juge ». *Recueil Dalloz*. Dalloz, 2000, p. 10. 🖳 actu.dalloz-etudiant.fr/.

14. Ventalo, Cécile. « Prescrire un contraceptif : le rôle de l'institution médicale dans la construction de catégories sexuées ». *Genre, sexualité et société*. 12 | Automne 2014. 🖳 DOI : 10.4000/gss.3215.

15. « Les Français et la contraception ». Sondage de l'Institut CSA pour *Terrafemina*, 2012.

16. Behre, Hermann M. et al. « Efficacy and Safety of an Injectable Combination Hormonal Contraceptive for Men ». *The Journal of clinical endocrinology and metabolism*. December 2016, 101 (12) : 4779 – 4788. 🖳 DOI : 10.1210/jc.2016-2141.

17. « Article 327 du code civil ». 🖳 legifrance.gouv.fr.

18. Plard, Mary. *Paternités imposées*. Les liens qui libèrent, 2013.

19. « Vaccinations pour être protégée pendant une grossesse ». Document de la Commission fédérale suisse pour les vaccinations, décembre 2007. 🖳 infovac.fr/doc.php?Item=1&id=88.

20. Pison, Gilles. « L'âge moyen à la maternité atteint 30 ans ». *Population et sociétés*, n° 465, mars 2010. 🖳 ined.fr.

21. Henry, Louis et Houdaille, Jacques. « Célibat et âge au mariage aux XVIIIe et XIXe siècles en France ». *Population*, 33e année, n° 1, 1978. p. 43-84. DOI : 10.2307/1531717.

22. Dortier, Jean-François. « La famille aujourd'hui : bouleversements et recompositions ». *Familles, permanence et métamorphoses.* Éditions Sciences Humaines, 2002.

23. Lallemand, Suzanne. « Familles recomposées : la loi et non l'exception ». In Dortier, Jean-François, *Familles, permanence et métamorphoses.* Éditions Sciences Humaines, 2002.

24. Robert-Bobée, Isabelle « 2,1 enfants par femme pour les générations nées en 1947 et 1963 ». *Insee Focus,* n° 25. insee.fr.

25. Mignot, Jean François. « L'écart d'âge entre conjoints ». *Revue française de sociologie,* 2010/2 (Vol. 51), p. 281-320. DOI 10.3917/rfs.512.0281.

26. Martin, A. et Maillet, R. « Les grossesses après 40 ans ». In CNGOF, *Mises à jour en Gynécologie et obstétrique*, Tome XXIX, 2005. http://www.cngof.asso.fr/d_livres/2005_GO_065_martin.pdf.

27. « La baisse de la fertilité avec l'âge ». Note d'analyse de l'Ined. ined.fr.

28. Vilain, Annick, Collet, Marc et Moisey, Muriel. « Les IVG en France en 2007 : caractéristiques des femmes, modes et lieux de prise en charge ». In *L'état de santé de la population en France – rapport 2009-2010,* DREES, 2010. social-sante.gouv.fr.

29. Couppié, Thomas et Épiphane, Dominique. « Vivre en couple et être parent, impact sur les débuts de carrière ». *Céreq Bref,* 1er mai 2007, 4 p.p. cereq.fr.

30. Bajos, Nathalie et Ferrand, Michèle. « L'interruption de grossesse et la recomposition de la norme procréatrice ». *Sociétés contemporaines*, 1/2006 (n° 61), p. 91-117. DOI : 10.3917/soco.061.0091.

31. Rozée Gomez, Virginie. « Les normes de la maternité en France à l'épreuve du recours transnational de l'assistance médicale à la procréation ». *Recherches familiales*, 1/2015 (n° 12), p. 43-55. DOI : 10.3917/rf.012.0043.

32. « Arrêté du 3 août 2010 modifiant l'arrêté du 11 avril 2008 relatif aux règles de bonnes pratiques cliniques et biologiques d'assistance médicale

à la procréation». *JORF,* n° 0211 du 11 septembre 2010, p. 16522. legifrance.gouv.fr.
Voir aussi «Article L2141-4 du code la santé publique». legifrance.gouv.fr.

33. «Décision du 11 mars 2005 de l'Union nationale des caisses d'assurance maladie relative à la liste des actes et prestations pris en charge ou remboursés par l'assurance maladie». *JORF,* 30 mars 2005. Vol. page 276. legifrance.gouv.fr.
34. *Adoption.* Site officiel d'information sur l'adoption. adoption.gouv.fr.
35. Squires, Claire et al. «Psychopathologie et procréation médicalement assistée: Comment les couples infertiles élaborent-ils la demande d'enfant?». *Devenir,* 2/2008 (Vol. 20), p. 135-149. DOI: 10.3917/dev.082.0135.
36. «Articles 152-2 et 152-10 du code de la santé publique». legifrance.gouv.fr.
37. Goeb, Jean-Louis et al. «Vécus psychologiques des démarches d'assistance médicale à la procréation». *Annales Médico-Psychologiques,* 2006, Vol. 164, 781-788.
38. Debest, Charlotte, Mazuy, Magali et l'équipe de l'enquête Fécond. «Rester sans enfant: un choix de vie à contre-courant». *Population & Sociétés,* n° 508, février 2014. ined.fr.
39. Robert-Bobée, Isabelle. «Ne pas avoir eu d'enfant: plus fréquent pour les femmes les plus diplômées et les hommes les moins diplômés». In Insee, *France, portrait social – Edition 2006.* insee.fr.
40. «Estimates and Projections of Family Planning Indicators 2015». Site de l'ONU. un.org/en.
41. «Évaluation des techniques de stérilisation chez la femme et chez l'homme». Document de synthèse des travaux de l'Anaes, mai 2005. has-sante.fr.
42. De Beauvoir, Simone. *Pourquoi je suis féministe* [vidéo en ligne; payante]. INA, 6 avril 1975.
43. Paradis, Mariève. «Porter tous les enfants du monde». *Planète F Magazine,* 2015. planetef.com/dossier/100-sans-enfants/porter-tous-les-enfants-du-monde.

44. Durkheim, Emile. *Le suicide.* PUF, 2007.
45. Abécassis, Eliette. *Un heureux événement.* Albin Michel, 2005.
46. Donath, Orna. « Regretting Motherhood : a sociopolitical analysis ». *Signs. Journal of Women in Culture and Society,* Volume 40, Number 2 | Winter 2015.
47. Overall, Christine. *Why Have Children ? The ethical debate.* MIT Press, 2012.
48. Zegers-Hochschild, F. et al. « The International Committee for Monitoring Assisted Reproductive Technology (ICMART) and the World Health Organization (WHO) Revised Glossary on ART Terminology, 2009 ». *Human Reproduction,* Vol.24, No.11 p. 2683-2687, 2009. who.int/reproductivehealth/publications/infertility/art_terminology.pdf.

Chapitre II – Accouchement physiologique : et pourquoi pas accoucher dans la jungle ? (p 47-79)

1. « Arrêté du 23 novembre 2015 fixant la liste des maisons de naissance autorisées à fonctionner de manière expérimentale ». *JORF,* n° 0274 du 26 novembre 2015, p. 21905. legifrance.gouv.fr.
2. « Genèse 3:16 ». In *Traduction Œcuménique de la Bible.* Cerf, 1976.
3. « Discours du Pape Pie XII sur l'accouchement naturel indolore (1956) ». *Le Saint-Siège.* w2.vatican.va.
4. De Beauvoir, Simone. *Le deuxième sexe.* Gallimard, 1969.
5. Badinter, Élisabeth. *Le conflit la femme la mère.* Flammarion, 2010.
6. Thébaud, Françoise. « Féminisme et maternité : les configurations du siècle ». In Khnibiehler, Yvonne, *Maternité affaire privée affaire publique,* Bayard, 2001.
7. *Texte officiel et complet de la loi sur les assurances sociales. Loi du 5 avril 1928, modifiée par la loi du 30 avril 1930.* Étienne Chiron, 1930. gallica.bnf.fr/ark:/12148/bpt6k61493360.

8. Conner, Clifford D. *Histoire populaire des sciences.* L'Échappée, 2011.

9. « Article L4151-1 du code de la santé publique ». legifrance.gouv.fr.

10. « Décret n° 2015-937 relatif aux conditions de l'expérimentation des maisons de naissance ». *JORF,* n° 0176 du 1er août 2015, p. 13134. legifrance.gouv.fr.

11. « Décision du 12 mai 2016 de l'Union nationale des caisses d'assurance maladie relative à la liste des actes et prestations pris en charge par l'assurance maladie ». *JORF,* n° 0166 du 19 juillet 2016. legifrance.gouv.fr.

12. « Décret n° 2016-743 du 2 juin 2016 relatif aux compétences des sages-femmes en matière d'interruption volontaire de grossesse par voie médicamenteuse et en matière de vaccination ». *JORF,* n° 0130 du 5 juin 2016. legifrance.gouv.fr.

13. « Arrêté du 8 août 2016 modifiant l'arrêté du 22 mars 2005 modifié fixant la liste des vaccinations que les sages-femmes sont autorisées à pratiquer ». *JORF,* n° 0187 du 12 août 2016. legifrance.gouv.fr.

14. « Compte rendu du Conseil d'Administration du 13 juin 2014 SYNGOF ». *SYNGOF.* syngof.fr.

15. Gélis, Jacques. *La sage-femme ou le médecin.* Fayard, 1988.

16. Shlumbohm, Jürgen. « Comment l'obstétrique est devenue une science. La maternité de l'université de Göttingen, 1751-1830 ». *Actes de la recherche en sciences sociales,* 3/2002 (n° 143), p. 18-30. DOI : 10.3917/arss.143.0018.

17. « Article R4127-318 du code de la santé publique ». legifrance.gouv.fr.

18. Gutierrez, Hector et Houdaille, Jacques. « La mortalité maternelle en France au XVIIIe siècle ». *Population,* 38e année, n° 6, 1983. p. 975-994. DOI : 10.2307/1532520.

19. *Les morts maternelles en France.* Rapport du Comité National d'experts sur la Mortalité Maternelle 2007-2009. inserm.fr.

20. Laget, Mireille. *Naissances, l'accouchement avant l'âge de la clinique.* Seuil, 1982.

21. Goffinet, F. *Annales Françaises d'Anesthésie et de Réanimation,* mars 2010, Vol. 29, 3, p. 7-12.

22. « Recommandations de l'OMS pour la prévention et le traitement de l'hémorragie du post-partum ». *Organisation mondiale de la Santé,* 2014. 🖳 apps.who.int/iris.

23. Gélis, Jacques. *L'arbre et le fruit.* Fayard, 1984.

24. Olsen O. et Clausen JA. « Planned hospital birth versus planned home birth ». *Cochrane Database of Systematic Reviews,* 2013, Issue 11. 🖳 DOI : 10.1002/14651858.CD000352.pub2.

25. Bartoli, Lise. *Venir au monde.* Plon, 1998.

26. Blaffer Hrdy, Sarah. *Les instincts maternels.* Payot, 2002.

27. Laurent, Catherine et al. « Pourquoi s'intéresser à la notion d'"evidence-based policy" ? » *Revue Tiers Monde,* 4/2009 (n° 200), p. 853-873. 🖳 DOI : 10.3917/rtm.200.0853.

28. Matthews A, Haas DM, O'Mathúna DP, Dowswell T. « Interventions for nausea and vomiting in early pregnancy ». *Cochrane Database of Systematic Reviews,* 2015, Issue 9. 🖳 DOI : 10.1002/14651858.CD007575.pub4.

29. Jahanfar S, Jaafar S. « Effects of restricted caffeine intake by mother on fetal, neonatal and pregnancy outcomes ». *Cochrane Database of Systematic Reviews,* 2015, Issue 6. 🖳 DOI : 10.1002/14651858.CD006965.pub4.

30. Dodd JM, Crowther CA, Grivell RM, Deussen AR. « Elective repeat caesarean section versus induction of labour for women with a previous caesarean birth ». *Cochrane Database of Systematic Reviews,* 2014, Issue 12. 🖳 DOI : 10.1002/14651858.CD004906.pub4.

31. Han S, Crowther CA, Middleton P. « Interventions for pregnant women with hyperglycaemia not meeting gestational diabetes and type 2 diabetes diagnostic criteria ». *Cochrane Database of Systematic Reviews,* 2012, Issue 1. Art. 🖳 DOI : 10.1002/14651858.CD009037.pub2.

32. Thomas J, Fairclough A, Kavanagh J, Kelly AJ. « Vaginal prostaglandin (PGE2 and PGF2a) for induction of labour at term ». *Cochrane Database of Systematic Reviews,* 2014, Issue 6. 🖳 DOI : 10.1002/14651858.CD003101.pub3.

33. Reveiz L, Gaitán HG, Cuervo L. « Enemas during labour ». *Cochrane Database of Systematic Reviews,* 2013, Issue 7. 🖳 DOI : 10.1002/14651858.CD000330.pub4.

34. Singata M, Tranmer J, Gyte GML. « Restricting oral fluid and food intake during labour ». *Cochrane Database of Systematic Reviews,* 2013, Issue 8. DOI : 10.1002/14651858.CD003930.pub3.

35. Basevi V, Lavender T. « Routine perineal shaving on admission in labour ». *Cochrane Database of Systematic Reviews* 2014, Issue 11. DOI : 10.1002/14651858.CD001236.pub2.

36. Smyth RMD, Markham C, Dowswell T. « Amniotomy for shortening spontaneous labour ». *Cochrane Database of Systematic Reviews,* 2013, Issue 6. DOI : 10.1002/14651858.CD006167.pub4.

37. Bureau, Eve et Hermann-Mesfen, Judith. « Les patients contemporains face à la démocratie sanitaire ». *Anthropologie & Santé,* 2014, Vol. 8. anthropologiesante.revues.org/1342.

38. « Circulaire DGS/DH n° 95-22 du 6 mai 1995 relative aux droits des patients hospitalisés et comportant une charte du patient hospitalisé ». social-sante.gouv.fr.

39. « Loi n° 2002-303 du 4 mars 2002 relative aux droits des malades et à la qualité du système de santé ». legifrance.gouv.fr.

40. Edmonde Morin, F. *Petit manuel de guérilla à l'usage des femmes enceintes.* Seuil, 1985.

41. « Article 711-5 du code de la santé publique ». legifrance.gouv.fr.

42. Lavender T, Hofmeyr GJ, Neilson JP, Kingdon C, Gyte GML. « Caesarean section for non-medical reasons at term ». *Cochrane Database of Systematic Reviews,* 2012, Issue 3. DOI : 10.1002/14651858. CD004660.pub3.

Chapitre III – Faire ses nuits à 2 semaines, jouer seul à 6 mois, manger seul à 1 an… 2 ans c'est trop tôt pour lui prendre un appart ? (p 81-119)

1. Dunsworth HM, Warrener AG, Deacon T, Ellison PT, Pontzer H. « Metabolic hypothesis fur human altriciality ». *PNAS*, 18 septembre 2012, Vol. 109, 38.
2. Picq, Pascal et Brenot, Philippe. *Le sexe, l'homme et l'évolution.* Odile Jacob, 2009.
3. Bergman, Nils. « Le portage kangourou ». Texte de conférence lors de la 6e Journée Internationale de l'Allaitement, 18 mars 2005. lllfrance.org.
4. Zeifman, Debra M. « An ethological analysis of human infant crying: Answering Tinbergen's four questions ». *Developmental Psychobiology*, Décembre 2001, Vol. 39, 4.
5. Hassenstein, Bernhard and Kirkilionis, Evelin. « Der menschliche Säugling, Nesthocker oder Tragling ? ». *Wissenschaft und Fortschritt*, 1992, 42. verhaltensbiologie.com.
6. Gueguen, Catherine. *Pour une enfance heureuse.* Robert Laffont, 2014.
7. Ariès, Philippe. *L'enfant et la vie familiale sous l'Ancien Régime.* Points, 2014.
8. Lett, Didier et Morel, Marie-France. *Une histoire de l'allaitement.* La Martinière, 2006.
9. Dolto, Françoise. *Tout est langage.* Gallimard, 2002.
10. Lanchon, Anne. « Parents-enfants : les 8 étapes vers l'autonomie ». *Psychologies*, mai 2005. psychologies.com.
11. Pouliot, Léon (Dr). *Hygiène de maman et de bébé : conseils pour la grossesse, l'accouchement, l'allaitement.* Nouvelle Librairie nationale, 1921. gallica.bnf.fr/ark:/12148/bpt6k6461381m.
12. Weill-Spire, Robert, Lereboullet, Pierre et Dayras, Jean (Dr). *Petit guide de la jeune maman.* Éditions sociales françaises, 1951.
13. Sampedro, José Luis. *Le sourire étrusque.* Métailié, 2010.
14. Freud, Sigmund. *Trois essais sur la théorie sexuelle.* Payot, 2014.
15. Collectif. *L'enfant.* Gallimard, 1979.
16. Dodson, Fitzhugh. *Le père et son enfant.* Robert Laffont, 1972.

17. Delaisi de Parseval, Geneviève et Lallemand, Suzanne. *L'art d'accommoder les bébés.* Odile Jacob, 2001.

18. Gopnik, Alison. *Le bébé philosophe.* Le Pommier, 2010.

19. Filliozat, Isabelle. *J'ai tout essayé!*, JC Lattès, 2011.

20. Leblanc, Stéphanie. Un monde sans attachement? *Dialogue*, 1/2007 (n° 175), p. 63-72. DOI: 10.3917/dia.175.0063.

21. Winnicott, Donald W. *La relation parent-nourrisson.* Payot, 2011.

22. Klein, Melanie, Heimann, Paula, Isaacs, Susan, Rivière, Joan. *Développements de la psychanalyse.* PUF, 2001.

23. Gradisar, Michael et al. «Behavioral Interventions for Infant Sleep Problems: A Randomized Controlled Trial». *Pediatrics,* May 2016. DOI: 10.1542/peds.2015-1486.

24. «Allaitement au sein exclusif». Recommandations sur l'allaitement maternel. *Organisation mondiale de la Santé.* who.int/nutrition/topics/exclusive_breastfeeding/fr.

Chapitre IV – Les nouveaux pères sont-ils de meilleures mères? (p 121-153)

1. Zemmour, Éric. *Le suicide français.* Albin Michel, 2014.

2. Roche, Jean et Delumeau, Daniel. *Histoire des pères et de la paternité.* Larousse, 1990.

3. « Loi du 22 mars 1841 relative au travail des enfants employés dans les manufactures, usines ou ateliers ». travail-emploi.gouv.fr/IMG/pdf/loi_22_mars_1841-2.pdf.

4. « Loi du 7 décembre 1874 relative à la protection des enfants employés dans les professions ambulantes ». travail-emploi.gouv.fr/IMG/pdf/Loi_du_7_decembre_1874.pdf.

5. «Loi du 23 décembre 1874 relative à la protection des enfants de premier âge», dite Loi Roussel. gallica.bnf.fr/ark:/12148/bpt6k54927363/f468.item.

6. « Loi du 25 juillet 1889 » (sur la déchéance de la puissance paternelle). gallica.bnf.fr/ark:/12148/bpt6k5493641c/f435.item.
7. « Loi du 21 avril 1898 ». gallica.bnf.fr/ark:/12148/bpt6k5492733v/f268.item.
8. « Loi n° 70-459 du 4 juin 1970 relative à l'autorité parentale ». legifrance.gouv.fr.
9. « Loi n° 74-631 du 5 juillet 1974 fixant à dix-huit ans l'âge de la majorité ». legifrance.gouv.fr.
10. « Loi n° 75-617 du 11 juillet 1975 portant réforme du divorce ». legifrance.gouv.fr.
11. « Loi n° 2013-404 du 18 mai 2013 ouvrant le mariage aux couples de personnes de même sexe ». legifrance.gouv.fr.
12. Cézilly, Frank. *De mâle en père.* Buchet Chastel, 2014.
13. Blaffer Hrdy, Sarah. *Les instincts maternels.* Payot, 2002.
14. Cohen, Claudine. *La femme des origines.* Herscher, 2003.
15. Journet, Nicolas. « Les cinq leçons de parenté de Maurice Godelier ». In Fournier, Martine et Bedin, Véronique, *La parenté en question.* Sciences Humaines, 2013.
16. Chatot, Myriam. *Pères au foyer : un métier comme les autres. L'inversion du genre et les rapports de force au sein du couple.* Mémoire de Master 2 - 2012/2013. Dossier d'étude. n° 169 (2014/01). caf.fr.
17. Desrochers, Annie et Allard, Madeleine. *Bien vivre l'allaitement.* Hurtubise, 2010.
18. Lionetti, Roberto. *Le lait du père.* Imago, 1998.
19. Prieur, Régine. « Relactation, lactation induite ». *Allaiter aujourd'hui*, n° 63, LLL France, 2005. lllfrance.org.
20. Kulski, JK. « Composition of breast fluid of a man with galactorrhea and hyperprolactinaemia ». *J Clin Endocrinol Metab*, Mars 1981, Vol. 52, 3. DOI : 10.1210/jcem-52-3-581.
21. Devreux, Anne-Marie. « Des hommes dans la famille. Catégories de pensée et pratiques réelles ». *Actuel Marx*, 1/2005 (n° 37), p. 55-69. DOI : 10.3917/amx.037.0055.
22. Régnier-Loilier, Arnaud. « Études des relations familiales et intergénérationnelles ». Documents de travail, n° 187, 2012. ined.fr.

23. Brugeilles, Carole et Sebille, Pascal. « Le partage des tâches parentales : les pères, acteurs secondaires ». *Informations sociales*, 2/2013 (n° 176), p. 24-30. 🖳 cairn.info/revue-informations-sociales-2013-2-page-24.htm.

24. Delphy, Christine. *L'ennemi principal, économie politique du patriarcat.* Éditions Syllepse, 2009.

25. Guéritault, Violaine. *La fatigue émotionnelle et physique des mères.* Odile Jacob, 2004.

26. Castelain Meunier, Christine. *Le ménage, la fée, la sorcière et l'homme nouveau.* Stock, 2013.

27. « Loi n° 2001-1246 de financement de la sécurité sociale pour 2002 ». 🖳 legifrance.gouv.fr.

28. Delphy, Christine. « Violence économique et violence masculine ». *Nouvelles Questions Féministes*, 2/2002 (Vol. 21), p. 4-7. 🖳 DOI : 10.3917/nqf.212.0004

29. « Loi n° 2002-305 du 4 mars 2002 relative à l'autorité parentale ». 🖳 legifrance.gouv.fr.

30. Jami, Irène et Simon, Patrick. « De la paternité, de la maternité et du féminisme. Entretien avec Michèle Ferrand ». *Mouvements*, 1/2004 (n° 31), p. 45-55. 🖳 DOI : 10.3917/mouv.031.0045.

31. Fillod-Chabaud Aurélie. « Les groupes militants de pères séparés en France : assurer la visibilité de la lignée paternelle ». *Informations sociales*, 2/2013 (n° 176), p. 90-98. 🖳 cairn.info/revue-informations-sociales-2013-2-page-90.htm.

32. Chaussebourg, Laure et Baux, Dominique. « L'exercice de l'autorité parentale après le divorce ou la séparation des parents non mariés ». Ministère de la Justice, 2007. 🖳 justice.gouv.fr.

33. De Singly, François. Les habits neufs de la domination masculine. *Esprit*, novembre 1993, 11, p. 54-64.

34. Gross, Martine, Boyer, Danielle et Dauphin, Sandrine, « Penser la paternité en dehors du lien à la maternité. Un questionnement à partir de la paternité gay ». *Informations sociales*, 2/2013 (n° 176), p. 76-85. 🖳 cairn.info/revue-informations-sociales-2013-2-page-76.htm.

35. Faust, Héloïse. *Un jour mon père viendra la fonction paternelle dans les constellations familiales d'aujourd'hui.* Thèse de médecine spécialisée, Université de

Lorraine, 2013. docnum.univ-lorraine.fr/public/BUMED_T_2013_FAUST_HELOISE.pdf.

36. De Singly, François. *Sociologie de la famille contemporaine.* Armand Colin, 2010.

37. Castelain-Meunier, Christine. « Flexibilités des identités et paternités plurielles ». *Enfance famille génération*, 2005, 3. erudit.org/revue/efg/2005/v/n3/012532ar.html?vue=integral.

38. Zegaï, Mona. « Trente ans de catalogues de jouets : mouvance et permanence des catégories de genre ». Colloque Enfance et cultures : regards des sciences humaines et sociales, AISLF / Ministère de la culture et de la communication, 2010. enfanceetcultures.culture.gouv.fr/actes/zegai.

39. Collectif. *Contre les jouets sexistes.* L'échappée, 2007.

40. « Marcel Rufo passionne le public ». *Sud-Ouest* [en ligne], 24 octobre 2011.

41. « L'autorité. Entretien avec Aldo Naouri ». *Décryptages Acadomia*, 5 avril 2011. decryptages-acadomia.fr/regarddexpert/article/r/entretien-avec-aldo-naouri.

42. Liébault, Jean. *Trois livres appartenant aux infirmitez et maladies des femmes.* 1598. biusante.parisdescartes.fr.

43. Patric Jean. « L'escalade des pères à Nantes cache une proposition de loi ». *Le Monde* [en ligne], 18 février 2013.

44. Govillot, Stéphanie. « Après une naissance, un homme sur neuf réduit ou cesse temporairement son activité contre une femme sur deux ». *Insee Première*, n° 1454, 25 juin 2013 insee.fr.

45. Agnès Martial (dir.). *Des pères « en solitaire » ? Ruptures conjugales et paternité contemporaine*, Université de Provence, 2016.

46. Grésy, Brigitte. « L'égal accès des femmes et des hommes aux responsabilités familiales et professionnelles ». Rapport de l'Inspection générale des affaires sociales, 2011. igas.gouv.fr.

Chapitre V – 38,6 °C au réveil : qui prend les jours enfant malade ? (p 155-192)

1. Schweitzer, Sylvie. *Les femmes ont toujours travaillé.* Odile Jacob, 2002.
2. Tilly, Louise A. et Scott, Joan W. *Les femmes, le travail et la famille.* Payot, 2002.
3. Battagliola, Françoise. *Histoire du travail des femmes.* La Découverte, 2000.
4. *Assurer le bien-être des familles.* OCDE, 2011.
5. *Bébés et employeurs : comment réconcilier travail et vie de famille ?* OCDE, 2007.
6. *Inégalités hommes-femmes : il est temps d'agir.* OCDE, 2012.
7. Marty, Christiane. « L'enjeu de l'égalité entre les hommes et les femmes pour financer les retraites ». Avril 2010. alternatives-economiques.fr/blogs/gadrey/files/martyretraites.pdf.
8. Davoine, Lucie et Méda, Dominique. « Les Français et le travail : une relation singulière ». *Revue Futuribles,* n° 351, 2009.
9. Argouarc'h, Julie et Calavrezo, Oana. « La répartition des hommes et des femmes par métiers ». *DARES Analyses,* décembre 2013, n° 079. travail-emploi.gouv.fr/IMG/pdf/2013-079.pdf.
10. Silvera, Rachel. *Un quart en moins.* La Découverte, 2014.
11. Marty, Christiane. « Une répartition déséquilibrée des professions entre les hommes et les femmes ». *Observatoire des inégalités,* 11 décembre 2014. inegalites.fr/spip.php?page=article&id_article=1048.
12. Chamki, Amine et Toulemonde, Fabien. « Ségrégation professionnelle et écarts de salaires femmes-hommes ». *DARES Analyses,* novembre 2015, n° 082. dares.travail-emploi.gouv.fr.
13. Lemière, Séverine. « Un salaire égal pour un emploi de valeur comparable ». *Travail, genre et sociétés,* 1/2006 (n° 15), p. 83-100. DOI : 10.3917/tgs.015.0083.
14. Omalek, Laure et Tellier, Sergine. « Revenus d'activité des indépendants en 2012 ». *Insee Première,* juillet 2015, n° 1562. insee.fr/fr/statistiques/1287846.

15. Bertin-Mourot, Bénédicte et Laval, Catherine. « Briser le plafond de verre : un travail de longue haleine ». *L'Expansion Management Review*, 2/2006 (n° 121), p. 48-53. DOI : 10.3917/emr.121.0048.

16. Pailhé, Ariane et Solaz, Anne. « Vie professionnelle et naissance : la charge de la conciliation repose essentiellement sur les femmes ». *Population & Société*, septembre 2006, n° 426. ined.fr.

17. Laloupe, Brigitte. *Pourquoi les femmes gagnent-elles moins que les hommes ?* Pearson, 2011.

18. Schiappa, Marlène et Bruguière, Cédric. *Plafond de mère.* Eyrolles, 2015.

19. Brunet, Sylvie et Dumas, Maryse. « Bilan de l'application des dispositifs promouvant l'égalité professionnelle entre femmes et hommes ». Étude du Conseil économique, social et environnemental, mars 2012. lecese.fr.

20. Grésy, Brigitte. « Rapport sur l'égal accès des femmes et des hommes aux responsabilités professionnelles et familiales dans le monde du travail ». Inspection Générale des Affaires Sociales, juin 2011. ladocumentation francaise.fr.

21. Pailhé, Ariane et Solaz, Anne. *Entre travail et famille.* La Découverte, 2009.

22. « Loi n° 83-635 du 13 juillet 1983, dite « loi Roudy », portant modification du code du travail et code pénal en ce qui concerne l'égalité professionnelle entre les hommes et les femmes ». *JORF,* 14 juillet 1983, p. 2176. legifrance.gouv.fr.

23. « Loi n° 2001-397 du 9 mai 2001 relative à l'égalité professionnelle entre les femmes et les hommes ». *JORF*, n° 108, 10 mai 2001, p. 7320. legifrance.gouv.fr.

24. Thévenon, Olivier. « Evaluer l'impact des politiques familiales sur la fécondité ». *Informations sociales*, 3/2014 (n° 183), p. 50-62. cairn. info/revue-informations-sociales-2014-3-page-50.htm.

25. Thévenon, Olivier. « Pourquoi réformer l'accueil de la petite enfance en France ? » *Revue d'économie politique*, 5/2011 (Vol. 121), p. 667-712. DOI : 10.3917/redp.215.0667.

26. Legendre, Émilie, Lhommeau, Bertrand et Vincent, Justine. « Le congé de paternité : un droit exercé par sept pères sur dix ». *Études et Résultats*, mars 2016, n° 0957. drees.social-sante.gouv.fr/IMG/pdf/er957.pdf.

27. Brachet, Sara. « L'égalité : une vaine quête ? Hommes, femmes et congé parental en Suède ». *Terrain*, Mars 2004, n° 42. DOI : 10.4000/terrain.1735.

28. Marc, Céline et Zajdela, Hélène. « Articuler travail et famille en France et en Suède ». *Connaissance de l'emploi*, Mars 2006, n° 28. cee-recherche.fr.

29. Schiappa, Marlène. *Les 200 astuces de Maman Travaille.* Leduc.s, 2013.

30. Lesnard, Laurent. *La famille désarticulée.* PUF, 2009.

31. *Mouvement Français pour un Revenu de Base.* revenudebase.info.

32. « Structure des familles avec enfants de moins de 18 ans ». Ined.fr.

33. « The Global Gender Gap Report 2015 ». *World Economic Forum.* reports.weforum.org/global-gender-gap-report-2015/.

34. « L'accueil du jeune enfant en 2014, Rapport 2015 de l'Observatoire de la petite enfance ». caf.fr.

Chapitre VI – Il n'aime pas les puzzles, tu crois qu'il se développe normalement ? (p 193-226)

1. De Singly, François. *Les adonaissants.* Armand Colin, 2006.

2. Pasquinelli, Elena. *Mon cerveau ce héros mythes et réalité.* Le Pommier, 2015.

3. Doman, Glenn. *J'apprends à lire à mon bébé : Lire avant 4 ans*. Retz, 1980.

4. Druckerman, Pamela. *Bébés made in France : les secrets de l'éducation à la française*. Flammarion, 2013.

5. « Article L2131-4 du code de la santé publique ». legifrance.gouv.fr.

6. « Article L2131-4-1 du code de la santé publique ». legifrance.gouv.fr.

7. « Article 2131-1 du code de la santé publique ». legifrance.gouv.fr.

8. « Article 2213-1 du code de la santé publique ». legifrance.gouv.fr.

9. « État des lieux du diagnostic prénatal en France ». Rapport de l'Agence de la biomédecine, 11 février 2008. agence-biomedecine.fr.

10. « Troubles causés par l'alcoolisation fœtale : repérage ». Rapport d'élaboration de la Haute Autorité de santé, juillet 2013. has-sante.fr.

11. « Toxoplasmose : état des connaissances et évaluation du risque lié à l'alimentation ». Rapport du groupe de travail « Toxoplasma gondii » de l'Afssa, décembre 2005. ladocumentationfrancaise.fr/var/storage/rapports-publics/064000311.pdf.

12. Peyron, F. et al. « Treatments for toxoplasmosis in pregnancy ». *Cochrane Database of Systematic Reviews*, 1999, Vol. 3. DOI : 10.1002/14651858.CD001684.

13. « Évaluation de l'intérêt du dépistage de l'infection à cytomégalovirus chez la femme enceinte en France ». Haute Autorité de santé, septembre 2004. has-sante.fr.

14. Oberg, Anna-Sara et al. « Association of Labor Induction With Offspring Risk of Autism Spectrum Disorders ». *JAMA Pediatr.*, 2016 ; 170 (9) : e160965.

15. Goeden, Nick et al. « Maternal Inflammation Disrupts Fetal Neurodevelopment via Increased Placental Output of Serotonin to the Fetal Brain ». *J Neurosci.*, 2016 Jun 1 ; 36 (22) : 6041-9. jneurosci.org/content/36/22/6041.full.

16. Ejaredar, Maede, Lee, Yoonshin, Roberts, Derek J, Sauve, Reginald, Dewey, Deborah. « Bisphenol A exposure and children's behavior : A systemic review ». *J Expo Sci Environ Epidemiol.*, 2016 Mar 09. nature.com/jes/journal/vaop/ncurrent/full/jes20168a.html.

17. « Article R2132-1 du code de la santé publique ». legifrance.gouv.fr.

18. Morel, Stanislas. *La médicalisation de l'échec scolaire.* La Dispute, 2014.

19. Prost, Antoine. *Du changement dans l'École. Les Réformes de l'éducation de 1936 à nos jours.* Seuil, 2013.

20. « Loi n° 75-620 du 11 juillet 1975 relative à l'éducation », dite Loi Haby. legifrance.gouv.fr.

21. Bourdieu, Pierre et Passeron, Jean-Claude. *Les héritiers. Les étudiants et la culture.* Les Éditions de Minuit, 1964.

22. Thélot, Claude. *Pour la réussite de tous les élèves.* Rapport de la Commission du débat national sur l'avenir de l'École, 2004. ladocumentationfrancaise.fr/rapports-publics/044000483/.

23. « Loi n° 2005-380 du 23 avril 2005 d'orientation et de programme pour l'avenir de l'école ». *JORF*, n° 96, 24 avril 2005, p. 7166. 🖳 legifrance.gouv.fr.

24. Martin, Olivier. « Premières mesures de l'intelligence : le test Binet-Simon ». In Fournier, Martine et Lécuyer, Roger. *L'intelligence de l'enfant*. Sciences Humaines, 2009, p. 57-66.

25. Binet, Alfred. *Les enfants anormaux : guide pour l'admission des enfants anormaux dans les classes de perfectionnement*. Armand Colin, 1907. 🖳 biusante.parisdescartes.fr/histoire/medica/resultats/index.php?do=livre&cote=77264.

26. Grégoire, Jacques. *L'examen clinique de l'intelligence de l'enfant*. Mardaga, 2009.

27. Gauvrit, Nicolas. *Les surdoués ordinaires*. PUF, 2014.

28. « Dyslexie, dysorthographie, dyscalculie : bilan des données scientifiques ». Rapport de l'Inserm, 2007. 🖳 ladocumentationfrancaise.fr/rapports-publics/074000190/.

29. Dupanloup, Anne. *L'hyperactivité infantile : analyse sociologique d'une controverse socio-médicale*. Thèse de sociologie, Université de Neuchâtel, 2004. 🖳 doc.rero.ch/record/5104/files/1_these_DupanloupA.pdf.

30. « Conduite à tenir en médecine de premier recours devant un enfant ou un adolescent susceptible d'avoir un trouble déficit de l'attention avec ou sans hyperactivité ». Recommandation de la Haute Autorité de santé, 2014. 🖳 has-sante.fr.

31. « Décret n° 2005-1752 du 30 décembre 2005 relatif au parcours de formation des élèves présentant un handicap ». *JORF*, n° 304, 31 décembre 2005, p. 20810. 🖳 legifrance.gouv.fr.

32. Laidier, Sylvie Le. « À l'école et au collège, les enfants en situation de handicap constituent une population fortement différenciée scolairement et socialement ». Note d'information de la DEPP, février 2015, 4. 🖳 education.gouv.fr.

33. Lignier, Wilfried. *La petite noblesse de l'intelligence. Une sociologie des enfants surdoués*. La Découverte, 2012.

34. « L'examen psychologique et l'utilisation des mesures en psychologie de l'enfant. Conférence de consensus 2008-2010 ». *Bulletin de psychologie*, 1/2011 (Numéro 511), p. 65-71. 🖳 DOI : 10.3917/bupsy.511.0065.

35. « Manger des fruits pendant la grossesse rendrait les enfants plus intelligents ». *Parents* [en ligne], 30 mai 2016.

36. Joris, Mathilde. « L'allaitement rendrait les enfants plus intelligents ». *Le Soir* [en ligne], 18 mars 2015.

37. Pujol, Allison. « Quel est l'âge idéal d'une femme pour avoir un bébé intelligent ? » *Auféminin* [en ligne], 26 décembre 2015.

38. Cappelli, Christina. « Dorloter bébé est bon pour son cerveau ». *Neuf Mois* [en ligne], 4 août 2014.

39. « 20 Ways to Boost Your Baby's Brain Power ». *Scholastic* [en ligne].

Chapitre VII – Faut-il mater l'enfant-roi ? (p 227-258)

1. Pleux, Didier. *De l'enfant roi à l'enfant tyran.* Odile Jacob, 2002.

2. Filliozat, Isabelle. *J'ai tout essayé.* Jean-Claude Lattès, 2011.

3. Marcelli, Daniel. *L'enfant chef de famille.* Albin Michel, 2003.

4. Platon. *La République.* Flammarion, 1966.

5. Le Goaziou, Véronique et Muchielli, Laurent. *La violence des jeunes en question.* Champ social, 2009.

6. « Ordonnance n° 45-174 du 2 février 1945 relative à l'enfance délinquante ». *JORF*, 4 février 1945, p. 530. legifrance.gouv.fr.

7. « Justice, délinquance des enfants et des adolescents ». Rapport du Ministère de la justice, 2015. ladocumentationfrancaise.fr/rapports-publics/154000354/.

8. « Observation finale du Comité des droits de l'enfant : France ». 2009. unicef.fr/sites/default/files/userfiles/CRC_C_FRA_CO_4_fr.pdf.

9. Muchielli, Laurent. « L'évolution de la délinquance juvénile en France (1980-2000) ». *Sociétés contemporaines*, 1/2004 (n° 53), p. 101-134. DOI : 10.3917/soco.053.0101.

10. « Loi n° 92-684 portant réforme des dispositions du code pénal relatives à la répression des crimes et délits contre les personnes ». *JORF*, 23 juillet 1992, p. 9875. legifrance.gouv.fr.
11. « Loi n° 2003-239 du 18 mars 2003 pour la sécurité intérieure ». *JORF*, 19 mars 2003, p. 4761. legifrance.gouv.fr.
12. Bourgeois, Louise. *Naître et grandir au XVIIe siècle, le récit véritable d'une sage-femme, 1642*. Paléo, 2000.
13. De Singly, François. *Les adonaissants.* Armand Colin, 2006.
14. « Article L1111-2 » du code de la santé publique. legifrance.gouv.fr.
15. « Loi n° 2002-305 du 4 mars 2002 relative à l'autorité parentale ». *JORF*, 5 mars 2002, p. 4161. legifrance.gouv.fr.
16. Korczak, Janusz. *Le droit de l'enfant au respect.* Robert Laffont, 1979.
17. « How children lost right roam generations ». *Daily mail* [en ligne], 15 juin 2007.
18. Benghabrit Remaoun, Nouria. « L'enfant et la rue-espace jeux ». *Insaniyat*, 2 | 1997. DOI : 10.4000/insaniyat.11505.
19. « L'accidentalité routière en 2015 ». Bilan de la Sécurité routière. securite-routiere.gouv.fr.
20. Brougère, Gilles. Espace de jeu et espace public. *Architecture et comportement*, 1991, numéro spécial Jeu et contexte urbain, vol 7, p. 165-176.
21. Ers, Benoît et Dugomier, Vincent. *Les enfants de la résistance.* Le Lombard, 2015.
22. Gopnik, Alison. *Le bébé philosophe.* Le Pommier, 2010.
23. « Programme d'enseignement de l'école maternelle, arrêté du 18.02.2015 ». *JORF*, 13 mars 2015. legifrance.gouv.fr.
24. Miller, Alice. *Le drame de l'enfant doué.* PUF, 1996.
25. Eribon, Didier. *Retour à Reims.* Fayard, 2009.
26. Ogien, Ruwen. *La guerre aux pauvres commence à l'école.* Grasset, 2013.
27. Kant, Emmanuel. *Réflexions sur l'éducation.* Vrin, 1990.
28. Morel, Marie-France. « Histoire du maillot en Europe Occidentale », in Bonnet, Doris et Pourchez, Laurence, *Du soin au rite dans l'enfance.* Érès, 2007, p. 61-84.

29. Halmos, Claude. *L'autorité expliquée aux parents. Entretiens avec Hélène Mathieu.* NiL, 2008.

30. Rousseau, Jean-Jacques. *Émile ou de l'éducation.* Flammarion, 2009.

31. Aïm, Philippe. *Écouter, parler : soigner.* Vuibert, 2015.

32. Medina, John. *Comment fonctionne le cerveau de bébé.* Leduc S., 2011.

33. Guéritault, Violaine. *La fatigue émotionnelle et physique des mères.* Odile Jacob, 2004.

34. Hopgood, Mei-Ling. *Comment les Eskimos gardent les bébés au chaud et autres aventures éducatives du monde entier.* Jean-Claude Lattès, 2013.

35. Blaffer Hrdy, Sarah. *Les instincts maternels.* Payot, 2002.

36. « Projet de loi relatif à l'égalité et à la citoyenneté. Adopté par l'Assemblée Nationale en nouvelle lecture le 23 novembre 2016 ». Texte n° 838. assemblee-nationale.fr/14/ta/ta0838.asp.

37. « Un Antibois interdit aux bébés l'accès de son restaurant ». *Nice Matin* [en ligne], 12 septembre 2013.

38. « Hôtels interdits aux enfants : légal ou pas légal ? » *L'Express* [en ligne], 6 août 2014.

39. « Voyager en avion : les bébés interdits de première classe ». *Huffington Post* [en ligne], 29 juin 2011.

40. « Oyonnax : son fils de 10 ans interpellé, le père dénonce un abus policier ». *Le Progrès* [en ligne], 5 mai 2016.

41. Edward T. Hall & Françoise Choay (postface). *La dimension cachée,* Points, 2014.

42. « Annie Ernaux : « je ne pensais qu'à désobéir » ». *Le Monde* [en ligne], 3 avril 2016.

Chapitre VIII – Jouer ou apprendre, il faut choisir ? (p 259-291)

1. Alvarez, Julian Djaouti, Damien et Rampnoux, Olivier. *Apprendre avec les serious games ?* Canopé, 2016.
2. Brougère, Gilles. *Jeu et éducation.* L'Harmattan, 1995.
3. Fröbel, Friedrich. *L'éducation de l'homme.* F. Claassen, 1861. archive.org.
4. « Circulaire du 5 mars 1833 concernant les salles d'asile ». gallica.bnf.fr.
5. Caillois, Roger. *Les jeux et les hommes.* Gallimard, 1958.
6. « Ressources maternelle – Jouer Apprendre ». Cadrage général, septembre 2015. eduscol. education.fr.
7. Anno, Laurence et Brougère, Gilles. « Des intrus à l'école ». In Brougère, Gilles, *Le Jouet, valeurs et paradoxes d'un petit objet secret*, Autrement, 1992.
8. Brougère, Gilles. « Le jeu peut-il être sérieux ? Revisiter *Jouer/apprendre* en temps de *serious game* ». *Australian Journal of French Studies*, 2012, Vol. 49, 2, p. 117-129. experice. univ-paris13.fr.
9. Factor, June. « Fais-moi confiance, je m'y connais ! Cultures ludiques de l'enfant, interventions et interférences des adultes ». In Delalande, Julie et Arleo, Andy, *Culture enfantines, Universalité et diversité*, Presses universitaires de Rennes, 2010, p. 373-394.
10. Arleo, Andy et Lalande, Julie. « Cultures enfantines, un concept stratégique pour penser l'unité de l'enfance et la diversité de ses conditions ». In Delalande, Julie et Arleo, Andy, *Culture enfantines, Universalité et diversité*, Presses universitaires de Rennes, 2010, p. 9-28.
11. Winnicott, Donald W. *Jeu et réalité, l'espace potentiel.* Gallimard, 1975.
12. Csikszentmihalyi, Mihaly. *Flow, the psychology of optimal experience.* Harper & Row, 1990.
13. Csikszentmihalyi, Mihaly. *Vivre : la psychologie du bonheur.* Robert Laffont, 2005.
14. Heutte, Jean et Fenouillet, Fabien. « Propositions pour une mesure de l'expérience optimale (état de flow) en contexte éducatif ». Actes de du congrès de l'Actualité de la recherche en éducation et en formation. Université de Genève, 2010 plone.unige.ch/aref2010.

15. Vandershuren, L. « How Brain Makes Play Fun ». *American Journal of Play*, 2010, Vol. 2, 3, p. 315-337.

16. Mai X et al. « "Aha!" Effects in a Guessing Riddle Task : An Event-Related Potential Study ». *Human Brain Mapping*, 2004, Vol. 23, 128.

17. Verdiani, Antonella. *Ces écoles qui rendent les enfants heureux*. Actes Sud, 2012.

18. Crahay, Marcel. *Psychologie de l'éducation*. PUF, 1999.

19. Piaget, Jean. *La formation du symbole chez l'enfant*. Delachaux & Niestlé, 1945. 🖳 fondationjeanpiaget.ch.

20. Corsaro, William A. « Reproduction interprétative et culture enfantine, universalité et diversité de l'expression ». In Delalande, Julie et Arleo, Andy, *Culture enfantines, Universalité et diversité*, Presses universitaires de Rennes, 2010, p. 59-75.

21. Gopnik, Alison. *Le bébé philosophe*. Le Pommier, 2010.

22. Adele Faber, Elaine Mazlish. *Parler pour que les enfants écoutent, écouter pour que les enfants parlent*. Éditions du Phare, 2012.

23. Dumonteil-Kremer, Catherine. *Jouons ensemble... autrement*. La Plage, 2007.

24. Brougère, Gilles. « Jeu et loisir comme espaces d'apprentissages informels ». *Éducation et sociétés*. 2/2002 (n° 10), p. 5-20. 🖳 DOI : 10.3917/es.010.0005.

25. Brougère, Gilles et Bézille, Hélène. « De l'usage de la notion d'informel dans le champ de l'éducation ». *Revue française de pédagogie*, 158 | 2007, p. 117-160. 🖳 DOI : 10.4000/rfp.516.

26. Greenfielfd, P. et Lave, J. « Aspects cognitifs de l'éducation non scolaire ». *Recherche pédagogie et culture*, 1979, 44, p. 16-35.

27. Brougère, Gilles. « Les jeux du formel et de l'informel ». *Revue française de pédagogie*, 160 | 2007, p. 5-12. 🖳 DOI : 10.4000/rfp.582.

28. Berry, Vincent. « Les Guildes de joueurs dans l'univers de Dark Age of Camelot : apprentissages et transmissions de savoirs dans un monde virtuel ». *Revue française de pédagogie*, 160 | 2007, p. 75-86. 🖳 DOI : 10.4000/rfp.738.

29. « L'enfant et les écrans ». Avis de l'Académie des sciences, 2013. 🖳 academie-sciences.fr.

30. Houdé, Olivier. « Les écrans changent-ils le cerveau ». *Sciences Humaines.* 7 septembre 2013.

31. Illitch, Ivan. *Une société sans école.* Seuil, 1971.

32. Holt, John. *Les apprentissages informels.* L'Instant Présent, 2011.

33. Stern, André.... *Et je ne suis jamais allée à l'école.* Actes Sud, 2011.

34. Neill, Alexander S. *Libres enfants de Summerhill.* La Découverte, 2004.

35. « Article L131-2 du code de l'éducation ». legifrance.gouv.fr.

36. « Article L131-1 du code de l'éducation ». legifrance.gouv.fr.

37. « Article L131-5 du code de l'éducation ». legifrance.gouv.fr.

38. « Article L131-10 du code de l'éducation ». legifrance.gouv.fr.

39. « Décret n° 2009-259 relatif au contrôle du contenu des connaissances requis des enfants instruits dans la famille ou dans les établissements d'enseignement privés hors contrat ». *JORF*, 7 mars 2009, p. 4357. legifrance.gouv.fr.

40. Demarthes, Régine. « Quand un enfant s'ennuie ». *Enfances & Psy*, 3/2001 (n° 15), p. 50-57. DOI : 10.3917/ep.015.0050.

41. Millêtre, Béatrice. *Le burn-out des enfants. Comment éviter qu'ils ne craquent.* Payot & Rivages, 2016.

42. Romano, Hélène. « Conduites dangereuses et « jeux » dangereux à l'école ». *La psychiatrie de l'enfant*, 1/2009 (Vol. 52), p. 247-263. DOI : 10.3917/psye.521.0247.

43. Maté, Gabor et Neufeld, Gordon. *Retrouver son rôle de parent.* Éditions de L'homme, 2005.

44. Carpenter, Carole H. « Les universaux de la culture enfantine ». In Delalande, Julie et Arleo, Andy, *Culture enfantines, Universalité et diversité*, Presses universitaires de Rennes, 2010, p. 45-57.

45. Toulou, Simon. « La formation des griots, quelle forme éducative ? ». In Maulini, Olivier et Montandon, Cléopâtre, *Les formes d'éducation, variétés et variations,* De Boeck, 2005. *unige.ch.*

46. Hirsh-Pasek Kathy et al. « Putting education in "educational" apps : lessons from the science of learning ». *Psychol Sci Public Interest*, 2015;16(1):3–34.

47. « Décret n° 2016-1452 du 28 octobre 2016 relatif au contrôle de l'instruction dans la famille ou des établissements d'enseignement privés hors contrat ». *JORF*, 30 octobre 2016. legifrance.gouv.fr.

Chapitre IX – Survivrons-nous à la bombe A[dolescence] ? (p 293-328)

1. Winnicott, Donald W. *Jeu et réalité.* Gallimard, 1975.
2. Thiercé, Agnès. *Histoire de l'adolescence (1850-1914).* Belin, 1999.
3. Fize, Michel. « Naissance de la culture adolescente ». In Bedin, Véronique, *Qu'est-ce que l'adolescence ?*, Sciences Humaines, 2009, p. 102-106.
4. Bedin, Véronique. « De l'adolescent à l'adolescence – Entretien avec Patrice Huerre ». In Bedin, Véronique, *Qu'est-ce que l'adolescence ?*, Sciences Humaines, 2009, p. 14-29.
5. Braconnier, Alain. « Les adieux à l'enfance ». In Bedin, Véronique, *Qu'est-ce que l'adolescence ?*, Sciences Humaines, 2009, p. 45-52.
6. Marcelli, Daniel. « Adolescence et autorité : du surmoi infantile à l'idéal du moi ». In Bedin, Véronique, *Qu'est-ce que l'adolescence ?*, Sciences Humaines, 2009, p. 78-85.
7. Nicole Catheline, Véronique Bedin. « Les tempêtes de l'adolescence ». In Bedin, Véronique, *Qu'est-ce que l'adolescence ?*, Sciences Humaines, 2009, p. 53-59.
8. Rousseau, Jean-Jacques. *Émile ou de l'éducation.* Flammarion, 2009.
9. Marie Cipriani-Crauste, Michel Fize. *Le bonheur d'être adolescent.* Érès, 2005.
10. Mottot, Florence. « Le plus bel âge de la vie – Entretien avec Michel Fize ». In Bedin, Véronique, *Qu'est-ce que l'adolescence ?*, Sciences Humaines, 2009, p. 64-67.
11. Segalen, Martine. *Rites et rituels contemporains.* Armand Colin, 2013.
12. Scubla, Lucien. « Psychanalyse et anthropologie (I) : un rendez-vous manqué ? ». *Revue du MAUSS*, 2/2011 (n° 38), p. 65-95. DOI : 10.3917/rdm.038.0065.
13. Legrand-Sébille Catherine, Morel Marie-France, Zonabend Françoise. *Le fœtus, le nourrisson et la mort.* L'Harmattan, 1998.
14. « Loi du 28 mars 1882 portant sur l'organisation de l'enseignement primaire ». legifrance.gouv.fr.
15. *Croissance et puberté.* Inserm, 2007. inserm.fr.

16. « Risque de mortalité selon l'âge » (2002-2004). Graphique de l'Ined, mai 2007. 🖳 ined.fr.

17. Trélaün, Maïtie. *Stella et le cercle des femmes.* Souffle d'or, 2011.

18. Houseman, Michael. *Le rouge est le noir.* Presses universitaires du Mirail, 2012.

19. « Loi n° 98-468 relative à la prévention et à la répression des infractions sexuelles ainsi qu'à la protection des mineurs ». *JORF*, 18 juin 1998, p. 9255. 🖳 legifrance.gouv.fr.

20. De Singly, François. *Les adonaissants.* Armand Colin, 2006.

21. Deschavanne, Éric et Tavoillot, Pierre-Henri. *Philosophie des âges de la vie.* Grasset, 2007.

22. « Article 388 du code civil ». 🖳 legifrance.gouv.fr.

23. « Article 144 du code civil ». 🖳 legifrance.gouv.fr.

24. « Article 227-25 du code pénal ». 🖳 legifrance.gouv.fr.

25. « Article 227-27 du code pénal ». 🖳 legifrance.gouv.fr.

26. « Loi du 19 mai 1874 sur le travail des enfants et des filles mineures employées dans l'industrie ». *Bulletin de l'Assemblée nationale*, XII, B. CCIV, n° 3094. 🖳 travail-emploi.gouv.fr.

27. « Article L 221-1 du code d'action sociale et des familles ». 🖳 legifrance.gouv.fr.

28. « Loi organique n° 2011-410 relative à l'élection des députés et sénateurs ». *JORF*, 19 avril 2011, p. 6826. 🖳 legifrance.gouv.fr.

29. Shorter, Edward. « L'âge des premières règles en France, 1750-1950 ». *Annales. Économies, Sociétés, Civilisations*, 36e année, N. 3, 1981. p. 495-511. 🖳 DOI : 10.3406/ahess.1981.282759.

30. Lauro, Amandine. « De la puberté féminine dans les zones 'torrides'. Expertise médicale et régulation du corps des jeunes filles dans le Congo colonial ». *Sextant*, 2013, n° 30. 🖳 amandinelauro.wordpress.com/publications.

31. « L'âge au premier rapport sexuel ». Fiche pédagogique de l'Ined, mise à jour septembre 2014. 🖳 ined.fr.

32. Johnson Sara B., Blum, Robert W. et Giedd, Jay N. « Adolescent Maturity and the Brain : The Promise and Pitfalls of Neuroscience Research in

Adolescent Health Policy». *Journal of Adolescent Health*, 2009, Vol. 45, p. 216-221.

33. Casey, BJ et Jones, Rebecca M. «Neurobiology of the Adolescent Brain and Behavior». *Journal of American Academy of Children and Adolescent Psychiatry*, 2010, Vol. 49, 12, p. 1189-1285.

34. Giedd, Jay N. et al. «Brain development during childhood and adolescence: a longitudinal MRI study». *Nature Neuroscience*, 2, 861-863 (1999). DOI: 10.1038/13158.

35. Arnett, Jeffrey Jensen. «Emerging adulthood: A theory of development from the late teens through the twenties». *American Psychologist*, 2000, Vol. 55, N° 5, p. 469-480.

36. Poussou, Jean-Pierre et Robin-Romero, Isabelle. *Histoire des familles, de la démographie et des comportements.* Presses de l'Université Paris Sorbonne, 2007.

37. Hrdy, Sarah Blaffer. *Les instincts maternels.* Payot, 2002.

38. Le Bras, Hervé. «Infans Economicus». In Fournier, Martine et Bedin, Véronique, *La parenté en question(s).* Sciences Humaines, 2013.

39. Gopnik, Alison. *Le bébé philosophe.* Le Pommier, 2010.

40. Villani, Cédric. *Théorème vivant.* Grasset, 2012.

41. Maté, Gabor et Neufeld, Gordon. *Retrouver son rôle de parent.* Éditions de L'homme, 2005.

42. «De plus en plus jeunes: l'inquiétante évolution de la puberté en France». Interview du Dr Alain Scheimann. *Atlantico* [en ligne], 17 mars 2014.

TABLE

IMPRIM'VERT®

Imprimé en France par Chirat – 42540 Saint-Just-la-Pendue
N° d'imprimeur : 201702.0062 – Dépôt légal : mars 2017
N° d'édition : 70119765-01